아버지
은퇴

아버지 은퇴

초판인쇄 2022년 06월 30일
초판발행 2022년 06월 30일

지은이 박석용
펴낸이 채종준
펴낸곳 한국학술정보(주)
주 소 경기도 파주시 회동길 230(문발동)
전 화 031-908-3181(대표)
팩 스 031-908-3189
홈페이지 http://ebook.kstudy.com
E-mail 출판사업부 publish@kstudy.com
등 록 제일산-115호(2000. 6. 19)

ISBN   979-11-6801-511-1 03300

돈과 일 외에 또 다른 방법의 은퇴 준비

아버지
은퇴

박석용 지음

이담북스

아버지가 은퇴준비를 왜 못 하지?

긍정적 은퇴 Lifestyle은 어떻게 만들어지지?

강원도 정선에 가면 금을 캐던 광부들 모습을 재현해 관광 상품화한 화암동굴이 있다. 입구를 지나 굴을 따라가다 보면 금을 캐던 광부 사진이 있고 그 밑에 이런 글귀가 적혀있다.

"갱도 굴속에서는 숨 쉬는 것도 힘든 노동이다. 뿌얀 화학 연기와 검은 먼지 속에서 일하는 광부들의 작업조건, 그들은 이러한 가장 위험한 일도 가족이 있어서 가능했다. 어두운 갱도 안에서 그들의 얼굴에 노역의 고통과 함께 가족에 대한 애잔함과 사랑이 보인다. 그들은 빛 한줄기를 의지하면서 오늘도 갱도를 두들긴다. 어둠과 같은 색이 될 수밖에 없었던 그들의 작업환경 그리고 삶, 위험을 무릅쓴 노동은 노다지를 찾아 헤매는 허황된 꿈이 아니라 먹고살기 위한 생존의 방법이었고 가족을 이끄는 수단이었습니다."

이런 아버지들 대부분 은퇴[1] 준비를 안 하거나 못 하고 퇴직한다. 이들에게 은퇴준비에 관해 물어보면 대개 다음과 같이 말한다. "열심히 일했으니 좀 쉬어야지, 은퇴하면 시간 많은데 그때 천천히 생각해도 충분하겠지 뭐, 무언가 머리에 빙빙 돌긴 도는데 손에는 잡히지 않아, 하긴 해야 하는데 무엇what을 어떻게how 해야 할지do 모르겠어, 생활하면서 닥치면 뭔가 찾아지겠지, 잘 되겠지, 그런데 불안해."

이렇게 은퇴 대비가 안 됐음을 보여주는 무방비 심리적 상태에서 대부분 아버지들이 퇴직하고 있다. 따라서 이들은 은퇴 전과는 다른 의미로 다가오게 되는, 일·돈·부부관계·삶의 방향설정·욕구 충족 등과 같은 삶의 요소들로 인해 여러 갈등을 일으키며 은퇴 생활을 하고 있다.

퇴직 2~3년 정도 된 55세 이상 아버지들에게 '요즘 어떻게 지내고 있습니까?' 하고 물어보면, "일거리 찾다 지쳐 그냥 그럭저럭 지낸다. 아내 눈치가 보여 무조건 밖에 나가서 이것저것 기웃기웃하다 저녁 때쯤 집으로 간다. 친구 불러 점심 때 칼국수에 소주 한 병 놓고 남 험담하며 지낸다. 일자리 기다리며 그냥 시간 때우고 있다."라고 대다수가 대답한다.

또한 강제적이든 자발적이든 공원·경로당·평생교육원·복지시설·각종 문화체육시설 등 각자 만들어 놓은 '개인 놀이 공간'에서 '은퇴시간'을 보낸다. 일부는 삶의 의미가 있는 '자신만의 정신 활동'으로 은퇴 생활을 하고 있다.

---

1 은퇴 의미는, 노동일을 계속하고 싶은데 강제로 구하지 못하게 한 상태를 말함. 강제성은, 정년제도 같은 사회적 강제, 내 생각과 상관없이 태어날 때 강제적으로 갖게 된 자기 지식 폭을 말함.

이들 대부분 일상의 반복적 생활, 그냥 시간 때우며 이리 저리 왔다 갔다 하면서 살아가고 있다. 마치 바다에 표류한 돛단배 모습처럼 "표류 돛단배 Lifestyle" 생활이다. 한 여인의 남편과 아이들 아비 역할이라는 생존 책무가 끝나니 토사구팽 된 날개 꺾인 새 한 마리처럼 "토사구팽 Lifestyle, 날개 꺾인 새 Lifestyle"로 살아가고 있는 쓸쓸한 모습이다.

이러한 Lifestyle이 만들어지는 데 역할을 하는 삶의 요소가 있다. 첫째가 일·돈 등의 물질적 요소를 얼마나 가지고 있느냐이다. 두 번째는 부부 관계·삶의 방향설정 등과 같은 비물질적 요소 그리고 은퇴 생활 질에 이롭게 적용하고 연결 시키는 데 필요한 지식의 넓이와 폭[2], 생각하는 능력, 인생 경험 등과 관련한 자기 심리적 처지處地[3]가 덧붙여진다.

세 번째는 일 중심적 사고방식에 의해 Lifestyle이 만들어지는 순서와 관련된다. 대개의 은퇴 아버지들이 첫 번째로 선택하는 것이 일 중심적 사고 방식에 바탕을 둔 하드웨어적 Lifestyle이다. 그런 다음 하드웨어적 삶이 여의치 않을 때, 즉 노동일에서 어떤 돌파구를 찾다가 못 찾을 때 선택하는 "차선책 Lifestyle"이 있다.

문제는 이때 부정적 차선책 Lifestyle이 선택되는 경우다. 일에서 돌파구

---

2 소크라테스는 이렇게 말했다. "인간이 특정한 지식을 지닐 때 인간의 삶은 가장 높은 차원에 있게 되다 그 지식은 바로 자기 자신을 아는 것으로, 이는 자의식(Self-knowledge)을 말한다. 자의식은 성공에 필수 요소로 여겨지며, 태어날 때부터 타고난 본질적인 선(good)이다. 자의식을 스스로 깨달은 사람은 그들의 능력이 허락하는 데까지 완전하게 행동할 것이지만, 알지 못하는 사람은 비틀거리다가 곤경에 빠진다(구글, 위키백과).

3 처지(處地, situation): 지금 처하여 있는 사정이나 형편, 정신적·육체적으로 처하여 있는 현재 나의 위치나 상태.

를 찾지 못할 때 무기력·실망·자책·포기를 하게 된다. 이때 무기력하면서, 실망하면서, 자책하면서, 포기하면서 살아가는 모습별로 Lifestyle이 나타난다. 관련 내용은 1장 7항에 나와 있다.

마지막으로, '물질적·비물질적 삶의 요소들에 대해, 어떤 관점으로 바라보고, 자신이 생각하는 의미가 무엇이고, 이것이 자신에게 어떻게 영향을 끼치고 있는가?'에 대한 "심리적 측면"이다. 예를 들어 돈 지출에 대한 관점이, 공동운명체인 남편과 아내가 다를 때 그 차이로 인해 살아가면서 갈등이 일어날 것이다. 이 갈등 양상이 서로 절충[4]이 안 되면 고급 레스토랑만 가는 아내와 기사 식당만 가는 남편이라는 각각의 Lifestyle로 각자 살아가는 형태가 될 것이다. 이렇게 심리적 측면에서도 Lifestyle이 만들어진다.

은퇴 Lifestyle은, 이상과 같은 삶의 요소들이 서로 영향을 주고받고 하는 복합적 작용을 통해 긍정적 또는 부정적으로 다양하게 만들어지고 나타난다. 이러한 과정은 다분히 심리적 측면이다. 3, 4, 5장에 소개된 Lifestyle 사례들이 이렇게 만들어진 것 중 하나다.

은퇴하면 심리적 측면과 관련이 있는 수많은 삶의 요소 의미가 은퇴 전에 생각하던 것과는 다르게 변해서 다가온다. 예를 들어 부부관계·아버지 역할·친구 관계 등의 의미가 은퇴 전에는 생각하지 못했던 방향으로 변해서 다가와 마주하게 된다. 또한 은퇴하면 타인으로부터 이해되지 않는 감정을 경험하게 된다. 때로는 미처 예상하지 못했던 아내·자식 등 주

---

4 절충(折衷): 서로 다른 사물이나 의견, 관점 따위를 알맞게 조절하여 서로 잘 어울리게 함.

변인의 변화된 미묘한 심리도 경험하게 된다. 믿었던 이들의 변화된 심리가 사람을 당황하게 하고 마음에 상처를 남기며 다가오기도 한다. 이것은 사람마다 은퇴에 대한 반응이 다르기 때문이다.

이처럼 많은 부분에서 "삶의 요소 의미"가 긍정적이든 부정적이든 은퇴 전과 후에 심리적 차이와 틈gap을 발생시키면서, 심리적 혼란과 갈등을 유발해 은퇴 생활 질과 삶의 형태에 큰 영향을 끼친다.

따라서 사전에 이러한 심리적 변화를 알아차리고, 이 변화에 맞게 미리 "심리적 전환"을 통해 마음의 준비를 하고 은퇴하자는 것이다. 그러면 은퇴 후의 심리적 혼란과 갈등을 최소화할 수 있다. 이를 "심리적 은퇴준비"라고 한다. 1장 8항에서 설명한다.

이 책에서 중요하게 주목한 것이 이와 같은 심리적 은퇴준비다. 삶의 요소 의미 이해와 관점 그리고 Lifestyle이 만들어지는 과정에 심리적 측면이 중심적 역할을 하고 있을 뿐만 아니라 은퇴 생활 질을 결정한다. 이와 같이 중요한 요소임에도 불구하고 대부분 사람들이 이를 간과[5]하고 있다.

이렇게 은퇴 Lifestyle이 만들어지는 과정에 영향을 끼치는 삶의 요소는 수없이 많다. 그런데 이 중에서 특히 은퇴 생활 질에 가장 많은 영향을 끼침은 물론 결정적이고 중심적 역할을 하는 것이 있다. 바로 8가지 삶의 요소(이하 '내 삶 Data'라고 명명한다)와 관련된 심리적 측면이다. 이것이 심리적으로 은퇴준비를 해야 할 핵심적 대상이다. 이 중에서 특히 부부관계가 많은 부분을 차지한다. 은퇴 생활 질은 거의 부부관계가 결정하기 때문이다.

---

5 간과(看過): 큰 관심 없이 대강 보아 넘김.

① 은퇴에 임하는 나의 성격과 심리적 특성 ② 은퇴 적응에 중요한 '일 중심적 사고방식' ③ '돈'에 대한 부부간 서로 다른 관점 ④ 은퇴 생활 적응과정에서 나타나는 9개 부부관계 유형 ⑤ 새로운 형태인 '따로 또 함께 사는 부부관계' ⑥ 삶의 의미 즉 목적의식 보유 여부 ⑦ 나의 욕구 수준 ⑧ '회복 탄력성'(어려움을 극복할 수 있는 마음의 힘)을 말한다. 자세히 보면 이 8가지 삶의 요소 모두가 심리적 문제와 연관된다는 것을 알 수 있다.

그럼 구체적으로 심리적 은퇴준비는 어떻게 할 것인가? 이 8가지 내 삶 Data의 심리적 은퇴준비 상태에 대해 진단해 보는 것이다. 2장에서 측정 도구를 이용해 진단해 볼 것이다. 진단해 보면 이 8가지 내 삶 Data가 자기 Lifestyle에 어떻게 영향을 끼치고 있고, 그 영향력이 자기 삶 전체에서 어느 정도인지, 자기의 현재 또는 미래 Lifestyle이 부정적인지 긍정적인지 알 수 있다.

그렇게 되면 자기가 "어떤 것을 개선하고 보완해야 미래 삶이 좋아지지?" 하는 고민과 함께 각성[6]이 일어날 것이다. 각성은, 자기가 원하는 Lifestyle을 선택하기 위해 사전에 내 삶 Data를 조절하고 수정하고 개선하기 위한 행동을 하게 한다. 그렇게 되면 자기가 원하는 Lifestyle을 선택하는 데 용이할 것이다.

이 책 1장은 은퇴 전·후 아버지들의 현재 삶의 상태와 처지에 대해 이야기한다. 2장은 앞서 설명한 거와 같다. 3, 4, 5장에서는 서로 다른 관점의 Lifestyle로 각각 살아가는 아버지 모습들 사례 29개를 크게 3개 덩어리

---

6 (표준국어대사전): 깨어 정신을 차림. 정신을 차리고 주의 깊게 살피어 경계하는 태도.

(카테고리)로 나눠 소개한다. 필자가 은퇴 생활하는 사람들 관찰 결과 그들이 사는 대개의 모습이 크게 3개로 나뉘는 것으로 관찰되었기 때문이다. 3장에서는 은퇴 후 닥치면 그때그때 헤쳐 나가면서 살아가고 있는 사람들, 4장은 삶의 의미나 가치보다 감정 충실과 감각적 표피적인 '오감 즐거움' 위주로 살아가는 사람들, 5장은 삶의 가치와 의미를 추구하며 살아가는 모습들이 소개된다.

이 사례들은 앞서 설명한 대로 "내 삶 Data의 심리적 측면을 중심으로, 자기의 물질적 비물질적 삶의 조건들+사람마다 각각인 인생 관점"과 8가지 내 삶 Data가 서로 복합적으로 작용하여 만들어진 것들이다. 현재 나의 Lifestyle 모습이, 내 삶 Data 중 어떤 것이 개입하고 어떤 것을 소홀히 해서 나타난 것인지 내 삶 Data 진단결과를 염두에 두고 소개된 사례들을 읽어 보기 바란다.

이렇게 읽게 되면 현재 나의 Lifestyle이 긍정적 모습인지 부정적 모습인지 그냥 무난한 모습인지 판단이 된다. 그러면 3, 4, 5장에서 소개된 삶의 모습 중 하나가 당신의 현재 또는 미래 모습으로 오버랩overlap될 것이다. 그렇게 되면 "나는 어떤 Lifestyle 유형으로 살게 될 것인지? 현재 나는 어떤 Lifestyle로 살아가고 있는가? 아니면 어떤 Lifestyle을 선택하면 좋을 것인가?"에 대해 깊게 고민이 될 것이다. 이처럼 소개된 다양한 삶의 모습들에 진단된 현재 내 삶 모습을 투영시키면서, 은퇴한 나는 또 은퇴해야 할 나는 지금 어떤 모습을 하고 있는지, 그렇다면 앞으로 해야 할 일은 무엇인지, 고민해 보자는 것이 이 책이다.

은퇴 예정인 아버지는 미리 개선할 것은 개선하여 사회에 나오면 은퇴 생활 질이 훨씬 좋아질 것이다. 은퇴한 아버지는 지금이라도 고칠 것은 고쳐야 20년 30년 기분 좋은 은퇴 생활을 할 수 있을 것이다.

은퇴는 본격적인 늙기 시작점이다. 늙음은 미래가 자꾸자꾸 없어지거나 짧아지는 것이다. 그것은 행복할 수 있는 기간이 짧아지는 것이다. 과거는 자꾸자꾸 길어지고 없어지는 미래로 채워지는 것이다. 행복이 과거가 되는 것이다. 짧아지는 미래를 위해 무엇을 선택해야 하고, 어떻게 행동해야 하는가는 자기 몫이다. 자기 책임이다. 자기 선택이다. 이러한 자신에 대한 인간적 의무감을 바탕으로 내 삶 Data를 조절하여 은퇴 생활 질을 높이는 데 이 책이 도움이 되길 바란다.

contents

chapter

01

은퇴 예정 아버지!
은퇴한 아버지!
지금 당신은 어떤 처지에 있는
사람인가?

1

남자의 인생

　나훈아 선생의 〈남자의 인생〉이라는 노래가 생각난다. 이 노래 가사를 보면 남자의 인생을 참 잘도 표현했다. 가슴속을 휘젓는다.

　"어둑어둑 해 질 무렵 집으로 가는 길에 ~중략~ 지친 하루 눈은 감고 귀는 반 뜨고 졸면서 집에 간다 ~중략~ 아버지란 그 이름은 그 이름은 男子의 人生 ~중략~ 그냥저냥 사는 것이 똑같은 하루하루 출근하고 퇴근하고 ~중략~."

　그렇다. 아버지는 어둑어둑 해 뜨고 해 질 무렵, 애들 자는 모습을 뒤로 한 채 터벅터벅 출근했다가 퇴근했다. 똑같은 그 길을 기계같이 33년 출근하고 33년 퇴근했다. 합쳐 아침저녁 66년이다. 그 길은 혼자 캔 맥주 한잔하며 남자의 인생 노래 흥얼거리는 아버지 길이었다. 아버지 길은 "집 사고 빚 갚고 · 이사하고 또 빚 갚고 · 또 이사하고 빚 갚고!"라는 짐을 짊어지고 광화문 사거리서→봉천동까지 전철 두 번 갈아타고 지친 하루 눈을 감고 귀는 반 뜨고 졸면서 집에 온 길이었다.

평생 이런 상황일 거 같은 내 인생[1]

퇴근길 캔 맥주 한잔은 아내와 아들딸을 생각하며 먹는 행복 맥주였다. 힘든 자신에 대한 위로와 '인생 잔'이었다. 그러나 그 길 끝에 남은 것은 '집' 한 채뿐이었다. 아버지 인생 종착지가 집 한 채다.

집 마련이 인생 성취 목적이었다. 가족 위해, 자식 뒷바라지 위해 그저 열심히 일하며 돈만 벌었다. 오직 이 목적만 보고 살았다. 그러다 보니 집 한 채 이외, 자기 자신을 위해 필요한 은퇴 후 삶의 조건들이 아무것도 없었다. 장착하지 못했다. 여유로운 은퇴 생활을 위한 현금도 부족하다. 무료하지 않게 시간 보낼 수 있고 정신적 편안함을 위한 '삶의 조건과 수단'을 준비해 두지 못했다.

남자의 인생은 죽어라 출근하는 남편일 뿐이었고, 죽어라 퇴근하는 아버지였을 뿐이었다. 인생 종착지인 집을 팔아 도와주지 않으면 평생 긴축 생활하고 저축해도 집을 사지 못할 거 같은 자식이 눈에 밟힌다. 그래서 집 팔아 반은 자식 도와주고 반은 노후 생활비로 쓰면 어떨까 생각도 해본다. 그런데 그 반이 노후 생활 자금으로는 턱 없이 부족하다. 잘못하면 70세 넘어서 공원에 앉아 시간 보내야 한다.

'먹고사는 것의 지겨움'이 가슴을 답답하게 한다. '생계의 치사함과 부

---

1 그림 출처: 조선일보 2020.2.20. a23

양의 책임감', 그 앞에서 꺾어지는 내 신념과 존엄이 슬펐다. 그러나 가족은 그런 아버지 인생이 당연하다고 생각하는 것 같다. 아버지 마음속은 그래서 묘하고 한편으로 서운하다. 열심히 일하면 그 노고를 알아주겠지 하는 마음이 빡빡한 직장생활을 견디게 했다. 은퇴 전에는 은퇴 후에 행복이 있는 줄 알고 그저 열심히 돈만 벌었다. 오산이었다. 은퇴 후는 모든 것이 변한다는 것을 모른 채 그저 열심히 일만 했다. 은퇴 전 형성됐던 아버지와 자식 관계, 남편과 아내 관계가 은퇴하면 많은 부분에서 변한다는 사실을 모르고 앞뒤 안 가리고 그저 낮에도 밤에도 휴일에도 일만 했다.

2016년 10월 19일 36세 직장인 김00 씨가 회사에 출근하기 위해 수도권 전철 김포공항역에서 내리고 있었다. 이때 전동차와 승강장 스크린 도어 사이 공간에 갇힌 것을 기관사가 알지 못한 채 전동차를 출발시켰다. 열차와 문 사이에 낀 채 그대로 7미터가량 끌려갔다. 벽과 열차 사이에서 양팔과 갈비뼈 여러 개를 포함한 다수의 뼈가 부러지고 내장이 파열된 채 승강장으로 튕겨 나와 숨진 사건이다.

당시 큰 사회적 파문을 일으킨 사건이다. 그런데 의식을 잃기 전에 그분이 남긴 말이 가슴을 저린다. 가족부양 걱정 그리고 사회의 부속품이 되어 관성이 된 생각이 묻어있었기 때문이었다. 그 분은 이렇게 말했다.

"회사에 늦을 것 같으니 연락해야 한다"라고. 다발성 장기 손상으로 죽은 그가 이 세상에 남긴 마지막 말은 '출근 걱정'이었다. 이것이 평범한 소시민 아버지 인생이며 남자의 인생이다.

남자의 인생은 아내보다 6년 더 일찍 죽는 인생이다. 일반적으로 여성은 남성보다 오래 산다. 통계청이 2020년 12월 1일 발표한 한국인의 기대수명은 2019년 출생아 기준으로 남성 80.3세, 여성 86.3세로서 남자가 6년 더 일찍 죽는다.

여성은 왜 남성보다 오래 살까? 미국 콜롬비아 의대 마리안 레가토 교수는 '왜 남자가 여자보다 일찍 죽는가?'[2]에서 40~50대 남성이 죽는 가장 큰 이유는 혈관이 막히는 관상동맥질환과 암 때문이라고 하면서, 이는 '남성이 가족을 부양하고 사회적으로 성공하기 위한 스트레스로 인해 관상동맥질환, 고혈압, 당뇨병을 비롯한 온갖 질환이 또래 여성보다 더 많이 노출되기 때문'이라고 했다. '성공과 생명을 맞바꾼 것이나 별반 다르지 않다'라고 부연 설명했다.

2020년 1월 인터넷상에서 용접공 비하 발언이 큰 이슈가 됐었다. 아이돌 닮은 외모로 인기 있는 인터넷 스타 수학 강사 주00 씨가 유튜브 방송 도중 용접공을 비하하는 듯한 발언을 한 것이다. 여론이 들끓었다. 결국 동영상을 통해 사과했다. 사건의 발단은 이렇다. 주 씨는 방송 도중 손으로 용접하는 시늉을 하면서 "지 잉"이라고 용접 소리를 흉내 냈다. 그러면서 그는 "수학 7등급 나오면 용접 배워서 호주 가야 돼. 돈 많이 줘"라고 비아냥거리는 투로 웃으며 말한 것이다. 고등학교 다닐 때, 너는 "대학 가서 미팅 할래? 공장 가서 미싱 할래?", "10분만 공부하면 미래 아내의 얼굴이 바뀐다"라는 급훈이 걸린 교실에서 공부했다. 초등학교 4학년 때까지 한자를 배우고 삼강오륜三綱五倫을 배웠다. 이렇게 아버지는 사회화되었다.

---

2 출처 : 매일경제, 2021.1.19. 재인용

이 사회화는 사회든 인간이든 그리고 인간과 인간, 인간과 어떤 사물 간 관계든 모든 것이 변한다는 생각을 하지 못하게 하는 '인식의 결핍'을 가져왔다.[3] 이러한 아버지들은 대학과 공장의 삶으로 양분되어 직장생활을 시작했다.

남자의 인생을 살아가는 나는, 사람이 아니고 한 가정의 '가장 · 남편 · 아버지'일 뿐이다. 나는 세금 내는 사람, 회사에서 봉급 받는 사람, 시키는 대로 하는 사람, 정년까지만 일할 수 있는 사람일 뿐이다. 직장생활은 가족을 위한 분투와 눈물의 시간이다. 몸과 마음도 담벼락 같은 회사 틀에 맞춰져 습관화되어 한 장의 벽돌처럼 굳어져 버렸다. 직장은 외부세계와 단절되어 다른 세계 정보를 흡수하지 못했다. 상사가 '야' 하고 부르면 '예' 하고 불려 다니며 일했다. 눈치 보느라 상사가 퇴근하지 않으면 할 일이 없으면서 그림자 야근을 하는 야근 족이었다. 기획서를 잘못 올려서 연말 실적 평가가 저조하여 무릎 꿇고 혼났다.

사람이 아닌 가장·남편·아버지 인생
출처 : 국제신문, 2011.8.22. 27면

2021년 8월 27일 000 법무차관이 충북 진천 국가공무원인재개발원에서 아프간 직원 및 가족의 입국에 대한 설명을 하던 중 비가 오자 젊은 직원이 젖은 아파트 위에 무릎을 꿇고 뒤에서 두 손으로 우산을 받들어 비를 맞지 않게 하는 모습이 언론에 사진과 함께 보

---

3 최선화 외, 사회문제와 사회복지, 양서원, 2014, p. 25

도된 적이 있다. 아직도 조선 시대냐고 많은 사회적 비난을 받은 사건이다.

한 인간이었던 청춘은, 이렇게 무릎이 비에 흠뻑 젖는 가장이 되고, 남편이 되고, 아버지가 되었다. 그리고 이렇게 남자의 인생이 되었다.

내 직장생활을 키워드로 설명하면 "길듦 · 가면 · 상품 · 얽매임 · 기계적 인간 · 톱니바퀴 · 현금 지급기 · 격리 · 죽을 때도 출근 걱정하는 월급쟁이"였다. 이러한 삶이 몸과 마음에 배어 관성이 되어 은퇴 후에도 계속 진행될 것이다.

퇴직 때는 그냥 주어진 하루를 보냈다는 안도감이 묻어있는 눈물 한 방울만 남는다. 막상 퇴직하니 TV 시청권도 없다. 안방은 엄마 방, 거실은 TV 보는 방이다. 내 공간과 방이 없다. 맛있는 반찬 다 애들 주고 나머지 반찬만 먹는다.

아이와도 서먹서먹하다. 그냥 낮이고 밤이고 돈만 벌어다 주느라 가족에게 신경 쓰지 못했기 때문이다. 아니 신경 쓸 여유가 없었다. 가족에게 신경 쓰는 만큼 돈을 못 벌어 남들에게 뒤처질까 두려웠다. 그저 죽어라 열심히 돈만 벌어다 주면 자식과 아내가 잘해줄 줄 알았다. 오산이었다. 그래서 아버지는 씁쓸하다.

"사내자식이 왜 울어?"라는 말을 듣고 자랐다. 실학자 연암 박지원은, 슬플 때만 아니라 인간의 모든 칠정七情 즉 희喜 · 로怒 · 애哀 · 구懼 · 애愛 · 오惡 · 욕欲이 사무칠 때 생겨나는 것이 울음이고 눈물이라고 했다. 아버지 눈물은 이런 7가지 색이 다 들어있는 눈물이다.

홍익대 건축가 유현준 교수[4]가 이렇게 말했다.

"한국 도시들은 어디를 가든 비슷한 모양이다. 세종, 송도, 판교, 강남 모두 비슷하다. 아파트들도 모두 비슷하게 생겨서 브랜드 간판 떼고 나면 구분이 안 간다. 전 국민의 60%가 모두 비슷하게 생긴 집에 살고 있다. 내 집과 네 집이 다 비슷한 모양이니 집의 가치는 '집값'으로밖에 구분되지 않는다."

획일화가 되면 가치관이 정량화된다. 그것이 획일화의 가장 큰 문제점이다. 획일화된 주거 환경과 교육 환경에서 평생을 자라난 사람들은 집값, 연봉, 성적, 키, 체중 같은 정량화된 지표로 사람을 판단한다. 아버지는 이렇게 가격이 매겨진다. 이제 월급과 연봉 같은 판단 기준이 상실된 아버지가 되어 사회로 나왔다. 그런데 속상한 것은 퇴직했음에도 아내와 자식도, 집값과 월급과 연봉으로 남편과 아버지를 판단한다. 이런 처지가 남자의 인생인가? 어떻게 하란 말인가?

젊은이들 사이에 문신(타투)tattoo이 유행이다. 청소년을 대상으로 사람 관련 타투 문구를 조사해 보았다. 1위가 엄마, 2위가 친구, 3위가 연예인이라고 한다. 아버지는 10위 안에도 없다. 그저 가족 위해 열심히 일하고 돈 벌었는데 말이다.

남자의 인생, 그저 양식 구하는 사냥꾼 운명이다. 이것이 남자의 인생인가?

그저, 에이! 하고 술 한잔하면서 나훈아 선생의 〈남자의 인생〉 노래만 불러볼 뿐이다. 7가지 색 눈물이 흐르는 것이 인생이다. 그것이 우리들 '삶'

---

4 《유현준의 도시 이야기》, 유현준 홍익대 교수 · 건축가(조선일보, 2019.10.18. 금, a34)

모습이다. 이제 아버지 인생 옆에는 누가 없다. 그러니 아버지 인생은 스스로 용기를 내서 살아가는 것이다. 영국 시인 샬롯 브론테(1816-1855)의 〈인생〉이라는 시를 읊조리며 힘을 내어, 영광스럽게 그리고 늠름하게 살아보자.

인생

인생은, 정말, 현자들 말처럼
어두운 꿈은 아니랍니다.
때로 아침에 조금 내린 비가
화창한 날을 예고하거든요
어떤 때는 어두운 구름이 끼지만
다 금방 지나간답니다.

소나기가 와서 장미가 핀다면
소나기 내리는 걸 왜 슬퍼하죠?
재빠르게, 그리고 즐겁게
인생의 밝은 시간은 가버리죠
고마운 맘으로 명랑하게
달아나는 그 시간을 즐기세요.

가끔 죽음이 끼어들어
제일 좋은 이를 데려간다 한들 어때요?
슬픔이 승리하여
희망을 짓누르는 것 같으면 또 어때요?
그래도 희망은 쓰러져도 꺾이지 않고
다시 탄력 있게 일어서거든요.
그 금빛 날개는 여전히 활기차
힘 있게 우리를 잘 버텨주죠

씩씩하게, 그리고 두려움 없이
시련의 날을 견뎌내 줘요.
영광스럽게, 그리고 늠름하게
용기는 절망을 이겨낼 수 있을 거예요.

출처 : 명시문학 전문학원 〈인생에 관한 외국 시 모음〉

2

아버지 은퇴 의미

아버지 은퇴가 무엇인가? 은퇴는 생물학적, 진화론적, 사회적으로 설명할 수 있다. 생물학적으로는 일할 수 있는 신체적 능력이 약해지거나 상실된 것이다. 진화론적으로는 사랑 호르몬에 의한 생식과 종족보존·보호 기능 상실로 자연으로부터 버림받은 것이다. 이에 대한 근거는 5장 1, 5항에 설명되어 있다. 사회적으로는 생산 활동을 중지당한 상태를 말하는데, 직장이나 일을 그만두고 퇴직연금을 받거나 수입이 없는 상태 또는 1년 내내 직업이 없는 상태를 말한다. 이러한 은퇴는, 은퇴 후에 시간제 일을 가지는 부분적 은퇴, 처음부터 실업 상태에 있어서 은퇴하지 않은 은퇴, 자신이 하던 일이나 직업에서 물러난 상태의 완전한 은퇴가 있다.

문제는 생물학적, 사회적인 기능이 도래되지 않았음에도 정년제도라는 강제적 나이 규정에 의해 기능이 도래한 것으로 간주[1]되는 데 있다. 이처

---

1 간주(看做): 표준국어대사전, 상태, 모양, 성질 따위가 그와 같다고 봄. 또는 그렇다고 여김.

럼 기능이 있음에도 기능이 없는 것으로 간주된 불합리한 상태에서 퇴출되어 적응하고 쪼그라들면서 살아가는 것이 은퇴다.

이러한 은퇴는, 몸과 마음 상태가 늘어나고 줄어들기 시작하고 먹이사슬 망에서 독립하여 사회적 동물에서 개인적 동물이 되는 것이다. 9시에 출근해서 6시에 퇴근하는 일을 하지 않는 것이다. 힘에 부쳐 비틀거리는 몸과 마음을 가족에게 보여 줘야 하는 '미안함'과 '어깨 축 처짐'이다.

당신에게 묻는다. 은퇴는 꺼져가는 불빛인가? 어쩔 수 없는 인생의 내리막길인가? 양질의 삶을 살 수 있는 기간이 주어지는 것인가? 감정적으로 은퇴가 흥분과 설렘인가? 아니면 불안·초조·걱정 상태인가? 흔히들 말한다. 은퇴는 "사람에 휘둘리지 않고, 치이지 않고 평안한 인생 후반을 맞이하는 것이다. 남보다 자신을 위해 사는 것이다"라고.

그러나 평안한 인생 후반을 위한 구체적 프로그램이 준비되지 않으면 그렇지 않다. 은퇴는 특별한 경우를 빼고는 어제와 오늘이 늘 비슷하다. 생활이 단조롭다. 이것이 쌓이게 되면 닥쳐오는 막막함·무료함·미래 불안함과 싸우고 버티면서 세월을 흘려보낸다. 이렇게 세월을 보내다 보면 자신도 모르게 마음이 무뎌지면서 간절함이 어느새 사라진다. 그러면 뭔가 하고 싶은 동력이 자꾸 떨어진다. 이때 답답하고 게을러지는 내면의 나와 만나게 된다. 그리고 '위로'와 '질책'을 해본다. 그렇지만 무뎌진 마음은 요지부동이다. 변화가 일어나지 않는다. 그러니 위로는커녕 '나 참 한심해'라는, 내면의 상처만 만든다. 그러니 할 게 등산밖에 없다. 아내와 자식 눈치 보기 시작한다. 특별한 경우를 만들려 해도 막상 할 게 없다.

탈무드[2]를 보면 남자 인생을 7단계로 구분하여 단계별로 상징적으로 비유하고 있다. 마지막 7단계에 '은퇴가 무엇인가?'를 상징적으로 보여주고 있다.

- 1단계, 한 살 때는 임금님 : 모든 사람들이 임금님을 섬기듯, 달래 주고 떠받든다.
- 2단계, 두 살 때는 돼지 : 진흙탕 속을 뛰어다닌다.
- 3단계, 열 살 때는 염소 : 잘 웃고, 장난치고, 날뛰며 노는 것에 집중한다.
- 4단계, 열여덟 살 때는 말 : 성장하여 힘을 과시하고 싶어 한다. 혈기왕성한 시기.
- 5단계, 결혼하고 나면 당나귀 : 가정이라는 무거운 짐을 지고 터벅터벅 걸어가야 한다.
- 6단계, 중년 때는 개 : 가족을 지키고 부양하기 위해 남들 눈치 보고 추운 곳에서 잔다.
- 7단계, 노년은 원숭이 : 다시 어린애가 되지만 아무도 관심을 기울이는 사람은 없다.

아버지 은퇴는 '은줄팔랑나비[3]'가 독립하는 것과 같다. 은줄팔랑나비는 생태계 먹이사슬 망에서 1차 소비자면서 먹잇감이다. 정작 그 자신은 조류나 육식성 곤충에 잡아먹힌다. 생태계가 유지되는 데 중요한 역할을 한다.

아버지는 '은줄팔랑나비'다. 생존 시장 먹이사슬에서 1차 먹이였다. 1차 먹이라는 것은 부하직원, 비정규직, 지시 따르는 사람 등등 조직의 도구들을 말한다. 이들을 1차 먹이로 삼고 짓밟고 올라간 사람이 오너, 사장, 머리 좋은 사람, 상사, 기득권자 등이다.

은퇴는 자의든 타의든 이런 먹이사슬 망에서 벗어나 자유적·개인적 동

---

2 (두산백과사전) 유대인 율법학자들이 사회의 모든 사상(事象)에 대하여 구전·해설한 것을 집대성한 책

3 나비목 팔랑나빗과에 속함, 양쪽 날개를 펼쳤을 때 3.1~3.5cm, 생태계 먹이망 내 1차 소비자, 주로 식물을 먹으면서 그 자신은 조류나 육식성 곤충들에게 잡아먹힌다. 생태계가 유지되는 데 중요한 역할을 하고 있다.

물이 되는 것이다. 자유적·개인적 동물이 된다는 것은, 하기 싫은 일 하지 않아도 되는 것, 만나기 싫은 사람 만나지 않아도 되는 것, 복잡하게 살지 않아도 되는 것, 몸과 마음이 가는 대로 사는 것이다.

"노년은 원숭이 즉 다시 어린애가 되지만 아무도 관심을 기울이는 사람은 없다"라고 한 탈무드 7단계를 전화위복[4]으로 생각해 보면, 오히려 아무에게도 간섭받지 않는 자유의 시간이 주어진 것이라고 할 수 있다. 다시 말하면 은퇴는 사회적 동물에서 개인적 동물이 되는 것이다. 획일화된 사회적·집단적인 인간에서 자유가 있는 개인적인 시간이 되는 것이다. 그러나 이것이 함정일 수 있다. 개인적 시간은 더 이상 일거리가 없어 생존 시장에서 벗어난 시간이다. 생존 시장에서 벗어나면 생존에 쏟았던 지향점과 시간이 줄어든다. 그만큼 빈 시간이 생긴다. 그러나 빈 시간을 채우는 방안을 마련하지 못하면 그냥 멍하니 보내게 되어 시간의 무료함을 초래한다. 은퇴 함정에 빠진 것이다. 그렇게 되면 이 무료함이, 즐겁게 지내라고 주어진 소중한 자유의 시간을 박탈한다. 이러한 빈 시간을 채우는 방안 중 하나가 "문화적 인간"이 되는 것이다.

은퇴는 빈 시간을 채우는 행위다. 이때 빈 시간을 채우는 대안이자 도구가 '문화[5]'다. 그 이유는 문화의 기원과 문화의 정수라고 할 수 있는 예술의 기원을 살펴보면 알 수 있다. 예술의 기원은 4장 4항의 "마광수에게 배우자, '독락당獨樂堂 문화적 인간'이 되어 시간 무료하지 않게 보내기"에 설명되어 있다.

---

4 전화위복(轉禍爲福) : 재앙과 근심, 걱정이 바뀌어 오히려 복이 됨.
5 마광수,《인간에 대하여》, 도서출판 어문학사, 2016. p. 18, 20.

탈무드 7단계를 카이스트 김대식 교수의 진화론 입장에서 다른 관점으로 해석해 보겠다. 은퇴는 젊음에서 늙음으로 진입하는 것이다. 문제는 늙음으로 진입한다는 것은 자연에서 버림받는 것을 의미한다는 것이다.[6] 김대식 교수의 말을 계속 이어가 보겠다. 사람은 우연히 태어나서 죽는다. 그런데 참 마음에 들지 않는 것이 있다. 젊고 멋있고 예쁘게 살다 죽으면 좋은데 꼭 사람은 늙어서 죽는다. 왜 그럴까? 그렇다면 왜 늙을까? 대부분 사람들은 자동차를 오래 쓰면 고장 나는 것과 같이 사람 몸도 오래 쓰면 고장 나는 이치와 같다고들 한다. 틀린 주장이라는 것이다. 자연 특징 중 하나는 오래 사용했다고 해서 망가지지 않는다는 것이다. 재생되는 도마뱀 꼬리와 같이 생물학적으로는 많이 사용하다 고장 나도 다시 고칠 수 있는 능력이 있다는 것이다. 즉 노화 방지가 진화적으로 도움이 됐다면, 자연 입장에서는 사람도 늙으면 다시 재생이 가능하게끔 설계되었다는 것이다. 그렇다면 생물학적으로 가능하고 자연이 마음만 먹으면 재생시켜 노화를 방지할 수 있는데? 왜 자연은 인간을 늙게 내버려 둘까?

사람이 죽지 않으면 지구에 인간 수가 포화 상태가 되어 여러 문제가 발생한다고 주장한다. 그러나 정치 경제적으로는 이해되지만 과학적으로는 의미가 없다. 진화는 유전자 싸움인데 이 관점에서 '젊다'와 '늙었다'의 차이는 무엇일까? 진화론적으로 보면 '자연이 준 과제를 수행한 사람인가 아닌가?'의 문제라는 것이다. 그 과제는 '번식'이다. 즉 나이 먹은 사람은 자연이 준 과제 즉 번식을 이미 끝낸 사람이다. 반대로 젊은 사람은 아직 어

---

6 출처: 유튜브, 2020.4.16, 카이스트 김대식 교수, 생각 수업[GMC 풀 강연] 삶은 의미 있어야 하는가

리니까 자연이 준 과제 즉 번식을 아직 풀지 못한 사람이다. 자연에서 보면 이 두 가지 차이밖에 없는 것이다.

다시 말해서 자연이나 진화 과정에서 보면 생식 유전자를 다음 세대에 퍼뜨려야 하므로 자연에 있는 모든 좋은 방법과 메커니즘이 모두 젊은 사람들을 위해 만들어졌다는 것이다. 따라서 자연과 진화론 입장에서는, 생식이 끝난 나이 먹은 사람은 아무 관심 없고 쓸모가 없다는 것이다. 젊은 사람한테만 관심이 있다는 것이다.

그렇다면 은퇴자 입장에서 자연의 무관심은 무엇인가? 자연과 진화론적으로는 쓸모가 없지만 그것은 오히려 인간의 의미와 기능인 번식과 부양이 완료되었기 때문에 자연 섭리에서 해방된 시간이라고 볼 수 있다. 때문에 진정한 '인간의 시간'이자 '자유 시간'이라고 할 수 있을 것이다. 이러한 시간은 인간 스스로 채우면서 만들어 갈 수밖에 없는 시간이다. 마광수 교수 말처럼 사회적 동물에서 개인적 동물이 되는 것이다. 스스로 그리고 불가피하게 즐겨야 하는 기간이다. 그럼 자연의 무관심으로 생겨난 시간을 채우는 도구가 무엇인가? 앞서 언급했듯이 '문화'다. 그래서 은퇴는 문화적 인간이 되는 것이다.

은퇴는 남이 만들어 놓은 길을 걷다 이제 혼자 걸어가는 길이다. 혼자 노는 시기다. 각자도생의 길이다. 스스로 살아가는 길이다. 다양한 관계의 삶에서 벗어나 "축소된 관계의 삶"이 된다. 본인 각성이 전제되지만, 은퇴는 돈·출신·외모·직업·학력에 의해 규정되었던 '나'에서 본연의 나를 찾아가는 계기를 마련해 주는 고마움이다. 반대로 쓸모없는 인간이 될 확

대한민국(UN 발표)	
연도	평균 수명
1950 – 1955	47.92
1955 – 1960	51.23
1960 – 1965	54.83
1965 – 1970	58.78
1970 – 1975	63.09
1975 – 1980	64.99
1980 – 1985	67.38
1985 – 1990	70.34
1990 – 1995	72.85
1995 – 2000	74.95
2000 – 2005	77.17
2005 – 2010	79.47
2010 – 2015	81.27

률이 높아지는 시기이기도 하다. 그냥 시간 때움 인생이냐 시간 채움 인생이냐로 갈라지는 시기이기 때문이다. 그래서 아버지 은퇴는 자칫하면 외로움 · 무료함 · 권태의 시작이다.

아버지 은퇴를 또 다른 관점으로 살펴보자. 은퇴는 수명과 일의 불일치로 인해 발생한 시간이다. 은퇴라는 개념은 대략 100년 전에 시작된 현상이다. 황혼기가 짧았던 시기에는 은퇴가 그리 중요하지 않았다. 한국의 경우 1950년대 평균 수명

이 50을 넘지 못했다. 대부분 사람들이 죽을 때까지 일했다. 65세 넘어 은퇴했다 하더라도 고작 1~2년 정도 더 살다 죽었다. 외로울 시간이 없었다.

현대 나이 계산법[7]에 의하면 공무원 기준 60세 은퇴는 실제로는 48세 (60×0.8)에 은퇴하는 것이다. 옛날 60세가 지금은 48세다. 그래서 문제다. 48세임에도 노인으로 규정당하는 것이다. 강제로 전체 인생에서 20~30% 이상을 혼자 살아가야 하는 시작점이다.

아버지 은퇴는 '버려진 외로운 아버지 생활' 시기다. 왜냐하면 '남성생계부양자/여성 보살핌 제공자'라는 가족 형태에서 돈 벌기에 허우적댔던

---

7 2013년 전체인구에서 85세 이상 인구 비중이 50년 전 85세에 0.8을 곱한 68세 이상과 비슷하다는 계산법에서 나온 것(자신 나이 × 0.8 = 현대 나이)

아버지는 아내와 자식들과 관계 형성이 부족했다. 반면에 아내는 자식과 동고동락하여 소통이 잘된다. 그러니 은퇴 후 아내와 자식과의 관계가 어색하여 가족 안에서 외톨이다. 강아지만 반겨줄 뿐이다. 그래서 혼자가 된다. 그렇기 때문에 앞서 말한 대로 '아버지 어깨의 축 처짐'이 또한 은퇴다.

흔히들 은퇴는 인생 2막이 시작된다고 한다. 인생 2막은 '주어진 능력에 적합한 활동'을 찾는 것이라고 한다. 그러나 적합한 활동을 찾는 사람도 있지만 많은 사람이 그렇지 못한다. 대부분 적합한 활동이 '아무거나 활동'으로 대치代置된다. 이것이 아버지 은퇴 시기의 현실적 삶의 모습이다.

또한 아버지 은퇴는 몸과 마음 상태가 늘어나고, 줄어들기 시작하는 것이다. 그리고 헷갈림이 생기기 시작한다. 삶이라는 여정은 나이를 먹는 것이다. 나이를 먹는다는 것 역시 몸과 마음에서 늘어나는 것과 줄어드는 것이 생기는 것이다. 또한 늘어나는 것인지 줄어드는 것인지 헷갈리는 상태가 생기는 것이다. 아버지 은퇴는 이렇게 삶 속에서 '늘어남 · 줄어듦 · 헷갈림'이 시작되는 것을 말한다. 다음과 같이 정리가 된다.

늘어나는 것

소외감, 고독감, 우울감, 집에 있는 시간, 나만의 사색시간, 혼자서 할 수 없는 일, 혼자서 해야 하는 일, 남자 속의 여자(여성호르몬), 말(잔소리), 투정과 짜증, 건망증, 뱃살, 체중, 싸움, 마음 약함, 부부가 같이 있는 시간, 가정의 정, 남자 눈물, 부부간의 애틋함과 짠함, 눈치(자식 등), 미안함, 약, 병원 가는 일, 삐짐, 따짐, 고집, TV 시청시간, 끼리끼리 바둑 · 고스톱 치기, 수동적 행동, 정치 이야기, 공공기관에 가서 따지기, 교통법규 위반, 편견, 위기감, 가려움, 부정적 마음 등.

효율적으로 살았던 삶이 강제로 비효율적 삶이 되는 것, 괜찮은 이미지가 강제로 부정적 이미지가 되는 것, 바빴던 시간이 한가로운 시간이 되는 것, 그냥 무료한 시간에 얹혀사는 사람이 되는 것 역시 아버지 은퇴다.

은퇴는 사회 기준에 맞춰져 있던 인간에서 내 기준에 의한 새로운 Lifestyle로 살아갈 기회라고 한다. 행복한 인생을 스스로 설계하고 완성해 나가는 "자기 고용"[8] 시대를 맞이하는 것이라고 한다. 그러나 그게 그렇게 마음대로 잘 되지 않는다. 그렇기에 아버지는 '돈과 시간의 고단함' 때문에 무엇이든 소일거리를 계속 찾아야만 하는 나그네다. 그러다 힘에 부

---

8 어니 J 젤린스키/김상우 역, 《은퇴 생활 백서》, 와이즈 북, 2006. p. 12

처 비틀거리는 몸과 마음 그리고 '미안함'과 '어깨 축 처짐'을 가족에게 들키고 보여 줘야만 한다. 지금까지 아버지에게 닥치는 다양한 은퇴 상황과 의미에 대해 말했다. 은퇴는 이러한 여러 가지 상황과 의미 속에서, 긍정적 적응이냐 아니면 자연도태에 순응하며 살아가는 시기냐. 즐겁게 보내느냐 아니면 그냥 공원에 앉아서 자연도태에 순응하며 시간 보내느냐에 대한 선택의 시간인 것이다. 그래서 아버지는 평생 고단하다. 아버지 은퇴 의미는 "평생 고단함"이다.

아버지가 은퇴준비를
못 하거나 안 하는 이유

은퇴준비는 은퇴 후 심리적·물질적으로 불행한 이유를 예측하고 이에 대비하는 것이다. 그런데도 아버지인 당신이 은퇴준비를 못 하는 이유가 과연 무엇인가?

"본인 능력 한계 때문인가? 진지하게 고민을 하지 않거나 생각하는 능력이 부족한 건가? 방법을 몰라서인가? 될 대로 되라는 것인가? 닥치면 어떻게 되겠지 하고 막연히 기대하는 것인가? 하루하루 닥치는 일이 많고 '바쁨의 현재'에 쫓겨서 생각할 틈이 없는 것인가? 현재에 매몰되고 현재의 익숙함이 미래를 생각하지 못하게 하는 것인가? 지금 생존 유지 상태가 변함없이 계속 쭉 갈 거라고 착각하는 것인가? 당신은 어떤 경우인가?"

은퇴준비를 못 하는 이유를 살펴보겠다. 첫 번째로 X형 인간[1] 모습에 치

---

[1] 인간을 크게 X형 인간과 Y형 인간으로 나누는데, X형은 '인간은 경제적 욕구만 충족되면 모든 욕구가 충족된 것으로 생각하는 경제적 동물이라는 것'(백완기, 《행정학》, 박영사, 2006, pp. 141~146)

중되어 있는 사람인 경우다.

이런 사람은 오로지 돈 중심, 일 중심이 자기 삶의 유일한 목표라고 생각한다. 이 세상에서 돈만 가치 있다고 생각한다. 돈이 계속 벌리거나 일거리가 계속 생기면 그럴 수 있다. 그러나 그렇지 않음에도 돈만 추구하니 다른 것이 보이지 않는다. '돈이 벌리지 않고 일거리가 없으면 그 빈 시간을 어떻게 할 것인가?'에 대한 해결책을 보지 못한다. 돈과 일에 대한 막연한 기대감과 '혹시나 함정'에 빠져 있기 때문이다.

두 번째는 시대에 의한 관성화[2]다. 베이비부머 세대는 시골 출신의 경우 "보릿고개"[3]를 거친 세대다. 시골과 도시 공히 초등학교 때 미군 빵 배급받아 점심 먹은 경험이 있는 세대다. 따라서 이들의 은퇴 전 삶은 다른 것 생각할 여지없이 열심히 일해서 배고픔에서 해방되고 가정적·국가적으로 경제 부흥을 이룩하는 거였다. 이렇게 산 결과, 중산층 가정의 가장이 되었다. 그런데 문제는 "하고 싶은 것과 원하는 것"을 하지 못하고, 오직 가족부양과 생존을 위해 "해야만 하는 것과 할 수밖에 없는 것"만 하면서 살았다. 그리고 이러한 삶 형태가 관성이 되고, 고착되고, 물화物化[4]된 아버지가 되어 은퇴했다. 자아自我가 없는 인간이 되어 은퇴한 것이다. 돈 버느

---

2 관성(inertia) : 행위 지속적 현상, 모든 사물은 이러한 관성적 성향을 지니고 있는데, 인간의 경우도 한번 행위나 관심이 일어나면 상당 기간 동일한 방향으로 나가려고 한다. 따라서 동일한 방향으로의 지속적인 행위의 진행성은 보다 나은 가능성에 대한 관심을 차단하여 생각과 행동을 제약한다. (출처: 백완기,《행정학》, 박영사, 2006, p. 165)

3 지난 가을에 걷은 식량이 다 떨어져 굶주릴 수밖에 없게 되던 4~5월 춘궁기(春窮期)를 표현하는 말. 이때에는 풀뿌리와 나무껍질 등으로 끼니를 연명한 것을 말함.

4 인간이 소유할 수도 있고 내다 팔 수도 있는 상품으로 변하는 현상.

라 밖에서만 생활하다 보니 가정적으로도 따듯한 아버지와 남편 역할도 못했다.

그러니 은퇴 후 역할 변화에 따른 대체물 찾는 방법이 미숙하다. 뭘 좋아하는지, 하고 싶은 게 뭔지 생각이 잘 나지 않는다. 생각난다 해도 어떻게 해야 되는지 방법을 모른다. 열심히 살았던 삶이 오히려 극복할 방법 찾는 것을 방해하고 있는 것이다. 이것이 참 억울하다. 사회도 이 방법을 가르쳐 주지 않았다.

세 번째는 인생설정 기준이 없기 때문이다. 예를 들어 소유 증식[5]으로 살 것인가? 자유 증식[6]으로 살 것인가? 아니면 소유 증식과 자유 증식의 혼합형으로 살 것인가?를 결정하지 못하고 어정쩡한 상태로 있기 때문이다.

은퇴는 소유 증식 기반이 사라진 것이고 자유 증식이 도래하는 것이다. 그런데도 대부분 사람들이 은퇴 후에도 계속 소유 증식을 추구한다. 또한 은퇴 전 윤리와 도덕을, 은퇴 후에도 그대로 가져가야 하는지? 다르게 가져가야 하는지? 결정을 못 하기 때문이다. 예를 들어 은퇴는 "가족에서→나, 아버지에서→나, 남편에서→나" 위주로 전환하여 자유인으로 살아가야 하는 시기인데, 이렇게 해야 되는지 말아야 하는지를 결정하지 못하고 혼란스러워 한다.

네 번째다. 60세 이후는 병이 많아지기 시작한다. 그렇게 되면 나이가

---

5 돈벌이, 재산축적 위주로 살기
6 돈과 물질 위주에서 정신적 만족, 스스로 만족하는 것을 추구하는 것

들어갈수록 몸 이동과 생활 활동이 힘들어지니 사회적 관계의 폭이 좁아진다. 때문에 외로워진다. 따라서 외로움을 이길 수 있는 "정신적 대체물"을 찾아야 하는데 소홀히 한다.

대부분 사람들은 은퇴 전이나 은퇴 후 삶의 기간에 자신이 해야 할 일은, 돈벌이 또는 돈이 되는 일거리라고 생각한다. 삶의 의미도 여기서만 찾으려고 한다. 이런 사람들은 돈이 되지 않는 일은 재미가 없고 시간이 지루하다고 느낀다. 노동만이 내 할 일이다. 노동 이외 다른 것은 의미가 없다고 생각한다. 이러한 생각이 바뀌지 않는 한 균형 있고 꼭 필요한 은퇴준비를 할 수 없게 된다.

다섯 번째다. 방탄소년단 노래 〈PERSONA〉 가사 중에, "나는 누구인가? 평생 물어온 질문, 아마 평생 정답은 찾지 못할 그 질문 ~중략~ 내 방향의 척도, 내가 되고 싶은 나 ~중략~ 내가 빚어내는 나, 웃고 있는 나."라는 내용이 나온다. 은퇴 후 인생 방향으로 삼아야 할 "자유 증식 삶, 자아가 있는 삶"과 일맥상통[7]한다. 나이와 관계 없는 보편적 진리다. 그런데도 은퇴에 임하는 아버지 대부분은 '나는 어떤 사람이고 누구인가?'를 모르거나 이에 대해 고민하지 않는, '생각의 게으름'이 있다. 이것이 은퇴준비를 못 하는 원인 중 하나다.

내가 어떤 사람인가를 모른다는 것은, 환경에 적응하기 위한 내 "삶의 조건 또는 요소"들이 무엇인지를 모르거나 소홀히 하여 파악하지 못한 상태에 있다는 것을 말한다. 적응은 내 삶의 조건을 환경과 맞추거나 맞춰지

---

7   일맥상통(一脈相通): 사고방식, 상태, 성질 따위가 서로 통하거나 비슷해짐.

거나 타협하는 것이다. 따라서 이 삶의 조건을 파악하는 것이 은퇴 적응을 잘 하기 위한 준비인데 그렇지 못하기 때문에 은퇴를 앞두고 무엇을 어떻게 해야 하는지 모를 수밖에 없다. 이러한 삶의 요소들(이하 내 삶 Data라 함)은 "자기 성격 · 취향 · 적응능력 · 지적 수준 · 만족 수준 · 좋아하는 것 · 진정으로 원하는 것 · 관계능력" 등과 관련된다.

자기 삶의 형태는 이 내 삶 Data가 환경을 만나며 만들어진다. 이때 "환경에 맞추는 삶의 형태, 맞춰지는 삶의 형태, 이러지도 저러지도 못하는 삶의 형태, 환경과 독립적으로 살아가는 삶의 형태" 등의 구체적 모습으로 나타나 전개되는데 이것이 자기 Lifestyle이다. 이렇게 자기 Lifestyle이 만들어지는 데 영향을 끼치는 내 삶 Data는 수천 가지가 있을 것이다. 그 중 은퇴 생활 질과 관련되는 Lifestyle이 만들어지는 데 가장 영향을 많이 끼치고, 기본적으로 중요하게 고려해야 할 여덟 가지 '내 삶 Data'가 있다.

① 은퇴에 임하는 나의 성격과 심리적 특성 ② 은퇴 적응에 중요한 '일 중심적 사고방식' ③ '돈'에 대한 부부간 서로 다른 관점 ④ 은퇴 생활 적응과정에서 나타나는 9개 부부관계 유형 ⑤ 새로운 형태인 '따로 또 함께 사는 부부관계' ⑥ 삶의 의미(목적의식) 보유 여부 ⑦ 나의 욕구 수준 ⑧ '회복 탄력성'(어려움을 극복할 수 있는 마음의 힘)이 그것이다.

은퇴준비는, 자기가 이와 같은 내 삶 Data를 얼마나 가지고 있고, 내 삶 Data가 가지고 있는 환경 적응력에 대한 심리적 인지 수준이 어느 정도인지를 파악하여 대비하는 것이다. 이것을 "심리적 은퇴준비"라고 하는데 1장 8항에서 다시 설명할 것이다.

이상과 같은 것들을 아버지들이 모르거나 소홀히 하므로 은퇴준비가 안 되거나 못 하는 것이다. 결국 좋은 인생은 본인 책임이다. 어떻게 책임 있게 은퇴준비를 해야 할지 1장부터 5장 내용을 끝까지 읽어 보면서 참고하기 바란다.

4

시간 싸움 하는 은퇴 아버지의
외로운 모습 그리고 그들은
억울하다고 한다

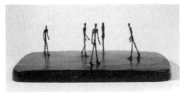

알베르토 자코메티, 〈광장〉, 1947~48년, 청동,
21×62.5×42.8cm, 뉴욕 구겐하임 미술관 소장.

광장에 정처 없이 떠도는 다섯 사
람이 있다. 스위스 조각가 알베르토
자코메티가 청동으로 제작한 〈광장〉
이라는 작품이다. 그 가운데 우두커
니 한 사람이 서 있다. 황량해 보인

다. 금방이라도 바스러질 것처럼 가느다란 뼈대만 남았기 때문이다. 사람
들은 각자 서로 다른 곳을 향해 이리저리 발걸음을 옮긴다. 어디로 옮기는
것일까? 무심하게 그냥 스쳐 지나갈 뿐이다.

실존주의 철학가 장 폴 사르트르는 이 사람들을 두고 "아름답지도 추하
지도 않은 채 그저 존재할 뿐"이라고 했다. 무언가 계속 기다리는데 그게
뭔지를 모른다. '이게 혹시 그건가?' 해보지만 '긴가 민가' 하다. 그러다가
뭐 때문에 사는지도 모르고 외롭고 고독하게 시간만 보내며 이리저리 발

걸음을 옮기는 존재일 뿐인 사람들이다.

은퇴 아버지는 그저 이렇게 시간과 싸우며 존재하는 인간일 뿐인가? 흘러가는 강물에 떠 있는 시간이라는 배에 태워져 그냥 떠내려가는 외로운 인간일 뿐인가?

은퇴 6단계가 있다. 자세한 것은 1장 8항에서 설명된다. 아버지 외로움은 대부분 네 번째 단계인 환멸 단계에서 시작된다. 은퇴 후 1~2년 후를 말한다. 이 단계가 되면 불안하고 초조하다. 무력해지기 시작한다. 외로움의 동굴 속에서 홀로 소리 없이 운다. 이 시기에 아버지 외로움은 절정에 이른다. 각자도생의 길이 시작되고 새로운 고민이 시작되는 시기다. 혼자 가며 혼자 책임지는 길이 시작되는 시기다. 환멸 단계에서, 외로움과 더불어 관계의 변화와 사물 그리고 처음 접하는 환경에 대한 '낯섦'이 시작된다. 당황이 시작된다. 돈 못 벌고 집에서 마주 앉아 있는 남편과 아내와의 관계가 변한다. 자식과의 관계도 마찬가지다. 사회 친구들과의 관계도 변한다. 은퇴 전 출·퇴근할 때 차창 밖으로 보았던 풍경 느낌이, 은퇴한 지금 그 느낌과 다르다. 일할 시간대인 오전 10시에 강아지 산책시키며 바라보는 나무 모습이 은퇴 전 그 모습과 다르다. 모든 것이 낯설다. 당황스럽다.

은퇴 전에 생각했던 것, 습관화된 것들, 행동했던 것들이 은퇴 후와 너무 다르다. 그래서 더 당황스럽고 낯설다. 이렇게 외롭고 낯설고 당황스러움 속에서 시간은 자꾸 그냥 흘러간다. 아버지로서 남편으로서 할 만큼 했다고 생각했다. '가족이 수고했다. 고생했다. 이제는 가족 신경 쓰지 말고 하고 싶은 대로 하면서 사세요'라고 진심으로 말해 주고 격려해줄 줄 알았다. 하긴 했다. 그런데 유효기간이 6개월이었다. 6개월 지나니 또 돈 벌어 오란다. 안 들은 거나 마찬가지였다.

섭섭했다. 서글펐다. 은퇴할 때 받은 퇴직금과 모아 놓은, 조금의 돈이 서서히 없어지기 시작한다. 퇴직금 없어짐과 같은 속도로 인생 역시 바닥까지 내려가기 시작한다. 돈 버는 삶이 아닌 이제 내 인생을 살아야 하는데 그렇게 할 수가 없다. 막걸리 한잔 이외는 다른 생각이 나지 않는다. 시간이 지나면서 할 일을 찾으려 하지만 찾아지지 않는다. 일거리 찾다 보면 어느새 60대 후반이 된다. 오늘도 일거리 찾으려고, 아니면 무료한 시간 보내기 위해 전철을 탄다. "삐빅~~, 늙은이 어디 가?" 하면서 부르는 소리가 들린다. 외로운 "삐빅 세대"가 된 것이다. 지하철 개찰구에서 승차권을 대면 '삑'과 '삐빅' 두 가지 소리가 난다. '삑'은 64세 이하 승차권 소리고, '삐빅'은 65세 이상 승차권 소리다. 그리고 개찰구 화살표 밑에 빨간 선으로 노인이 표시된다. 65세 이상과 이하를 구별해 내고 제값 내지 않고 승차하는 사람들을 식별해 내기 위한 것이다. 혜택을 주면서도 마치 축구 경기 심판이 레드red 카드를 제시하는 듯한 느낌을 준다. 마음이 불편하다. 은퇴하면 이렇게 가족도 사회도 은퇴 아버지에게 레드red 카드를 주면서 외롭게 한다.

시간이 갈수록 시간의 무료함 그리고 외로움과 불안은 더욱 가중되기 시작한다. 노인의 4가지 고통이 빈곤, 질병, 고독, 무위라고 했다. 이 네 가지 고통 중 '고독'이 가장 큰 삶의 문제로 다가오기 시작한다. 본격적으로 시간 싸움이 시작된다. 시간을 그냥 때우거나 그나마 조금은 의미 있는 것으로 시간을 채우기 시작한다. 막걸리 한잔 먹으면서 "34년 일하다 놀아 보니 사람이 할 짓이 못 된다"라고 되뇌기만 한다. 이런 마음이 건강을 해치기 시작한다. 우울증으로 연결된다.

그냥 시간을 보낼 수 없어서 사업을 시작해 본다. 직장 퇴직금을 털어 치킨집을 열었다. 온종일 서서 바쁘게 일하지만 인건비, 임대료 등 유지비를 빼면 손에 쥐는 돈은 얼마 되지 않는다. 이나마 경쟁이 치열하다. 경쟁 업체가 우후죽순 늘어난다. 한국의 치킨집 매장 수는 전 세계 맥도널드 매장 수인 35,000개보다 많은 36,000개라 한다. 총성 없는 경쟁이다. 말 그대로 정글이다. 이러한 신규 창업 자영업자 중 베이비부머 세대가 약 52%가 된다. 안타까운 것은 창업 후 3년 생존율이 50%에도 못 미친다고 한다. 반 이상이 폐업한다는 것이다. 이때 줄어든 소득을 메우려 아내들이 생업 전선에 뛰어든다.

통계청이 발표한 '2019년 소상공인 실태조사'에 따르면 2019년도 소상공인 사업체 수가 2018년도보다 3만 곳이 늘어난 277만 곳이다. 그런데 늘어난 3만 곳 중 2만 7000곳(90%)이 여성 창업자였다. 특히 60대 이상 여성 창업이 2만 400곳으로 76%에 달했다. 베이비부머(1955~1963년생)들 퇴직으로 줄어든 소득을 아내들이 대체한 것이다. 없어진 남편 자리에 아내가 대체재로 들어선 것이다.

이렇게 남편과 아버지라는 이름이 없어진다. 은퇴 아버지의 심리적 상실감이 이루 말할 수 없다. 쓸모 없어진 은퇴 아버지는 이제 지루한 시간과의 싸움을 시작한다.

은퇴 후 사업 실패 그리고 실직으로 인한 50~60대 자살 사건이 많이 발생하는 시기도 이때다. 자살의 원인이 되는 우울증 환자 중에서 50대 20.2%, 60대 17.9%, 70대 17.6%인데 50대 비중이 전 세대 중에서 가장 많이 차지한다.[1] 이 중 56.7%가 베이비부머들이다. 2006년 27%였던 것이 56.7%로 가파르게 증가했다. 젊어서 가족을 위해 정말로 열심히 일한 죄밖에 없는데 자살률만 가파르게 증가한 것이다. 이것이 아버지의 억울한 운명임을, 은퇴 후 외로워질 때야 비로소 알기 시작한다.

은퇴 아버지에게 멋진 미래는 없는 것 같다. 현재 시간 때우기도 버겁다. 지금 내가 겪고 있는 낯섦과 당황은 과거 내가 잘못 보낸 시간의 결과인가? 이제는 인생길 혼자 가는 외로운 나그네인가? 누구를 탓하랴. 그래도 여기서 그대로 멸종되어 가는 인간이 될 수는 없다. 억울하지만 이 운명을 수용해야 한다. 자! 시간 싸움의 시작이다.

은퇴는 아버지가 계속 아버지가 아니다. 남편이 계속 남편이 아니다. 아버지에서 · 남편에서, 나그네가 되어가는 것이다. 용기 내는 나그네가 되어보자. 외롭지 않고 · 억울하지 않고 · 멋있는 나그네가 되어보자. 시간 싸움에서 이기는 나그네가 되어보자.

---

1 출처 : 건강보험심사평가원 2014기준

5

은퇴하면 아내가 변심한다

아버지의 시간은, 한 여인의 남편이요, 아이의 아비이고, 부모 모시며 살기 위한 돈벌이 시간이다. 정해진 세상과 직장 틀 속 기계가 되어 쳇바퀴 돌리는 다람쥐처럼 사는 시간이다. 그렇기에 책 한 권 제대로 읽지 못한다. 지성知性은 휴면기다. 나만을 위한 시간은 없다. 아니 상실이다. 한 여인의 남편과 아이들 아비 역할이라는 '생존책무'가 끝나 부양 의무에서 해방되었을 때는 이미 날개 꺾인 한 마리 새가 되어있다.

이런 은퇴 아버지는 살아가는 것이 불안하다. 회의감이 든다. 마음이 위축되고 자신감이 떨어진다. 이제껏 열심히 일했는데 왜 이런 힘든 마음을 겪을까? 하고 되뇐다. 그래서 위로해 줄 수 있는 사람이 필요하다. 의존할 만한 무엇인가가 필요하다. 그 의존 대상이 '배우자'다. 남편 입장에서 아내 · 집사람 · 마누라 · 애들 엄마 · 처를 말한다. 남편은 아내가 자신의 유일한 단짝이자 동반자라고 대부분 생각한다. 그러나 대부분 아내는 남편이 좋은 친구일 수는 있지만 유일한 친구는 아니라고 대답한다. 막상 은퇴 후 부부생활을 하다 보면 어느 순간부터 아내의 얼굴 표정과 눈빛, 말하는 태도 등이 달라져 가고 있음을 느낀다. 아내가 변심하고 있는 것이다. 아! 왜 이러한 상황을 예상 못 했지? 그저 허탈함만 느낀다.

결혼한 지 오래된 부부일수록 서로에 대해 모르는 것이 많다. 이유는 이렇다. 사랑하는 사람이 나를 제일 잘 알고 있고 무조건 이해해 줄 거라는 믿음이 있어서 결혼했다. 그런데 이 상태가 결혼 후에도 계속 지속되고 있다고 확신한다. 그러나 실지 조사해 보면 결혼 기간이 짧은 부부보다 결혼한 지 오래된 부부일수록 서로에 대해 가장 잘 안다고 믿고 있다. 그렇지 않다. 부부 시간이 오래 지속되면 서로 익숙해진다. 그러면 서로에 대해 알던 것과 확신했던 믿음이 변했음에도 이 사실을 알아차리지 못하거나 알고 있음에도 관심 없거나 무감각해진다. 그렇게 되면 "변한 것을 변하지 않았다고 하는 헛것"을 계속 믿는 꼴이 된다. 이것은 실제로 알고 있는 변한 사실과 알고 있다고 확신하는 헛것 같은 믿음의 간극에 대해 업데이트하지 못했기 때문이다.[1] 이렇게 부부들이 서로에 대해 모르는 것이 많다. 이 모름이 어느 순간 배신감으로 느껴지면서 화목하던 결혼 생활이 고통으로 변해 버린다.

젊어서는 함께 시간을 못 보내는 것에 대한 갈등인 반면, 은퇴 후는 시간을 너무 많이 같이 보내서 생기는 갈등이다. '은퇴 남편 증후군'이라는 것이 있

---

1 출처 : 연문희, 《행복한 부부도 A/S가 필요하다》, 학지사(조선일보, 2021.5.8. a22, 장동선의 뇌가 즐거워지는 과학)

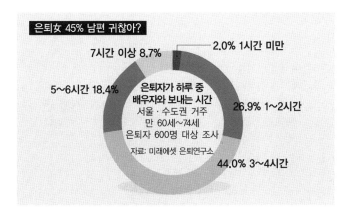

다. 은퇴 남편으로 인해 생기는 스트레스와 신경이 날카로운 상태를 말한다.

　미래에셋 은퇴연구소에서 60~74세 은퇴자 600명을 대상으로 하루 중 배우자와 보내는 시간이 얼마인지 조사해 봤다. 그림과 같이 71.1%가 3시간 이상 서로 얼굴을 맞대며 생활하고 있었다. 갈등이 안 생길 리 없고 은퇴 남편 증후군이 안 생길 리 없다.

　유튜브[2]서 숫자로 표현한 어느 남편과 마누라 넋두리를 본 적이 있다. 웃고픈 이야기지만 은퇴 후 부부관계 상황이 농축되어 있다.

남편 넋두리

1 어나서
2 여자의 얼굴을 보며 하루를 시작한 지가
3 0년이 지났다.
4 귀기만 했으면 좋으련만 이렇게 결혼해서

2　출처: 유튜브(루나루나, 스마일어게인, 2020.6.3.)

5 랫 동안 같이 살게 될 줄이야.
6 신이 고달파도 할 수 없지.
7 거지악이 있어 조선 시대처럼 내쫓을 수도 없고,
8 팔한 마누라 덩치를 보면 작아지기만 하는 내 모습…
9 천을 헤매는 귀신은 이런 사람 안 잡아가는지?
10 년 감수할 일은 매일 생겨 몸을 사리면서 살아온 지도 은퇴 후 어느새 3년.
11 조를 바치고 기도해도 이 여자는 나를 가만 내버려 두지 않을 것이다.
12 걸고 밥상 차려 오라고 하구, 커피 타오라 하고…
13 일의 금요일 같은 공포의 날이 일 년이면 365일이다.
14 리 이 여자에게 도전장을 내밀 수도 없고,
15 야 밝은 둥근달을 보며 한탄만 하는 이 신세…
16 일 동안 내공을 쌓고 이 여자에게 덤비면 이길 수 있을까?
17 리를 도망갔다 붙잡혀 온 불쌍한 놈이 바로 나로구나.
18 이내 신세는 왜 이리도 처량한지 오늘도 이렇게 눈물만 흘러내린다…

마누라 넋두리

1 어나서
2 런 문둥이 자슥의 얼굴을 보며 하루를 시작한 지가 어언
3 0년이 지났다
4 랑한단 말에 그날에 자빠지지만 않았음 좋았으련만 이렇게 결혼해서
5 랫 동안 같이 살게 될 줄이야 에휴…
6 신이 멀쩡하면 모하나. 누가 토끼띠 아니랄까 봐…
7 분만 넘어가두 원이 없겠네…
8 팔한 옆집 남편 보며 한숨만 나오고…휴~
9 천을 헤매는 처녀 귀신도 안 물어갈 화상아~~
10 년만 젊었어두 아침 밥상이 틀려질 것을…
11 조를 바치고 기도해도 저 물건은 살아날 기미가 없네…
12 걸고 밥 안 차려 줘두 지가 알아서 잘두 처묵네
13 일의 금요일 날 저건 안 없어지나…?
14 리 갖다 버릴 수두 없고
15 야 밝은 둥근달을 바라보며 허벅지만 푹푹 찌르는 이내 신세여 ^^

은퇴 후 아내는 변심한다. '내 아내는 절대 안 그렇다'라고 생각하는 사람은 그냥 흘려보내시라. 그러나 명심해라. 우주 만물에 변하지 않는 것은 없다는 것을. 2018년 은퇴한 나는 2020년 결혼 생활 32년째다. 딸 31살, 아들 25살이다. 공공기관 다녔던 나는 비교적 안정적 결혼 생활을 했다. 1989년 IMF 경제 위기 때도 꼬박꼬박 봉급 받으며 무사히 넘겼다. 우리 부부는 여행 가고 싶은 곳을 정리하며 은퇴 후 생활을 이야기했다. 은퇴 후 20개월간은 기대했던 것보다 좋았다.

퇴직 전 1년간 은퇴준비 시간을 준다. 출근하지 않지만 현직일 때와 똑같이 봉급이 나온다. 이 기간이 끝나고 퇴직을 한 이후에는 8개월 동안 고용보험에서 실업 수당을 받았다. 이 기간 동안은 수입이 있으니 집에서 빈둥거려도 아내가 잔소리나 구박을 하지 않았다. 출근하지 않고 유유자적한 나날을 보냈다. 태어나서 최고로 행복했던 시기였다. 그러나 수입이 끊어진 20개월 이후 어느 날부턴가 슬슬 부부 사이가 삐걱거리기 시작했다. 나는 하루하루가 무료하고 집에 같이 있는 날이 즐겁지 않기 시작했다. 사소한 갈등이 시작됐다. 겉으로 표출되지 않지만 심리적으로 긍정적 부부관계가 한계에 이르기 시작했다.

은퇴 후 하는 일 없이 2년 정도가 지나면 '방 청소 좀 하지? 배고픈 사람이 밥은 알아서 먹자?'라고 통명스럽게 말하기 시작한다. 세면기에 양치질하고 입가심할 때 나온 음식 찌꺼기를 깜박하고 닦지 않아 달라붙은 것을 보고 더럽다고 신경질적으로 아내가 말하기 시작한다. 이때 왠지 모르게 가슴이 저린다. 은퇴 후 부부관계의 단적인 모습이다. 이러한 신경질적인 반응 이면에는 자신의 고유 영역과 자립성을 침범당하는 데 대한 괴로움의 표현이 담겨 있다. 남편이 평생 밖에서 가족부양을 위해 돈을 버는 동안 아내는 자기만의 세계를 구축해 놓았던 것이다. 이것이 남편에게 침범당하는 것으로 느끼는 것이다. 아버지가 은퇴했다면 아내도 은퇴해야 한다. 그러나 아버지는 아내의 은퇴를 인정하려 하지 않는 데에도 원인이 있다.

어쨌든 아내는 남편 직장 퇴직 후 집안일의 어려움과 고통 분담 정도를 서로 50:50으로 생각한다. 때문에 아버지가 은퇴 후 자기만 쉰다고 하거나 하면 안 된다. 아버지가 은퇴했으면 아내도 똑같이 가정일에서 은퇴한 것이다. 이런 것을 인정하지 않으면 반드시 갈등이 생긴다.

아주대학교 심리학과 김경일 교수도 비슷한 말을 했다. 가정은 기본적으로 아내의 공간이라는 것이다. 이 공간에서 자기만의 규칙을 만들어 놓았다. 그런데 그 공간에 예고 없이 찾아오는 손님처럼 불쑥 들어오는 사람이 은퇴 남편이다. 은퇴 남편은, 평생 가족부양을 위해 돈을 벌었으니 나도 이 공간에서 지분이 있다고 하면서 공동 점유하려고 한다. 아내는 당연히 스트레스가 쌓일 수밖에 없다. 이러한 상황으로 인해 아내는 우울증 위험도가 70%나 높아진다고 한다. 결혼 만족도가 하락하는 징조다. 은퇴한 남편과 아내와의 부부관계 의미를 재설정해야 한다는 것을 시사한다. 남편의 퇴직은 이렇게 아내의 심리에 큰 영향을 주면서 변심하는 아내가 되어간다.

"남편은 아내가 사망하면 3년을 버티기 힘들다. 10년 이상을 버티는 남편은 아주 독한 사람이다. 반면에 아내는 남편이 사망하면 그간의 정 때문에 6개월 정도 슬프다가 그다음부터는 귀찮은 존재가 없어졌기 때문에 속이 시원하여 15년 이상 산다."라는 농담 섞인 이야기가 있다.

이혼 건수를 살펴보겠다. 1970년대는 평균 15,000건이었는데 1980년 대는 34,000건이었다. 이후 2020년 한 해에 10만 6500건으로 급격하게 증가했다. 결혼 기간별 이혼 건수를 살펴보겠다. 통계청이 발표한 '2020 년 12월 인구 동향'에 따르면, 2020년 이혼 건수는 10만 6500건으로 전년 보다 4319건 줄었다. 결혼 9년 차 이하 부부(3만 9530건)는 5004건 줄고, 10~19년 차 부부(2만 7299건)는 2209건 줄면서 전체적으로 줄어들었다. 하지만 유독 20년 차 이상 부부의 이혼 건수(3만 9671건)는 2894건 늘어 났다. 성격 차이 등 여러 요인으로 부부관계가 멀어졌지만 이 상황은 자녀 교육이나 결혼 등을 위해 참다가 50대 이후 표면화되어 이혼하는 경우가 늘었기 때문이다.

1970년까지는 여성들이 결혼을 잘못했다고 후회해도 그냥 참고 살았 다. 그런데 이런 생각이 점차 변하면서 요즘 여성들은 결혼을 잘못했다고 판단되면 남편을 즉시 버린다는 것이다. 이런 생각들이 나이에 관계없이 반영되어 결혼 20년 이상 중년 부부의 황혼黃昏이혼 건수가 크게 늘었다. 전체 이혼 건수 가운데 황혼이혼 비율이 2020년 12월 현재 37.2%로 신 기록을 세웠다. 황혼이혼 비중이 1990년대까지만 해도 전체 이혼 건수의 5.2% 정도에 불과했었다. 아내의 변심이 반영된 것이다.

은퇴 부부는 '품앗이' 관계다. 상호 교환 관계가 된다. 은퇴 전에는 돈 버는 아버지가 일방적으로 내조를 받았는데 이제는 그렇지 않다. 방 청소 해주고 쓰레기 버려주고 등등 아내가 원하는 일을 도와준 만큼만 따뜻한

'아내의 마음'이 전달된다. 아내가 좋아하는 남편은 싹싹한 남편, 요리 잘 하는 남편이 아니라 '집에 없는 남편'이라는 농담 섞인 말이 있다. 아내의 마음은 이렇게 변심한다.

'부부에게 살아가는 데 가장 중요한 것이 무엇인가?' 물어보았다. 남편은 1위 건강, 2위 아내, 3위 돈이었다. 아내는 1위 건강, 2위 돈, 3위 자식, 4위 친구였다. 남편은 5위 안에도 없었다. 남편의 입장에서 씁쓸한 결론이다. 퇴직 남편 존재감의 현주소를 말해 준다. 가정에서의 남편 역할을 너무 지나치게 경제적인 것에 치중했기 때문이다. 남편이 단지 돈 대주는 사람으로 여겨지게 됐고 은퇴하니 쓸모가 없어진 것이다.

당신은 그림과 같이 부부·자녀와의 갈등과 단절 등으로 인해 자살을 생각했던, 18.6%에 해당하는 사람인가 아닌가? 은퇴 후 부부관계는 이렇게 중요하다.

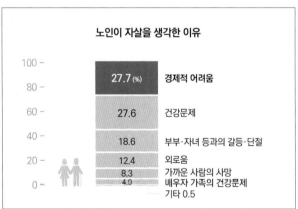

자료: 한국 보건사회 연구원 대상: 자살을 생각해 본 노인 673명 인포그래픽: 권세라

은퇴설계 연구소 권도형 박사가 퇴직 후를 바라보는 부부의 시각 차에 대해 조사했다. 남편 대부분이 퇴직 후 하고 싶은 인생 버킷리스트는, 고생한 아내와 해외여행을 다니는 것이라고 대답했다. 반면 아내들은 남편 없이 해외여행 하고 싶다는 사람이 그렇지 않은 사람보다 더 많다고 말했다. 남편들의 착각이다.

이것은 사람을 각자 독립적 개체로 봐야 한다는 것을 시사해 준다. 이혼은 안 했어도 부부지만 남남처럼 따로 또 함께 사는 모습[3]으로 변하는 것이다. 이렇게 아내는 공동체에서 독립적 개체로 변심한다. 은퇴 아버지는 이런 변화를 미리 알아차리고 인정하고 이를 받아들이는, 심리적 전환 즉 심리적 은퇴준비를 해야 한다. 근본적으로 부부관계 만족도는 성 역할과 복잡하게 연결되어 있다.[4] 진화론 관점에서 보면 부부관계는 생식과 번식이다. 은퇴 그리고 노인이 되면 생식과 번식을 위한 결혼의 기능 즉 남편과 아내 역할이 종료된 것이다. 또한 가정생활유지와 자식 케어를 위한 아버지와 엄마가 맡았던 각자 역할도 끝난 것이다. 이렇게 남편과 아내라는 성 역할이 변했음에도 아버지는 감지[5]하지 못한다. 그러나 아내는 그렇지 않다. 그래서 아내는 독립적 개체로 변심하는 것이다. 아내의 변심은 자연의 이치일 수 있다. 그래서 당연할 수 있다. '그럴 수도 있겠구나' 하고 생각해 본다. 원망하지 않는다.

부부생활은 '혼자서 해야 하는 일'과 '혼자서는 할 수 없는 일'로 구분된다.[6]

---

3 2장 6항에서 새로운 부부 형태인 "따로 또 함께 사는 은퇴 부부관계"에 대해 설명하고 설문지로 진단하니 참고 바람.

4 세라 요게브, 《행복한 은퇴》, 이름북, p. 21

5 감지(感知): 느끼어 앎, 눈치, 인식

6 아라카와 가즈히사/조승민 역, 《초솔로사회》, 마일스톤, 2018, p4

은퇴 부부는, '혼자서는 할 수 없는 일'이었던 생식과 번식 그리고 생산한 자식보호 역할이 끝난 상태다. 이제는 '혼자서 해야 하는 일'을 하는 관문에 들어선 것이다. 유독 아내가 이 관문에 들어서고 싶어 한다.

박경태의 〈기억의 향기〉 노래 가사에 이런 말이 나온다. "사람이 향기로 기억되는 건 그리움이 남아있기 때문이다. 사람이 눈빛으로 기억되는 건 하지 못한 말이 남아있기 때문이다. ~중략~ 사람이 눈물로 기억되는 건 그 사랑이 남아있기 때문이다.~중략~."

아내 변심이 섭섭하지만, 그래도 아내의 향기 · 눈빛 · 그리움 · 사랑이 진하게 가슴에 남아 있다. 아내가 변심하면 이런 소중한 것들이 보이거나 만져지지 않을지도 모른다. 그렇지만 가슴에 남아있음에 감사하며 아내가 들어가고자 하는 '행복의 문'을 열어 줄 것이다.

행복의 문
-헬렌 켈러, 미국, 1880-1968-

태양을 바라보며 살아라.
그대는 그림자를 볼 수 없으리라
해바라기가 하는 것처럼.

고개를 숙이지 말라.
머리를 언제나 높이 두라.
세상을 똑바로 정면으로 바라보라.

나는 눈과 귀와 혀를 빼앗겼지만
내 영혼을 잃지 않았기에
그 모든 것을 가진 것이나 마찬가지다. 고통의
뒷맛이 없으면 진정한 쾌락은 거의 없다.
불구자라 할지라도 노력하면 된다.
아름다움은 내부의 생명으로부터 나오는 빛이다.

그대가 정말 불행할 때 세상에서 그대가 해야
할 일이 있다는 것을 믿어라.
그대가 다른 사람의 고통을 덜어줄 수 있는 한
삶은 헛되지 않으리라.

행복의 한쪽 문이 닫히면 다른 쪽 문이 열린다.
그러나 흔히 우리는 닫혀진 문을 오랫동안 보기
때문에 우리를 위해 열려 있는 문을 보지 못한다.

세상에서 가장 아름답고 소중한 것은
보이거나 만져지지 않는다.
단지 가슴으로만 느낄 수 있다.

출처 : 명시문학 전문학원 〈인생에 관한 외국 시 모음〉

6

은퇴 아버지는 자식이 어색하다,
그리고 미안하다,
너희들에게 부담 안 줄게

아버지는 생존 수단인 일과 직업을 통해, 가족과 친구 그리고 세상 사람과 관계를 맺었고 소통했다. 일은 만족과 성취의 수단이었다. 그렇기에 '아버지인 나 존재의 중심'이었다. 그리고 '나 존중감'의 중심이었다. 아버지라는 이름은 가족이 세상에 나가 살도록 연결해 주는 통로였다. 그래서 내 자신이 스스로 뿌듯했고 마음이 기뻤다. 그러나 은퇴하면 그 존재감이 '허망한 존재감'이었음을 느끼게 된다.

아버지가 은퇴하면 가족들은 "그동안 고생하셨어요"라고 말한다. 위로가 되어 눈물이 났었다. 그러나 은퇴 후 일정 기간이 지나면 이 말이 재해석 된다. 은퇴 후 1년, 2년이 지나면서 쓸모 있던 예전의 아버지로 바라보지 않기 시작한다. 그 시선이 따갑게 전달되고 마음에 얹히기 시작한다. 그래서 "그동안 고생하셨어요"라는 말은, 더 이상 쓸모가 없어진 아버지와 남편 역할에 대한 '아쉬움' 속에서 예의상 위로로 건네는 말이었다는 것으로 느끼게 된다. 그저 '생존 틀'이라는 거울 속에 반사되어 비치는 모습의 존재였을 뿐이고 그 이상도 이하도 아니었음을 비로소 느끼게 된다. 이때부터 자식이 어색해지기 시작한다. 이런 상황이 아버지인 나 자신에게 정신적 물질적으로 독립을 해야 한다고 다짐하게 된다. 이때부터 홀로서기 위해 조금 있던 재산을 가지고 자식과 이해관계를 따지기 시작한다.

은퇴 아버지 C 씨는 00 공사에서 33년 근무 후 정년 3년을 남겨놓고 명예퇴직 했다. 2억 원 정도 목돈 마련을 해서 그동안 저축해 놓은 돈과 전세금을 합해 평생소원인 집을 짓기 위해서다. 다행히 20년 전에 변두리에 대지 70평을 대출을 끼고 사놓은 것이 있었다. 당시에는 버스도 들어가지 않는 곳이라 땅값이 쌌다.

가족은, SS 전자 납품회사에 취업해 한 달에 300만 원 정도 받는 큰아들, 취업 준비하는 둘째 아들과 부인을 포함해 4식구다. 방 2칸짜리 집에 전세로 살고 있다. 중간에 주식투자에 실패하여 더 이상 집을 늘려가지 못했다. 애들이 장성할 때까지도 방 한 칸에 둘을 생활하게 한 것이 아버지로서 가장 미안한 부분이다. 아들 두 명 다 따로 살고 있다. 그 이유는 집도 협소하고 독립하고 싶은 것도 있었지만 아버지와 부딪히기 싫어서다. 완고한 아버지 성격 때문에 대화가 되지 않는다. 대화 자체가 곤욕이다. 집에 들어가기 싫을 정도로 마음이 편하지 않다. "30 넘었으니 결혼해라, 여자 친구 있냐?" 하면서 자꾸 다그친다.

나는 "나 같은 자식 낳기 싫어서 결혼 생각 없는데 왜 자꾸 물어보지?" 아버지는 자식들 속만 뒤집어 놓는다고 한다. 행복한 인생을 위한 조건으로 결혼은 중요하지 않는데 무조건 결혼하라 하니 사사건건 부딪친다. 그래서 집에서 나왔다고 한다. 그렇다고 아버지가 싫은 것은 아니다. 서로 관점이 맞지 않을 뿐이라고 한다. 아들 둘 다 똑같은 생각이다.

큰아들 작은아들 다 보증금 800만 원, 900만 원에 30만 원, 20만 원 월세를 주고 살고 있다. 반지하 3평, 4평짜리 방이다. 반지하지만 마음이 참 편하다고 한다. 그런데 C 씨는 아들들만 생각하면 열불이 난다고 한다. 큰아들은 저축하여 집 살 생각은 하지 않고 벤츠를 할부 구입하여 타고 다닌다. 월급 300만 원에 할부금 내고 어쩌고 하면 저축을 하지 못한다. 그냥 오늘만 살고 있다. 작은아들 사고방식에도 열불 난다고 한다. "집은 주거만 하면 된다. 집과 재산을 늘려 자식에게 물려주고 싶은 생각도 없다. 현재에 만족하며 사는 것이 좋아요." 한단다. 땅 대출금 갚고 학비 대느라 정작 본인은 여행 한 번 가보지 못했다. 오직 저축 생활만 했다. 평생 가족의 집을 짓기 위해 살았다. 집 마련을 위해 직장생활 33년 내내 아끼고 아끼면서 돈을 모았다. 주식투자에 실패했지만 그동안 모은 돈과 명예퇴직금 전세금을 합해 드디어 집짓기 공사를 시작했다.

집 마련이 인생 최대 목표였고 행복이었다. 집은 가족의 보금자리다. 그리고 축적 재산이다. 따라서 집을 아들들에게 물려줄 생각이다. 부부 침실, 아들 방 2개, 서재 한 개, 방 4개짜리 집이다. 6개월 만에 완성했다. 아들들 방을 각각 마련한 것이 가장 뿌듯했다. 아들들에게 집으로 들어오라 했다. 그러나 뜻밖에 들어오지 않겠다고 한다. 계속 설득했지만 말을 듣지 않는다. 가만히 애들의 그간 행동과 대화 내용을 생각해 보았다. "아! 나와 다른 자기들 가치 기준과 관점이 따로 있는 거구나. 이를 인정하고 받아들이자." 하고 마음을 바꿨다 한다.

또 다른 고민은 애들 결혼할 때 비용을 충당해 주면 남는 것은 달랑 집 밖에 없다. 어떻게 하지? 그래서 이렇게 마음먹었다 한다. "서로 가치 기준이 다르니 애들 도와줘도 애들은 나를 도와주지 않을 것 같다. 잘못하면 나만 거지가 된다. 그러니 집은 물려줄 수 없다. 몸도 따로 살고 마음도 따로 살자. 그대신 신세는 지지 말아야지." 이런 마음을 먹기 시작하면서 자식에 대한 마음이 괜히 어색해지기 시작했다. 이런 속마음 때문에 아들 얼굴을 보면 얼굴이 화끈거린다고 한다.

얼마 전 가슴이 먹먹해지는 〈어느 노인의 유언장〉이라는 유튜브 동영상을 봤다.[1] 내용을 소개해보고자 한다.

아내를 잃고 혼자 살아가는 노인이 있었다. 젊었을 때는 힘써 일하였지만 이제는 자기 몸조차 가누기 힘든 노인이 되었다. 장성한 두 아들은 처자식을 먹여 살리느라 아버지를 돌보지 않았다. 어느 날 노인은 목수를 찾아가 나무 궤짝 하나를 주문하였다. 그리고 그것을 집에 가져와 그 안에 유리 조각을 가득 채우고 튼실한 자물쇠를 채웠다. 어느 날 아들이 아버지 집에 와 아버지의 침상 밑에 못 보던 궤짝 하나를 발견했다. 아들들이 그것이 무어냐고 물으면 노인은 신경 쓰지 말라고 말할 뿐이었다. 궁금해진 아들들은 아버지가 없는 틈을 타서 그것을 열어보려 하였지만 자물쇠로 잠겨 있어서 안에 무엇이 들어있는지 알 수 없었다. 궁금한 것은 그 안에서 금속들이 부딪히는 소리가 나는 것이었다. 아들들은 속으로 '그래! 이건 아버지가 평생 숨겨 놓은 금덩이 아니야?' 아들들은 그

---

1 출처 : 유튜브 동영상, 체인지 노트(http://bit.ly/WiseSayingy), 어느 노인의 유언장

때부터 누구 먼저 할 것 없이 서로 아버지를 모시겠다며 이상한 효심이 넘쳤다. 그리고 얼마 뒤 노인은 돌아가셨고 아들들은 장례를 치른 후 침이 마르도록 기다리고 기다렸던 그 궁금한 궤짝을 열어보았다. 그런데 이게 웬일인가? 깨진 유리 조각만이 가득 들어있었다. 두 아들은 화를 내었다. 서로 쳐다보며 소리 없이 말했다. "당했군!" 그리고 궤짝을 멍하니 바라보는 동생을 향해 "왜? 궤짝이 탐나냐? 그럼, 네가 가져라!" 막내아들은 형의 말을 들었는지 못 들었는지 한참 동안 그 자리에 서 있었다. 충격을 받았다. 적막한 시간… 1분, 2분, 3분. 아들의 눈에 맺힌 이슬이 주르륵 흘러내렸다. 막내아들이 그 궤짝을 집으로 옮겨왔다. '나뭇가지가 조용히 하려 해도 바람이 쉬지 않고 자식이 효도하려 해도 어버이는 기다려주지 않는다.' 옛글을 생각하며, 아버지가 남긴 유품 하나만이라도 간직하는 것이 그나마 마지막 효도라 생각했다. 아내는 구질구질한 물건을 왜 집에 들이느냐며 짜증을 냈다. 그는 아내와 타협했다. 유리 조각은 버리고 궤짝만 갖고 있기로… 유리 조각을 버리고 나니, 밑바닥에 편지 한 장이 들어있었다. 막내아들은 편지를 읽어 내려가며 엉엉 소리 내어 울기 시작했다. 나이 마흔을 넘긴 사나이의 통곡 소리에 그의 아내가 달려왔다. 아들딸도 달려왔다.

그 글은 이러하였다. "첫째 아들을 가졌을 때, 나는 기뻐서 울었다. 둘째 아들이 태어나던 날, 나는 좋아서 웃었다. 그때부터 삼십여 년 동안, 수천 번 아니, 수만 번 그들은 나를 울게 하였고, 또 웃게 하였다. 이제 나는 늙었다. 그리고 자식은 달라졌다. 나를 기뻐서 울게 하지도 않고, 좋아서 웃게 하지도 않는다. 내게 남은 것은 그들에 대한 기억뿐이다. 처음엔 진주 같았던 기억이 중간엔 내 등뼈를 휘게 한 기억으로 지금은 사금파리, 깨진 유리처럼 조각난 기억만 남아있구나! 아아, 내 아들들만은… 나 같지 않기를… 너희들이 늙었을 때는 나 같지 않기를…" 아내와 아들딸도 "아버지!" 하고 소리치며 서로 부둥켜안고 울었다….

또 다른 친구 말이 생각난다. 충분하지는 않지만 노후대비 재산을 마련해 놨다. 사전에 자식들에게 양도할까 고민하다 포기했다 한다. 재산 물려주면 그때부터 자식 마음이 변한다는 것을 알기 때문이다. 대신 그때그때

상금을 준단다. 예를 들어 며느리가 출산하면 출산 장려금 300만 원, 가족 생일, 손주 유치원 입학 등등이 생길 때 일정 금액의 상금을 지급한다고 한다. 이렇게 하니 가족관계가 화기애애 하더란다.

재산 물려 줬더니 자식이 손을 끊더라 하는 이야기가 심심치 않게 들린다. 필자가 노인장기요양보험 3등급 받고 홀로 집에서 요양보호사 보살핌을 받는 할머니 집에 가서 돌봄 자원봉사를 한 적이 있다. 그 할머니 말이 생각난다. "통장 몇 개를 보여주니 자식들이 잘 하더라"라는 말이다. 사실 빈 통장이었단다. 내가 늙어서 힘이 없으면 자식이 필요한데 그때의 자식 입장은 또 달라진다. 이해는 되지만 섭섭하다.

베이비부머 세대가 가진 재산 대부분이 부동산이다. 내 소유인데도 이 땅을 처분하려 하면 자식 눈치가 보인다. 마음에 갈등이 일어나며 이런 생각을 한다. "자식이 필요하다고 재산 미리 달라고 하면 줘야 하나 말아야 하나? 안 주면 노후는 그냥저냥 지낼 수 있는데, 주면 내 노후가 힘들다. 그래도 자식이 필요하다는데 어떻게 하지? 아니야 재산 물려주면 그 당시는 노후에 잘 모신다고 굳은 약속을 하지만 살다 보면 그렇게 할 수가 없을 거야! 마음이 달라지는 것도 있고 현실이 그렇게 만드니까."

이렇게 재산 등 여러 가지 문제로 자식과의 관계 설정을 생각하기 시작하면서 자식에 대한 내 마음이 또한 어색해지기 시작한다. 이 어색함을 어찌해야 할꼬? 이렇게 마음 속에서 아버지와 자식 사이에 이해관계가 개입되기 시작하면서 자식과의 관계가 정리되기 시작한다. "뒷바라지 잘못해 줘서 미안하지만 할 수 없어, 아버지인 내 노후가 편해야지!" 아버지는 이런 마음을 먹는 순간부터 자식이 더 어색해진다.

아버지 없는 삶은 적막寂寞과 같으나 어머니 없는 삶은 묘지와 같아 영원히 적막이다. 어머니를 잃은 상실감이 훨씬 크다는 것이다. 아버지 처지가 이렇다. 아버지는 어머니에 비해 상대적으로 외롭다. 자식이 생각하는 아버지와 어머니는 다른 듯하다. 어머니 없이 태어난 사람은 없어도 아버지 없이 태어난 사람은 있다.

자식들은 모양은 달라도 저마다의 마음속엔 반드시 어머니가 선명하게 자리 잡고 있다. 그러나 아버지 모습은 그다지 선명하게 자리 잡고 있지는 않은 듯하다. 어머니만 생각하면 눈물부터 나는데 아버지는 그렇지 않다. 인생을 살다가 고마웠던 사람들을 머릿속에 그릴 때 가장 먼저 떠오르는 사람이 어머니. 코끝 시리게 바람이 불고 마음이 허할 때는 뜨끈한 난로처럼 어머니의 온기가 그리워지지만 아버지 온기는 생각이 잘 나지 않는다. 용돈 받은 생각만 난다. 기뻤던 일도 슬펐던 일도 많았지만 어머니와 함께라면 다 이겨낼 수 있었다. 아버지 필요성과 중요성 그리고 사랑의 위치는 자식들 마음속에서 몇 등인가?

아버지 숙명인데도 한편으로 섭섭하다. 자식아, 미안하다. 자식인 너에게 이런 저런 이야기했다. 이것 따지고 저것 따졌다. 남도 아니고 자식한테 말이다. 아버지가 홀로서기 위해서다. 이해해 다오. 그 대신 늙어서 너희들에게 신세 지지 않을게. 약속할게.

나의 은퇴 Lifestyle,
어떻게 정해지고 어떤 모습으로 전개되지?

아버지가 은퇴했다. 강제적 역할 상실이다. 은퇴하면 대개 이런 모습으로 살아간다.

"상실한 역할을 회복하지 못하고 그냥 사는 사람, 자기가 살고 싶었던 삶을 찾은 사람, 시간과 자유와 여유로움을 가지고 사는 사람, 사회관계망 변화에 적응 잘하거나 못하는 사람, 초라해진 나로 변해서 사는 사람, 끝나지 않은 삶의 굴레들에 또다시 엮여 사는 사람, 건강관리 하면서 일을 준비하는 사람, 다시 일 세계로 진입한 삶, 그냥 살아가고 있는 사람" 등.

이렇게 정해져 진행되는 은퇴 생활 모습을 크게 세 가지 유형으로 나눠 볼 수 있다. 첫째, 육체에 의한 하드웨어적 삶이다. 1장 3항에서 언급한 X형 인간과 비슷한 경우다. 은퇴 전 살았던 방식 그대로 또다시 노동하고 경쟁하며 돈을 쫓는 사람이다. 원하는 돈의 양이 성에 차지 않기도 하지만, 자기가 보유하고 있는 지식과 능력의 넓이와 폭 그리고 한계 때문에 돈 버는 거 이외에 할 줄 아는 게 없는 경우다. 돈 버는 인생으로 인정받고 평가 받고 싶은 사람이다. 이런 유형의 사람들이 대부분이다.

두 번째는 정신적 만족을 중심으로 하는 소프트웨어적 삶이다. 내적 성공 즉 정신적 만족 가치를 우선하거나 중요하게 생각하는 사람이다. 스스로 정신적 만족이라는 가치관을 정립하여 사는 사람 즉 "자발적 정신 만족 추구형" 사람이다. 반면 "비자발적 정신 만족 추구형" 사람도 있다. '돈 버는 능력 한계' 때문에 노력해도 돈을 못 버는 사람이 여기에 해당한다. 때문에 돈이 벌리지 않으니 어쩔 수 없이 현재 보유하고 있는 돈 양에 맞춰 살면서 불가피하게 비자발적으로 정신 만족을 추구하며 산다.

세 번째는 하드웨어적 삶과 소프트웨어적 삶이 혼합된 형태가 될 것이다. 공공기관 일반기업 등에서 은퇴한 지 3년 정도 되는 사람 30명을 대상으로 현재 삶의 모습 선택 과정을 조사해 봤다. 30명 중 5명은 정신 만족 위주 Lifestyle을 선택하여 살고 있었고 나머지 25명은 일차적으로 돈 생기는 '노동 일거리' 즉 하드웨어적 삶을 우선 찾아 나섰다. 그러나 25명 중 노동 일거리를 구하여 살아가고 있는 사람은 10명뿐이었다. 일거리를 구하기는 했지만 대부분 은퇴 전 소득의 1/4 정도로 용돈 벌이거나 소일거리다. 나머지 15명은 용돈 벌이조차 못 찾아 무료한 시간을 보내며 노동 일거리를 마냥 기다리며 지내고 있었다. "일거리 대기하는 삶"이다. 일거리가 생기지 않는 기간이 길어지면 무료한 시간을 감당할 수 없게 되기 시작한다.

이때부터 각자 그냥 시간을 보내거나, 채우거나, 때우는 삶의 모습을 나름대로 만들어가며 살아간다. 일부는 마음을 집중할 수 있고 재미를 느끼는 취미 생활을 개발하여 노동일이 생기기를 기다리며 시간을 보내고 있다. 일거리가 생기면 바로 이와 같은 소프트웨어적 삶을 버린다. "임시 대체적 소프트웨어적 Lifestyle"이다. 나이가 들면 꼭 필요한 고민이 있다. "육체가 삶을 감당하지 못할 때 그냥 멍하니 TV만 보면서 무료하게 시간을 보내야만 하는가?"이다. 하드웨어적 삶으로만 살면 이러한 난관을 헤쳐 나가기 어렵다. 육체적 이동과 활동이 불편하게 되면 무료한 시간이 생기게 된다. 하드웨어적 삶의 방식으로는 이 시간을 해결해 주지 못한다. 이것을 소프트웨어적 정신 활동으로 보완해 주고 해결해 줄 수 있어야 한다. 그래야 무료한 시간을 긍정적으로 보낼 수 있다. 그러나 사람들은 이것을 알면서도 노동 일거리를 우선 찾으려 애쓰다가 찾지 못할 때만 차선책으로 정신 활동 삶을 찾아 나선다.

이처럼 은퇴 아버지 삶의 모습은 대부분 "하드웨어적 삶→소프트웨어적 삶→하드웨어적 삶+소프트웨어적 삶의 혼합 형태" 순서대로 만들어지고 전개된다. 이러한 삶의 모습은 앞서 일부 언급했지만, 본인 가치관과 지식 한계 그리고 생각하고 알아차리는 인지적 능력 범위 내에서 결정되고 전개된다.[1] 당신은 지금 인지적 능력, 생각하는 능력과 범위, 인생 경험, 지식의 폭과 깊이가 제한되어 있다. 다시 말해 아는 만큼, 능력만큼 보이고 생각하고 행동하면서 사는 것이다. 자신의 한계 범위 안에서 이루어지는

---

1 이런 내용을 '제한된 합리성 이론'이라 함(1978년 노벨경제학상 '수상이론'임, 제4장 7항에서 다시 설명함), 정철현,《행정이론의 발전-베버에서 오스본까지-》, 다산출판사, pp. 145~152

삶인 것이다. 그렇다면 현재 삶이 마음에 들지 않을 경우 이 상태로 그냥 살 것인가? 한계를 벗어나기 위한 어떤 돌파구를 찾기 위해 노력할 것인가 말 것인가? 본인 책임이고 선택사항이다.

은퇴 아버지 대부분은 일상 반복적 생활을 하고 있다. 건강관리를 명분 삼아 그냥 운동하고, 집에 있으면 아내 눈치가 보이니 밖으로 나간다. 친구 불러 점심 때 칼국수에 소주 한 병 놓고 남 험담하고, 근거 없고 허무맹랑한 정치 평론하며 시간 때운다. 이 생활이 계속되니 자신이 점점 무력해지기 시작한다. 막연한 두려움과 함께 시간의 무료함을 뼈아프게 겪기 시작한다. 소외와 고독감이 마음에 젖어 오기 시작한다. 미친다.

이렇게 되면 성격에 변조變造[2]가 일어나게 된다. 성격이 바뀌거나 변하게 되는 것이다. 이에 따라 생활방식도 자기가 원하지 않는 방향으로 바뀌어 전개된다. 시간이 무료해지면 "내가 현직일 때 원장 했는데, 뭐 했는데… 뭐 했는데… 이런 잡다한 일을 어떻게 해" 했던 교만함이 없어진다. 성격에 변조가 일어난 것이다. 이렇게 되면 오로지 시간만 때울 수 있다면, 돈이 되든 안 되든 하기 싫은 일이라도 어떤 것이든 하려고 선택하기 시작한다. 아니 선택된다. 이것저것 찬밥 더운밥 가리지 않고 행동하게 된다. 시간 때울 수 있는 어떤 삶의 건더기가 생기면 그것이 무엇이든 거기에 반응한다. "생존 반응 Lifestyle"이다.

그러나 다행인 것은 원했던 일이 아니지만 이것을 지속적으로 하게 되면 익숙해진다. 이렇게 익숙해진다는 것을, 또 다른 삶의 모습으로 적응했

---

2 변조 : (표준국어대사전)이미 이루어진 물체 따위를 다른 모양이나 다른 물건으로 바꾸어 만듦.

다고 한다. 그런데 어떤 모습으로 적응하느냐가 매우 중요하다. 이때 자기가 원하는 만족감보다는 못하지만 무료한 시간에서 탈피했다는 '시간 때움의 만족감'을 얻는다.

문제는 이렇게라도 적응하지 못하는 사람이다. 대부분 은퇴 전 습관화되고 고착된 일상생활과 사고방식이 은퇴 후에도 그대로 지속하는 경우다. 은퇴 후에는 통하지 않는 이러한 일상이 또다시 지속되면서, 자신이 원치 않았던 시간 때우기식 일상생활이 재차 반복되고 습관화[3] 되어 고착된다. 이 상태가 되면 자기 취향·좋아하는 것·하고 싶은 것·원하는 것을 잊어먹게 된다. 발전적으로 실행할 의지와 힘이 사라지게 된다. 이를 극복하기 위한 회복 탄력성[4]도 없어지게 된다. 그렇게 되면 그냥 시간만 때우다 어느덧 양지바른 의자에 앉아 햇볕을 쬐고 있는 "의자 Lifestyle"을 사는 인간이 된다. 이런 사람은 어떻게든 적응한 사람보다 훨씬 무료하고 의미 없이 그냥 시간만 흘려보내는 인간의 길을 걷는다. "퇴화적 Lifestyle" 모습으로 시간 때우며 진화적으로 소멸해 가는 인간이 되는 것이다.

은퇴 후 적응하며 살아가는 모습을 보자. 앞서 말한 대로 시간의 무료함을 뼈아프게 겪기 시작하고 소외와 고독감이 젖어 오기 시작하지만 이때부터 어떤 방식으로든지 세상과 소통하기 시작한다. 그 방법으로 선택한 것이 생활공간 이동이다. 우선 무료한 시간이 흘러가는 집을 벗어난다. 공원, 경로당, 사회시설, 복지시설, 각종 문화·체육시설, 산, 시장 그리고 각

---

3 백완기, 《행정학》, 박영사, 2006, p. 165, 습관은 생각하는 작용을 방해하거나 막아버리거나 저지시킨다.

4 '어려움을 극복하는 힘'을 뜻함. 제2장 8항에서 설명하고 이를 측정해 볼 것이다. 참고 바람.

자 자기가 가는 곳이거나 놀고 있는 개인 공간으로 이동하여 생활한다. 즉 "개인 공간 Lifestyle형" 사람들 모습이다.

이 중에서 복지 제도 이용을 한번 살펴보자. 평생교육원, 복지관, 주민센터, 민·관 문화 프로그램 등 각종 복지 제도를 이용하여 복지쇼핑으로 시간을 채우며 살아가고 있다. 복지 제도를 이용해서도 의미를 부여하거나 가치 있는 인생을 즐길 수 있다. 그러나 대부분 사람들은 오직 무료한 시간을 물리칠 수단으로만 이용한다. 이러한 생각으로 시간을 보내다 소일거리나 용돈 벌이가 생기면 바로 그것으로 전환한다. 앞서 말한 대로 임시 대체적 소프트웨어적 Lifestyle이다.

반면에 복지 제도에 적응하지 못하거나 이용하지 못하는 사람들이 있다. 이들은 여기저기서 소외된 사람들이다. 공원, 경로당, 무료 급식소, 손·자녀 돌보기 등으로 공간을 이동하며 무료한 시간을 때우며 산다. 질이 떨어지는 삶을 산다. 마치 바다에 표류한 돛단배처럼, 시간의 바다가 흘러가는 대로 여기저기 이동하고 떠돌며 시간을 보낸다.[5] 이것을 "공간 표류형 Lifestyle 인간"이라고 한다. 이렇게 그냥 시간 때우는 삶을 살게 되면 부부갈등 등 자기와 얽혀있는 사회적 인간관계에 금이 가기 시작해 황혼 이혼, 독거 생활자 등으로 전락하게 된다.

주목해야 할 대상이 있다. 앞서 말했던 정신 활동 위주 삶을 사는 30명 중 5명이다. 이들은 은퇴 후 아예 처음부터 노동 일거리 찾기에서 탈피하여 정신적 만족을 위한 Lifestyle을 선택하여 삶을 영위한다. 은퇴자 중

---

5 박석용, 박사 논문 '노인의 Lifestyle과 선택에 관한 연구', p. 139.

17% 정도만이 정신 만족 삶을 산다는 의미다. 이 사람들은 목적의식과 삶의 의미가 있는 "자기만의 정신 활동"[6] 쪽으로 삶의 방향을 선회하여 여기에 집중하며 살아간다. 이 사람들은 은퇴 후 시간의 지루함은 돈으로 해결되지 않는다는 것과 노동일로만 해결되지 않는다는 것을 아는 사람들이다. 또한 노동일을 통하지 않고서도 자기 활동에서 만족감을 느낄 수 있는 사람들이다. 이런 사람들은 자기만의 정신 활동으로 나타나는 결과물인 "행복감 · 기쁨 · 성취감 · 뿌듯함 · 기분 좋음 · 보람 · 자부심 · 짜릿함 · ~맛 · 뭔가 채워지는 느낌 · 독립감" 등을 즐기고 있는 사람들이다.

지금까지 은퇴 후 각자 삶의 모양이 만들어지는 과정과 Lifestyle 모습들을 소개했다. 만들어진 Lifestyle 모습은 "운 좋게 하고 싶은 거 하면서 살거나, 스스로 변해서 환경에 맞춰 살거나, 싫은 일을 강요당하며 할 수 없이 억지로 환경에 맞춰지며 살거나, 이러지도 저러지도 못하고 그냥 시간만 때우며 하루하루를 보내며 적응하는 형태"로 정리할 수 있다.

여기서 중요한 것은 적응하는 과정의 자기 활동에서 삶의 만족감을 찾을 수 있어야 한다는 것이다. 그러면 어떻게 만족감을 찾고 느낄 수 있을까? 이러한 만족감은 자기의 Lifestyle 선택이 결정한다. 자기가 어떤 Lifestyle을 선택하느냐에 달린 것이다. Lifestyle 선택은 자기의 욕구와 관련이 있고 이 욕구 중 어느 것을 선택해 추구하느냐가 중요하다. 이러한 인간 욕구에는 물리적인 측면욕구로서 음식 · 거주 · 안전 · 건강 · 보호

---

6 어떤 일의 결과가 행복감, 기쁨 성취감, 뿌듯함, 기분 좋음, 만족감, 보람 느낌, 자부심, 짜릿함, ~맛, 뭔가 채워지는 느낌, 독립감 등이 있는 것.

가 있다. 개인적 · 생리적 성취 욕구로서 교육 · 여가 · 가치 · 미학(아름다움) · 종교 · 교양이 있다. 정서적 욕구로서 소속감 · 상부상조 · 우정이 있다. 그리고 적절한 자아개념 욕구인 자신감 · 자긍심 · 정체감이 있다.

당신이 은퇴 후 살아가면서 만족감을 느낄 수 있는 Lifestyle을 선택한다면 이 욕구 안에서 자기 가치관에 의해 선택될 것이다. 이 선택지가 당신 인생 정착지다. 그렇다면 은퇴 아버지에게 개인의 생활양식 즉 Lifestyle은 무엇인가? 개인의 생활양식[7]은 생활하면서 사는 방식을 말한다. 여기에는 자기의 성격 · 개성 · 생각 · 가치관이 들어있다. 그리고 은퇴 전 형성되고 고착된 신체적 · 경제적 조건과 자기 나름대로 세상을 바라보는 생각들이 관여를 한다. 그냥 아무 생각 없이 무감각하게 지내는 생활방식과는 다르다. 따라서 이러한 Lifestyle 선택[8]은 자신이 세상을 살아가는데 어떻게 행동할 것인가? 그리고 내가 어떤 사람이 될 것인가에 대해 결정하는 것이다.

나이 들수록 친구와 가족 등과 자꾸 멀어진다. 혼자가 되어 간다. 그렇기에 혼자 놀 수 있어야 한다. 따라서 은퇴 후는 사회나 가족에게 의존하는 것이 아닌 은퇴자 개인 스스로 자기만의 방법으로 살아가야 한다. 이때 그 방법으로서 자기에게 맞는 적절한 Lifestyle을 선택해야 하는 것이다. 선택된 이 Lifestyle이 "혼자 놀 수 있는 도구"다. 이렇게 혼자 놀 수 있는

---

7 개인의 생활양식은 삶에 대해 개인이 바라는 것 또 어떤 지향이나 성격을 나타내준다. 또한 인생 목표, 나아가 자아개념, 타인에 대한 감정, 세상에 대한 태도를 포함한 개인의 인생적 취향을 나타낸다.

8 출처: 정경희 외, 노인문화의 현황과 정책적 함의, 한국보건사회연구원, 2006, p. 25, 기든스(1997) 재인용

도구로서의 Lifestyle 선택은 은퇴 후 생활 만족과 삶의 질[9]에 영향을 주는 중요한 요소다. Lifestyle은 건강과 긍정적 마음을 갖는 데 영향을 끼친다. 따라서 은퇴 생활 질은 어떤 Lifestyle을 선택하느냐가 매우 중요하다.

Lifestyle은 나를 표현하는 도구이고 방법이고 자존심이다. 내가 나를 표현함으로써 나와 다른 사람의 차이를 구분하는 것이다. "나는 이렇게 시간을 보내고 있어! 나는 이런 것에 관심과 가치를 두고 살아가고 있어! 나는 이런 사람이야! 나는 이렇게 살아가고 있어! 나 아직 살아있어!" 하고 말하는 것이다. 이렇게 자기만의 Lifestyle이 있느냐 없느냐는 은퇴 생활에서 정말 중요하다. 자기만의 Lifestyle을 선택하는 것! 이것이 사람답게 사는 모습이다. 당신에게 묻겠다. 어떻게 할 것인가?

자기 Lifestyle이 없으면 살아가면서 무엇을 하려고 하는가에 대한 자기 생각이나 의지가 없어지거나 무뎌진다. 그렇게 되면 동물처럼 멸종되어 가는 느낌을 받는다. 자기 자신을 부정적으로 바라보게 된다. 잘못하면 우울증 약을 먹게 될지 모른다. 당신은 멸종되어 가는 인간입니까? 아닙니까?

지금까지 은퇴 Lifestyle이 어떻게 정해지는지, 어떤 모습으로 전개되는지, Lifestyle을 왜 선택해야 하는지 설명했다. 3, 4, 5장에 이렇게 각자의 관점과 가치관에 따라 제각각 정해져 사는 여러 유형의 Lifestyle 사례들이

---

9 삶의 질을 정의하면 물질적이든 정신적이든 인생 목표나 욕구 달성과 관련된 개인의 주관적 평가를 말한다. 따라서 노인의 삶의 질은 현재 상황에 대한 기대와 현실적인 충족 여부에 의해 결정된다고 할 수 있으며 현재의 지위와 활동에 대해 가진 정서적 만족감이라고 정의될 수 있다(홍현방, 2002).

소개된다. 각각 사는 방법과 모습이 다른 사례를 읽게 되면, 당신은 이 사례 중에서 어떤 하나의 삶과 비슷한 모습으로 오버랩될 것이다. 그 모습이 현재의 당신 모습일 수 있다. 그 모습이 당신이 만족하는 것인지 아닌지 판단해 보라. 만족한 모습이 아니면 어떻게 해야 할지는 본인 몫이다. 본인이 선택하는 것이다. 이 사례들을 읽으면서 생각해 보기 바란다.

은퇴 생활 갈등 예방을 위해서는
'심리적 은퇴준비'가 중요하다

은퇴 전 "심리적 전환"을 하고 은퇴해야 한다.
심리적 전환을 하느냐 못 하느냐가 은퇴 생활 질을 결정한다.

1장 7항에서 은퇴 아버지 Lifestyle은, 지식 넓이와 폭 그리고 생각하고 알아차리는 인지적 능력 범위 내에서 만들어지고, 대부분 "하드웨어적 삶 →소프트웨어적 삶→하드웨어적 삶+소프트웨어적 삶의 혼합 형태" 순서 대로 전개된다고 했다. 이렇게 만들어진 Lifestyle 모습은 "운 좋게 하고 싶 은 거 하면서 살거나, 스스로 변해서 환경에 맞춰 살거나, 싫은 일을 강요 당하며 할 수 없이 억지로 환경에 맞춰지며 살거나, 이러지도 저러지도 못 하고 그냥 시간만 때우며 하루하루를 보내며 석응하는 형태"를 보인다고 했다. 또한 "퇴화 · 공간 표류 · 개인 공간 · 정신 만족 Lifestyle형"을 소개 했다.
  이러한 삶의 형태는, 일 · 돈 · 부부관계 · 집안일 · 여행 · 기존 친구와 새로 사귄 친구 · 부모 역할 · 은퇴한 남편 역할 · 사회적 역할 등과 같은 삶의 요소에 의한 영향과 작용을 통해 나타난 모습들이다. 또한 이 삶의 요소에, 은퇴자와 함께 공동으로 관여 · 참여하고 관장[1]하는 이해관계 있는 주체들이 가지고 있는 관점의 영향을 받아 나타난 모습들이다. 이렇게 영향을 끼치고 작용시키는 삶의 요소들을 "삶의 관계 매개체"라 한다. 문제는 배우자 · 친구 · 자식 등과 같이 항상 생활 관계를 유지해야 하는 이해관계 있는 주체와 자기 자신이 이들을 바라보는 '관점과의 차이'다. 자신과 이해관계 있는 주체들은, 삶의 관계 매개체에 은퇴자와 공동으로 참여하고 수행하며 관계를 맺는 사람들이다. 따라서 은퇴자와 관점 일치가 되어야 한다. 그런데 이해관계 있는 주체들 관점이 심리적 변화를 일으켜 은퇴 전과 후가 달라 의견 일치가 되지 않는다는 것이다.

그렇게 되면, 삶의 관계 매개체를 가운데 두고 나는 옛날 그대로인데 내 관점과 맞지 않는 내 주변 이해관계인들과 부닥친다. 갈등이 생긴다. 자신을 둘러싸고 있는 수많은 삶의 요소 의미가 은퇴 전에 생각하던 것과 다르게 변해서 다가오기 때문이다.

예를 들어 현직에 있을 때 나와, 없을 때 나를 바라보는 친구 마음이 다르게 다가와 부닥친다. 은퇴에 대한 반응이 남편과 아내가 서로 달라 부부 갈등 원인이 된다. 일 중심적 사고방식을 버릴 것인지 말 것인지, 돈만 추구할 것인지 아닌지 등에 대한 관점을 가지고 본인 내적 또는 부부 사이에 갈등이 생긴다. 이 갈등이 은퇴 전과는 다른 모습의 Lifestyle로 변해 나타난다.

---

1 관장(管掌): 일을 맡아서 주관함.

은퇴하면 이렇게, 심리적 변화로 인해 생활이 변하고 타인으로부터 이 해되지 않는 감정을 경험하게 된다. 때로는 미처 예상하지 못했던 아내 · 자식 · 친구 등 주변인의 변화된 미묘한 심리도 경험하게 된다. 믿었던 이 들의 변화된 심리가 사람을 당황하게 하고 마음을 아프게 찌르며 다가오 기도 한다. 그래서 마음의 상처가 생기기도 한다.

이렇게 자신과 관계되는 삶의 관계 매개체 의미가, 긍정적이든 부정적 이든 은퇴 전과는 다르게 다가오면서 심리적 차이와 틈gap을 발생시킨다. 이러한 심리적 차이와 틈의 결과는 뻔하다. 심리적 혼란과 부닥침으로 인 한 갈등과 실망을 겪는 것이다. 이 차이와 틈이 은퇴 생활 질을 결정한다. 이러한 삶의 관계 매개체와 관련되는 상황은 결국 "심리적 과정"이다. 이 심리적 과정에서 차이와 틈을 발생시키는 수많은 요소가 있지만 대표적인 것이 1장 3항에서 소개한 8가지 삶의 요소다.

은퇴 후 심리적 혼란을 겪지 않으려면 은퇴 전 · 후 변화되는 삶의 요소 들에 대한 자기 자신과 공동관여자들의 관점 변화를 은퇴 전에 미리 알아 차릴 수 있어야 한다. 그리고 이 변화를 불가피하고 자연적 현상인 것으로 인정해야 할 것은 해야 한다. 그런 다음 이를 긍정적으로 받아들이는 "심 리적 전환"을 한 후 은퇴를 하는 것이 필요하다. 그래야 심리적 차이와 틈 gap으로 인한 갈등과 부작용을 예방할 수 있다. 이렇게 은퇴라는 것은 자기 삶의 조건과 요소를 가지고, 새로운 환경과 타협하고 맞춰가며 협상하고 조정해 나가는 기나긴 "심리적 과정"이다.

이처럼 은퇴를 맞이하는 자기 삶의 조건들이 환경과 만날 때 어떤 갈등이 있을 것인지 미리 점검하여, 은퇴 생활 질 저하에 미리 대비하자는 것이 1장 3항에서 말한 "심리적 은퇴준비"다.[2] 은퇴준비하는 사람을 보면 대부분 일거리 준비와 경제적 측면 위주로 준비한다. 또 이것을 강조한다. 이에 대한 정보도 차고 넘친다. 물론 가장 중요하다. 그러나 이에 못지않게 중요한 것이 심리적 측면 즉 심리적 적응을 위한 준비다. 이렇게 심리적 은퇴준비를 하면 은퇴 고통을 줄이거나 상쇄시킬 수 있다.

이 심리적 은퇴준비 수준과 상태에 따라, "외롭고 소외되는 아버지와 남편이 되느냐 안 되느냐"가 결정된다. 그런데도 은퇴하면 겪게 될 심리적 문제가 중요하다는 것을 잘 모른다. 정보도 없을뿐더러 관심을 두지도 않는다. 예를 들면 은퇴로 발생하는 수천 가지 심리적 상황들이 결혼의 역학관계를 바꾼다. 이 상황들이 부부생활에 작용하여 긍정적 또는 부정적인 다양한 부부관계 모습으로 나타난다.

'은퇴의 심리적 과정'이 있다. 은퇴 후 심리적 변화는 단계적 과정을 거치며 엄청난 변화를 일으킨다. 사회학자 애칠리Robert C. Atchley가 정리한 은퇴 6단계[3]를 말한다.

'① 은퇴 전 단계(은퇴준비, 은퇴 태도를 형성하는 시기)→② 은퇴(보통 축하파티)→③ 밀월 단계(은퇴 후 1~2년 지속, 자유·편안·행복 느낌, 스트레스 적음)→④ 환멸 단계(실망과 슬럼프 겪는 시기, 목적의식 부족으로 방황, 혼란, 무력감, 공허한 느낌, 그러나 이때 현실적인 인생 목표를 새로

---

2 세라 요게브,《행복한 은퇴》, 이룸북, p. 11, 인용

3 출처 : 애칠리, 1982년 발표 논문 〈은퇴의 과정〉, 세라 요게브, p. 31, 32, 82 재인용

이 세우고 새로운 인생 방향 모색이 필요하다고 느낀다).→⑤ 재 지향 단계(은퇴 삶에 적응하기 시작하고 태도와 행동을 바꿔 환경에 대처하기 시작한다)→⑥ 안정 단계(새로운 일상을 만들고 정착시킨다)'를 말한다.

은퇴 후 심리적 혼란과 갈등을 겪는 때가 4단계 환멸 단계다. 이때부터 은퇴를 맞이하는 감정이나 관점에 심리적으로 변화가 일어난다. 은퇴환경이 변하리라 생각은 했지만 어떤 식이 될지 몰랐다. 그래서 은퇴 아버지는 심리적으로 당황스럽다. 은퇴 후 삶 모습은 긍정적이든 갈등적이든 환멸 단계부터 대부분 결정된다. 이 시기를 어떻게 적응하고 잘 넘기느냐에 따라 은퇴 생활 질이 결정된다. 이래서 심리적 은퇴준비가 중요하다.

그러면 구체적인 심리적 은퇴준비 방법이 있는가? 있다. 1장 3항에서 "은퇴준비는, 자기가 내 삶 Data를 얼마나 가지고 있고 그것에 대한 심리적 인지 수준이 어느 정도인지를 파악하여 심리적 전환 등의 방법으로 대비하는 것"이라고 했다. 이러한 내 삶 Data는 수천 가지가 있지만 이 중에서, 은퇴 생활 질과 관련되고, Lifestyle이 만들어지는데 가장 중심적으로 영향을 많이 주고, 기본적으로 중요하게 고려해야 할 여덟 가지가 있다고 했다. 이 책에서는 이 여덟 가지 내 삶 Data에 주목했다.

다시 재차 언급해 보겠다. 은퇴에 임하는 나의 성격과 심리적 특성, 은퇴 적응에 중요한 '일 중심적 사고방식', '돈'에 대한 부부간 서로 다른 관점, 은퇴 생활 적응과정에서 나타나는 9개 부부관계 유형, 새로운 형태인 '따로 또 함께 사는 부부관계', 삶의 의미(목적의식) 보유 여부, 나의 욕구 수준, '회복 탄력성'(어려움을 극복할 수 있는 마음의 힘)이 그것이다.

심리적 은퇴준비는, 자기가 이와 같은 내 삶 Data를 얼마나 가지고 있고, 그것에 대한 심리적 인지 수준이 어느 정도인지를 은퇴 전에 미리 파악하여 은퇴 후 불리하게 작용하는 것을 미리 제거하자는 것이다. 그러면 실망하거나 당황하지 않고 질 좋은 은퇴 생활을 만들어 갈 수 있다. 그 방법이 이런 심리적 상황을 측정 도구를 통해 미리 진단해 보고 해답을 찾는 것이다.

수없이 많은 삶의 요소와 더불어 8가지 내 삶 Data에 대한 심리적 은퇴준비 상태가 중요한 역할을 하고 복합적으로 작용하여, 은퇴 생활 질에 영향을 끼친다. 이러한 과정에서 만들어진 은퇴 Lifestyle 사례가 3, 4, 5장에 소개된 것들이다. 이상과 같이 심리적 은퇴준비는 매우 중요하다. 따라서 2장에서 8가지 내 삶 Data에 대한 심리적 은퇴준비 상태를 진단해 볼 것이다. 진단결과를 가지고 3, 4, 5장에 소개된 사례들을 읽고 비교해 보면 내 삶의 조건과 요소가 내 Lifestyle에 어떻게 영향을 끼치고 있는지 알게 된다. 그러면 자기의 현재 또는 미래 Lifestyle이 부정적인지 긍정적인지 알 수 있다. 이것을 바탕으로 자기가 원하는 Lifestyle을 선택하기 위해 사전에 수정하고 개선하기 위한 행동을 할 수 있다. 그렇게 되면 자기가 원하는 Lifestyle을 선택하는 데 도움이 될 것이다. 이러한 심리적 은퇴준비를 잘해 자기가 원하는 삶을 찾아 멋지게 살기 바란다.

chapter
02

___

아버지 은퇴준비 상태 진단과
은퇴 Lifestyle 예측과 선택

1

성격대로 전개되는
나의 은퇴 Lifestyle 진단과 예측

은퇴 후 잘 산다는 것이 무엇일까?

"하고 싶은 거 하면서 사는 거겠지요! 그럼 하고 싶은 것이 무엇인가요? 그것은 성격 특성에서, '가지고 있는 취향, 선호하는 것, 좋아하는 것'을 말하는 것이지요! 그렇다면 자기 성격 특성이 어떤 것인지 찾아서 이것에 따라 사는 거겠네요?"

👈 **당신의 취향은** 👉

민초 민트 초코	아이스크림	**반(反)민초**
팥붕 팥 앙금 붕어빵	붕어빵	**슈붕** 슈크림 붕어빵
물복 물렁한 복숭아	복숭아	**딱복** 딱딱한 복숭아
밤고 퍽퍽한 밤고구마	고구마	**호고** 촉촉한 호박고구마
부먹 소스 부어 먹기	탕수육	**찍먹** 찍어 먹기

출처: 조선일보, '21.9.1. a21

당신은 지금까지 자기 성격 특성대로 살아 왔는가? 아마도 지금까지는 생존 시장에서 살아남기 위해 그렇게 못 살았겠지! 그럭저럭 살았겠지!

당신은 딱복(딱딱한 복숭아)입니까, 물복(물렁한 복숭아)입니까?

혹시 민초단(團)이신가요? 1020 세대가 취향을 묻는 말이다. 거침없이 대답할 수 있어야 요즘 사람 취급을 받는다고 한다. 민초단은 민트와 초콜릿을 섞어 만든 아이스크림이나 음료를 좋아하는 사람들을 가리키는 신조어다.

요즘 1020 세대는 자신을 소개할 때 MBTI 테스트(성격 유형 검사) 결과와 더불어 민트초코에 대한 호불호를 빼놓지 않는다.[1] 그림과 같이 온갖 음식별로 취향과 선호를 따지고 개성을 드러낸다. 개인화된 세상에서 개성을 표출하고 자아를 중요하게 생각하고 존중하는 1020 세대 흐름인 것이다.

은퇴 전에는, 생존 우선 생활에 자기 고유의 성격 특성이 억눌려진 상태에서 살아왔다. 은퇴는 이것을 복원시켜 사는 시기다. 은퇴 아버지가 1020 세대와 같이 자기 취향을 존중하며 개성을 표출하고 자아를 중요하게 생각하는 삶을 살지 말라는 법 없다. 그러자면 자기가 누구인지 알아야 한다. 그것은 자기 성격 특성을 아는 것이다. 그래서 측정 도구를 이용해 자기가 어떤 성격 특성이 있는지 진단해 볼 것이다.

진단결과를 가지고 현재 내 Lifestyle과 비교해 보라. 그러면 현재 Lifestyle 모습이, 나를 만족시키는 성격 특성이 반영된 것인지 아닌지 알 수 있다. 또한 미래 Lifestyle이 어떤 모습일지 예측할 수 있다. 그러면 내가 원하는 Lifestyle 선택을 위해서 어떤 것을 개선해야 할지 알 수 있을 것이다. 이러한 삶의 모습들을 심리학자 '카를 융Jung(1921-1971)'이 만든 심리 유형 이론[2]과

---

1 출처: 조선일보, '21.9.1, a21. 취향 존중인가, 강요인가

2 융의 심리 유형론 요점은 각 개인이 외부로부터 정보를 수집하고('인식기능'이라 함), 자신이 수집한 정보에 근거해서 행동을 위한 결정을 내리는데('판단기능'이라 함) 있어서 각 개인이 선호(좋아하는, 원하는)하는 방법이 있고 그 방법은 서로 다르다는 것임.

MBTI 이론[3]을 중심으로 설명해 보고자 한다. 사람들의 삶 모습이 정해지는 데에는 여러 가지 요인이 있지만 대표적으로 유전자DNA와 그 사람의 성격 특성이 관여한다. 성격이 운명이라는 말이 있다. 성격에 따라 자기 삶의 모습이 정해진다는 말이다.

사람이 살아가면서 나타나는 모습은 성격과 환경의 만남에서 나오는 산물이다. 성격이 환경과 만나면 반응을 하게 되는데 이때 작동하는 것이 이익과 손해에 대한 '알아차림'이다. 이익이라고 생각되면 환경과 결합한다. 이 결합 결과에 의해 여러 가지 형태로 그 사람 삶의 모습 즉 Lifestyle이 나타난다. 이때 환경에 잘 적응하거나 환경을 잘 활용하여 인생이 더 편안해지는 사람이 있는 반면 그렇지 못한 사람이 있다.

사람은 태어날 때부터 특정 기능을 좋아하고 선호[4]하는 경향을 가지고 태어난다. 이 선호하는 기능을 사용할 때, 만족감과 유능감[5] 그리고 편안하고 쾌적한 기분을 가장 많이 느낀다고 한다. 따라서 사람은 선호하는 성향 또는 타고난 기능대로 삶을 추구하고 활동하고 싶어 한다. 또 그렇게 살아가려고 노력한다. 예를 들면, 운동선수들을 보면 오른손(발)잡이 왼손(발)잡이가 있다. 오른손(발)잡이는 왼쪽보다 더 오른손(발)을 선호하기 때문에 이것을 사용한다. 선호하는 쪽을 사용할 때 더 자연스럽고 쉽고 힘들지 않기 때문이다. 또한 당신의 이름을 종이에 오른쪽과 왼쪽 손으로 번

---

3 마이어스-브릭스 유형 지표(Myers-Briggs-Type Indicator, MBTI)

4 선호(選好): 여럿 가운데서 특별히 가려서 좋아함.

5 (네이버 국어사전) 개인이 감각과 운동능력을 사용하고 발전시키려는 강한 내적인 동기 경향성을 뜻한다.

갈아 가면서 써보자. 글씨를 쓸 때 오른쪽이냐 왼쪽이냐에 따라 생각, 느낌, 인상 등이 다를 것이다. 오른손잡이가 오른손으로 썼다면 아마도 자기가 바라는 글씨체나 모양대로 썼을 것이다. 그 반대면 서툴렀을 것이다. 이렇게 사람들은 어떤 행동을 할 때 선호하는 것을 사용하여 선호하는 쪽으로 방향을 결정한다.

당신은 원래 왼손잡이인데 오른손잡이로 사는 사람입니까? 아니면 왼손잡이로 제대로 사는 사람입니까? 그러나 반대로, 환경은 타고난 선호 경향에 어긋나는 활동을 하게끔 강요할 때가 있다. 또 하고 싶거나 좋아하는 일을 하지 못하게 저지하거나 방해한다. 이렇게 저지당하게 되면 환경적 요인에 의해 타고난 선호 경향이 아닌 그 반대의 성격 성향을 사용하여 살게 된다. 이때 부작용으로 성격이 변조된다. 이렇게 되면 자기가 원하는 삶과 전혀 다른 삶의 형태로 살아가게 된다. 그러나 다행인 것은 어쩔 수 없이 자기가 타고난 선호 경향이 아닌 기능을 계속 사용하다 보면 또 거기에 적응하게 된다. 이것을 '버티는 적응'이라 한다. 대부분 보통 사람들이 이렇게 살아가고 있다.

이러한 적응적 삶은 만족감과 유능감을 원하는 만큼 느끼지 못할뿐더러 타고난 능력을 발휘하지도 못한다. 이러한 상황이 닥칠 때 사람들은 가장 힘들어 한다. 이때 극복하는 힘이 필요한데 이것을 "회복 탄력성"이라 한다. 2장 8항에서 이 힘 수준이 얼마 정도 되는지 진단하고 설명할 것이다. 참고하기 바란다.

이와 같은 삶 구조 속에서 삶의 형태가 전개되어 나타나는 것이 자기

Lifestyle이다. 따라서 자기의 타고난 성격 특성 즉 무엇을 선호하고 좋아하는지 명확하게 알고, 이를 바탕으로 원하는 삶 선택을 위한 노력이 매우 중요하다. 이것이 은퇴 생활 질을 결정한다. 왜냐하면 현재 자신의 Lifestyle이 내가 선호하는 성격 특성이 바탕이 되어 나타난 모습인지 아닌지를 알 수 있기 때문이다.

성격이란 개인의 특유한 사고, 생각, 감정, 행동을 결정하는 '심리 신체적 시스템'이다. 따라서 내 행동을 이해하기 위해서는 내 성격을 이해해야 한다.[6] 셸던sheldon이라는 학자는 신체 유형에 따라 성격을 유형화했다. 외배엽형(쇠약형, 두뇌 긴장형-억제적이고 지적이며 예민하고 초조하고 수줍어 하고 내성적), 중배엽형(근육형, 신체 긴장형-활동적, 경쟁적, 공격적, 대범하고 자가 주장적, 정력적, 지배적, 냉담한 성격), 내배엽형(비만형, 내장 긴장형-외향적, 사교적, 온화하고 애정적, 차분 유쾌하고 이완되어 있고 편안함 추구)이 그것이다. 우리나라에서는 사상의학을 체계화한 이제마가 지은《동의수세보원》(1894)에서 태양인, 소양인, 태음인, 소음인으로 성격을 유형화했다.

은퇴 아버지는 자기 성격을 잊어버린 채 남편 역할, 아버지 역할, 가족부양자 역할에만 필요한 성격을 장착하고 살았다. 생존 환경에만 맞춘 성격이었다. 사회 시스템에 맞춰진 성격이었다. 그래서 은퇴는 잃어버렸던 자기 성격을 찾아 본래의 나를 찾아가는 멋진 삶의 길일 수 있다. 따라서 자기 성격이 무엇인지를 파악하고 알아보는 것이 인생 2막을 준비하고 있

---

6 고명수 외,《인간행동과 사회환경》, 정민사, 2018, pp. 20~21

거나 이미 은퇴한 사람들에게 매우 중요한 부분이다.

그렇다면 은퇴 전·후 사람 모두 자신의 타고난 성격 유형(선호 경향)이 무엇인지 진단해 봐야 한다. 그 방법으로 "MBTI 성격 유형 검사 도구"[7]가 있다. MBTI 성격 유형 검사는 현재 나와 있는 성격검사 도구 중 가장 많이 사용하고 신뢰하는 도구다. 최근 대부분의 국내 기업 등에서 신입 사원 연수나 직원 워크숍 등에서 MBTI 성격검사를 활용한다. 미국에선 포천지 선정 100대 기업의 80% 이상이 조직 관리에 MBTI를 활용한다고 한다. 국내 심리상담소 대부분이 MBTI를 활용하여 성격검사를 하고 상담을 하고 있다.

이 검사를 하면 앞서 이야기했듯이, 자신이 어떤 성격과 취향을 가졌는지를 알 수 있고, 이를 바탕으로 자기 현재 또는 미래 Lifestyle 유형이 어떠한 모습인지 알 수 있다. 이때 부정적인 것으로 예측되면 '각성[8]'을 하여, 자기가 원하는 Lifestyle을 위해 어떤 것을 고치고, 어떤 행동을 해야 하는지 고민해야 한다. 이것이 은퇴준비다.

MBTI 성격 유형 검사는 프로이트와 동시대 살았던 심리학자 카를 구스타프 융의 성격 유형의 분석 방법을 기반으로 발전시킨 것이다. MBTI는 '마이어스 브릭스 유형 지표Myers-Briggs Type Indicator'의 약자로, 개발자인

---

7 마이어스-브릭스(Myers-Briggs Type Indicator, MBTI)의 성격 유형 지표는 캐서린 쿡 브릭스 (Katharine C. Briggs)와 그의 딸 이사벨 브릭스 마이어스(Isabel B. Myers)가 C.G.Jung의 심리 유형론을 근거로 개발한 것으로 보다 쉽고 일상생활에 유용하게 활용할 수 있도록 고안한 자기 보고식 성격 유형 지표이다.

8 (네이버 국어사전) 깨어 정신을 차림. 깨달아 앎. 정신을 차리고 주의 깊게 살피어 경계하는 태도.

모녀의 성에서 따왔다. 마이어스와 브릭스 모녀는 분석심리학의 개척자인 카를 융의 심리 유형론을 보다 쉽게 일상생활에서 활용할 수 있도록 16가지 성격 유형을 고안했다.

심리 유형 검사는, "사람들은 성격적으로 4가지 기본적인 선호 경향을 지니고 있다"라는 가정에서 출발한다.[9] 첫 번째, 힘의 근원 관점, 두 번째, 사물을 보는 관점, 세 번째, 의사결정 근거, 네 번째, 삶의 양식 근거다.[10] 이 4가지 선호 경향을 기반으로 조합하여 8가지 유형으로 성격이 분류된다. 그리고 이것을 가지고 다시 조합하면, 16가지 성격 유형으로 분류된다.

이 책에서는 지면 관계상 간단하게 간이형으로 소개한다. 세부적이고 구체적인 설명은 주변 전문 심리상담소에서 진단해 보기를 권장한다. 먼저 사람의 성격을 보자. 에너지를 어디에서 어떻게 얻는가에 따라 "외향성 E:Extraversion"과 "내향성I:Introversion" 성격으로 분류된다.

사람이 살아가려면 몸과 마음을 어떤 방식으로든 움직여야 하는데 이때 몸과 마음을 작동시켜야 할 에너지가 필요하다. 외향성 성격인 사람은, 이 에너지가 외부로 지향하거나 향한다. 에너지를 외부에서 충전시켜 몸과 마음을 작동시킨다는 말이다. 즉 에너지를 외부에서 얻고 자신의 외부에서 자극을 찾는다. 반대로 내향적인 사람은, 내부적인 자원으로부터 에너지를 얻는다. 즉 자신의 내부세계를 이용하여 에너지를 얻는다. 이를 내향성 성격이라 한다.

---

9 이하 MBTI 관련 내용은 S.Hirsh & J.Kummerow/심혜숙, 임승환 역, 어세스타. 책 내용을 참고하여 정리하였음.

10 S.Hirsh & J.Kummerow/심혜숙, 임승환 역, 어세스타. p. 5

두 번째는 정보를 수집할 때 어떤 것에 의존하느냐에 해당하는, 사물을 보는 관점에서의 선호 경향으로 "감각적S:Sensing" 성격과 "직관적 N:Nituition" 성격으로 구분한다. 감각적 성격이 발달한 사람은 오감을 통해 인식되는 정보를 얻는 것을 더 선호하거나 중점을 둔다. 직관적 성격은 육감을 통하여 정보를 얻는 것에 더 관심을 기울이거나 선호한다.

세 번째는 무언가 의사결정 할 때 어떤 체계를 사용하는가에 따라 나타나는 선호 경향으로 "사고적T:Thinking" 성격과 "감정적F:Feeling" 성격이 있다. 사고적인 성격을 가진 사람은 논리적이고 객관적인 방식으로 결정하기 위해 정보를 조직화하고 구조화하는 것을 선호한다. 감정적 성격인 사람은 개인적이고 가치 지향적인 방식으로 결정하기 위하여 정보를 조직하고 구조화하는 것을 선호한다.

네 번째는 생활양식 선택에 대한 선호 경향으로 "판단J:Judgement" 형 성격과 "인식P:Percepition" 형 성격으로 구별된다. 이것은 개인이 자신의 삶을 어떻게 살기를 원하는가와 관련되는 두 가지 선호 경향이다. 판단형의 사람은 예정되어 있고 조직된 생활을 하는 것을 선호하는 성향을 가지고 있다. 인식형 사람은 보다 자율적이고 융통성 있는 방식으로 생활하기를 선호한다. 이상 4가지 성격적 선호 경향에 따라 8가지 성격으로 분류됨을 보았다.

지금부터 당신이 8가지 성격 유형 중 어디에 속하는지 간이형 MBTI 성격 유형 검사 양식을 활용해 자기 성격을 알아볼 것이다.[11] 이제 당신은 모

---

11 이 책에서 활용하는 간이형 MBTI 검사 양식은, 마음자리 심리상담소 협조를 받아 활용하는 것임.

르고 있던 자기 자신의 성격 유형을 확인할 수 있다. 비로소 자신을 이해하게 될 것이다. 나는 왜 다른 사람들과 다른 성격을 가졌는지 왜 다르게 살고 있는지 알 것이다. 자신의 성격을 알면 자신의 정체성을 찾아가는데 도움을 준다. 어떤 일을 해야 효율적인지 알 수 있다.[12]

앞에서 선호하는 기능을 사용할 때 만족감과 유능감 그리고 편안하고 쾌적한 기분을 가장 많이 느낀다고 했다. 행복한 인생은 이렇게 선호하는 기능을 사용하며 살아가는 것이 아닐까? 때문에 무엇보다 중요한 것은 자기 성격과 취향을 알면 은퇴 후 전개되는 Lifestyle이 자기에게 긍정적인지 부정적인지 예측할 수 있고 짐작할 수 있다는 것이다. 즉 자기 본연의 성격과 취향대로 살고 있는지 아닌지 알 수 있다는 것이다. 그러면 자신이 무엇을 해야 하고 어떻게 해야 하는지 스스로 알게 될 것이다. 그렇게 되면 은퇴 생활을 위해서 내가 무엇을 고치고 무엇을 개선하고 원하는 것이 진정으로 무엇인지 고민하고 어떤 행동을 해야 하는지 각성이 될 것이다. 각성하면 행동할 것이다. 행동하지 않는 사람은 자기를 사랑하지 않는 사람이다. 다음 양식을 활용해 자기 성격을 진단해 보기 바란다.

앞서 언급했지만 이 책에서는 지면상 간이형으로 소개한 것이다. 주변 심리상담소를 방문하여 좀 더 전문적으로 16가지 성격까지 진단해 보고 상담을 해보기 바란다. 그러면 구체적이고 자세히 자기 성격을 알게 되는 계기가 될 것이다.

---

12 Charles Martin, 심혜숙 역, 《성격 유형과 진로탐색》, 한국심리검사연구소 책에 자세히 나와 있다. 이와 관련한 책은 시중에 많이 나와 있다.

4가지 선호 경향에 의한 8가지 성격 분류

4가지 선호 경향	설명	성격
힘의 근원	자기를 움직이게 하는 데 필요한 에너지를 외부세계에 존재하는 사람이나 행동, 사물 등과 같은 외부로부터 얻는 사람	외향성 (외향적)
	자기를 움직이게 하는 데 필요한 에너지를 자기 생각, 정서, 인상 등 자기 내부세계로부터 얻는 사람	내향성 (내성적)
사물을 보는 관점	오감(五感)을 통해 얻은 정보를 이용해 사물을 판단하는 사람으로 실제로 존재하는 것에 더 관심을 가짐	감각적 사람
	육감(肉感)을 통해 얻은 정보를 이용해 사물을 판단하는 사람으로 실제로 존재하는 것보다는 있음직한 혹은 있을 법한 것을 알아차리는 것에 관심 갖는 것을 좋아함	직관적 사람
의사결정 근거	논리적이고 객관적인 방식으로 결정하기 위해 관련 정보를 이용하는 사람	사고형
	개인적이고 가치 지향적 방식으로 결정하기 위해 관련 정보를 이용하는 사람	감정형
삶의 양식 (어떤 삶의 유형을 채택하는가?)	미리 예정돼 있고 조직된 생활을 선호하는 사람	판단형
	자율적이고 융통성 있는 방식으로 생활하기를 선호하는 사람	인식형

☞ 자기 성격 알아보기

출처 : 마음자리 심리상담연구소

MBTI 성격 유형 검사(간이형)

	E (외향적 성격)		I (내향적 성격)	
1	말하기를 좋아해 실수할 때가 종종 있다.	☐	말이 없어 주변 사람들이 답답할 때가 종종 있다.	☐
2	새로운 사람을 만나도 어색하지 않다.	☐	모르는 사람을 만나는 일이 피곤하다.	☐
3	말하면서 생각하고 대화 도중 결심할 때가 있다.	☐	의견을 말하기에 앞서 신중히 생각하는 편이다.	☐
4	팀으로 일하는 것이 편하다.	☐	혼자 혹은 소수로 일하는 것이 편하다.	☐
5	나의 견해를 사람들에게 표현하기를 좋아한다.	☐	대체로 나의 생각, 견해를 내 안에 간직하는 편이다.	☐
6	말을 할 때 제스처가 큰 편이다.	☐	말을 할 때 제스처를 사용하면 어색한 편이다.	☐
7	오랜 시간 혼자 일하다 보면 외롭고 지루한 편이다.	☐	혼자 오랜 시간 일을 잘하는 편이다.	☐
8	일할 때 적막한 것보다는 어느 정도의 소리가 도움이 된다.	☐	소음이 있는 곳에서 일을 할 때 일하기가 힘들다.	☐
9	말이 빠른 편이다.	☐	목소리가 작고 조용하게 천천히 말하는 편이다.	☐
10	활동하는 것이 좋다.	☐	집에 있는 것이 편하다.	☐

설명
- 10가지 유형 중 어느 쪽인지 체크(∨)해 보고, 많은 쪽이 자기 성격이다.

성격별 삶의 방식(Lifestyle)
- **외향성 사람들 삶의 방식 :** 주로 외부세계를 지향하고 인식과 판단에 있어서도 외부의 사람이나 사물에 초점을 맞추는 Lifestyle을 추구한다. 또한 바깥에 나가 활동하는 Lifestyle을 추구해야 활력을 얻는다. 이들은 행동 지향적이고, 때로는 충동적으로 사람들을 만나며, 솔직하고 사교성이 많고 대화를 즐기는 Lifestyle을 유지한다.
- **내향성 사람들 삶의 방식 :** 내적 세계를 지향하므로 바깥 세계보다는 자기 내부의 개념(concept)이나 생각 또는 이념(idea)에 더 관심을 두는 삶의 형태를 추구한다. 관념적 사고를 좋아하고, 자기 내면세계에서 일어나는 것에 의해 에너지를 얻으며 주로 생각이 요구되는 활동형 Lifestyle을 추구한다.

	S (감각적 성격)		N (직관적 성격)	
1	현실적이다.	☐	미래지향적이다.	☐
2	이전의 경험으로 판단한다.	☐	떠오르는 직관으로 판단한다.	☐
3	사실적 묘사를 잘한다.	☐	추상적 묘사를 잘한다.	☐
4	구체적이다(조금 전에 만난 사람의 구체적인 생김새, 옷 모양새나 색깔, 머리 모양 등을 잘 기억한다.)	☐	상징적이다(조금 전에 만난 사람의 전체적인 이미지를 기억하고 구체적인 것은 기억을 잘 못 한다).	☐
5	일상적인 일 처리를 할 때, 일반적 관습에 따라 처리하는 편이다.	☐	일상적인 일 처리를 할 때, 독창적인 방법으로 생각해 처리하는 것을 좋아한다.	☐
6	갔던 길로 가는 것이 편하다.	☐	새로운 길이 재미있다.	☐
7	했던 일이 편하다.	☐	새로운 일이 흥미 있다.	☐
8	약도를 구체적으로 그린다.	☐	약도를 구체적으로 그리기 어렵다.	☐
9	일을 한 단계씩 진행한다.	☐	필요에 따라 단계를 건너뛴다.	☐
10	실제 경험을 좋아한다.	☐	상상과 공상을 좋아한다.	☐
11	나무를 본다.	☐	숲을 본다.	☐

설명
- 11가지 유형 중 어느 쪽인지 체크(∨)해 보고, 많은 쪽이 자기 성격이다.

성격별 삶의 방식(Lifestyle)
- **감각기능을 선호하는 사람들** Lifestyle : 모든 정보를 자신의 오관에 의존하여 받아들이는 경향이 있다. 이들은 현재 이 상황에 주어져 있는 것을 수용하고 처리하는 경향이 있으며 실제적이고 현실적 형태로 Lifestyle이 나타난다. 또한 자신이 직접 경험하고 있는 일을 중시하며 관찰능력이 뛰어나고 세세한 것까지 기억을 잘하며 구체적이다.
  순서에 입각해서 차근차근 업무를 수행에 나가는 성실 근면형 Lifestyle을 추구한다. 세부적이고 구체적인 사실을 중시하는 경향으로 인해 전체를 보지 못할 위험이 있다. 감각형 사람은 사물, 사건, 사람을 눈에 보이는 그대로 자료를 받아들여 Lifestyle을 만든다.
- **직관 기능을 선호하는 사람들** Lifestyle : 오관보다는 통찰, 소위 말하는 육감이나 영감에 의해 생활형태를 만들어간다. 구체적인 사실이나 사건보다는 이면에 감추어져 있는 의미, 관계 가능성 또는 비전을 보고자 한다. 이들은 세부적이고 구체적인 사실보다는 전체를 파악하고 본질적인 패턴을 이해하려고 애쓰며 미래의 성취와 변화, 다양성을 즐긴다. 직관형의 사람은 상상력이 풍부하고, 이론적이고, 추상적이고, 미래지향적이며 창조적인 Lifestyle을 추구한다. 그러나 구체적인 것을 떠나 전체를 보려고 하므로 세부적인 것은 간과하기 쉽고, 실제적, 현실적인 면을 고려하지 않고 새로운 일 또는 복잡한 일에 뛰어들기도 한다.

	T (사고형 성격)		F (감정형 성격)	
1	분석적이다.	☐	감성이 풍부하다.	☐
2	객관적이다.	☐	공감적이다.	☐
3	감정에 치우치지 않고 의사결정 한다.	☐	상황을 생각하며 의사 결정한다.	☐
4	이성과 논리로 행동한다.	☐	가치관과 사람 중심으로 행동한다.	☐
5	능력 있다는 소리를 듣기 좋아한다.	☐	따뜻하다는 소리를 듣기 좋아한다.	☐
6	경쟁한다.	☐	양보한다.	☐
7	직선적인 말이 편하다.	☐	배려하는 말이 편하다.	☐
8	사건의 원인과 결과를 쉽게 파악한다.	☐	사람의 기분을 쉽게 파악한다.	☐
9	사람들이 나를 차갑다고 느끼는 편이다.	☐	사람들이 나를 따뜻하다고 하는 편이다.	☐
10	사람들의 권리를 보호하는 일이 중요하다.	☐	사람들의 감정을 존중하는 일이 중요하다.	☐

설명
- 10가지 유형 중 어느 쪽인지 체크(V)해 보고, 많은 쪽이 자기 성격이다.

성격별 삶의 방식(Lifestyle)

- **사고형 사람의 Lifestyle** : 객관적인 기준을 바탕으로 정보를 비교 분석하고 논리적 결과를 바탕으로 판단을 하는 삶의 방식으로 삶을 영위한다. 사고형은 인정에 얽매이기보다 원칙에 입각하여 판단하며, 정의와 공정성, 무엇이 옳고 그른가에 따라 판단하는 형태로 삶을 영위한다. 따라서 이들의 Lifestyle은 인간미가 적다는 얘기를 들을 수 있으며 객관적 기준을 중시하는 과정에서 타인의 마음이나 기분을 간과할 수 있다.
- **감정 기능을 선호하는 사람의 Lifestyle** : 친화적이고, 따뜻한 조화로운 인간관계를 중시하는 삶의 형태를 만들어간다. 객관적인 기준보다는 자기 자신과 다른 사람들이 부여하는 가치를 중시하여 판단을 한다. 즉, 논리 분석보다는 자기 자신이나 타인에게 어떤 영향을 줄 것인가 하는 점을 더 중시하며, 원리원칙보다는 사람의 마음을 다치지 않게 하는 데 더 신경을 쓴다. 이러한 성향으로 사람과 관계된 일을 결정해야 할 때 우유부단하게 되거나 어려움을 겪을 수 있다.

	J (판단형 성격)		P (인식형 성격)	
1	판단과 결정을 빨리하는 편이다.	☐	판단과 결정을 천천히 한다.	☐
2	계획대로 일을 처리하는 편이다.	☐	마지막에 임박했을 때 일을 처리하는 편이다.	☐
3	계획된 여행이 편하다.	☐	갑자기 떠나는 여행이 편하다.	☐
4	정리정돈을 자주 하는 편이다.	☐	날 잡아서 정리하는 편이다.	☐
5	조직적인 분위기에서 일이 잘 된다.	☐	즐거운 분위기에서 일이 잘 된다.	☐
6	계획적이고 조직적이다.	☐	나의 순발력을 믿는다.	☐
7	규범을 좋아한다.	☐	자유로운 것을 좋아한다.	☐
8	다른 사람과 일할 때 친해진다.	☐	다른 사람과 놀 때 친해진다.	☐
9	내 책상은 정리가 잘 되어있다.	☐	내 책상은 편안하게 되어있다.	☐
10	쇼핑을 갈 때 목록을 적어가는 편이다.	☐	쇼핑을 갈 때 목록을 적지 않고 그냥 가는 편이다.	☐

설명

– 10가지 유형 중 어느 쪽인지 체크(V)해 보고, 많은 쪽이 자기 성격이다.

성격별 삶의 방식(Lifestyle)

– 판단과 인식은 외부세계에 대한 태도나 적응에 있어서 어떤 과정을 선호하는가를 말한다.

– **판단형 사람의 Lifestyle** : 의사를 결정하고 종결을 짓고 활동을 계획하고 어떤 일이든 조직적 체계적으로 진행시키며 자기 삶의 형태를 만들어간다. 판단형은 계획을 짜서 일을 추진하고 미리미리 준비하는 편이며, 정한 시간 내에 마무리해야 직성이 풀린다. 외부행동을 보아도 빈틈없고 단호하며 목적의식이 뚜렷하다.

– **인식형 사람의 Lifestyle** : 삶을 통제하고 조절하기보다는 상황에 맞추어 자율적으로 살아가는 삶의 형태를 만들어간다. 또한 자발적이고 호기심이 많고 적응력이 높으며, 새로운 사건이나 변화를 추구한다. 판단형은 한 가지 일을 끝내지 않고는 잠을 못 이루는 사람들이다. 이에 비해 인식형은 한꺼번에 여러 가지 일을 벌이지만, 뒷마무리가 약하다. 판단형은 인식형을 굼뜨고 답답하게 보며, 인식형은 판단형을 보고 성급하고 여유가 없고 조급하다고 보는 경향이 있다.

16가지 성격유형			
사람의 4가지 성격적 선호경향	8가지 성격유형	16가지 성격유형	
		명칭	설명
힘의 근원 ⇨	(E)외향성 (외성적)	1. ISTJ형	- 세상의 소금형: 한번 시작한 일은 끝까지 해내는 사람
		2. ISTP형	- 백과사전형: 논리적이고 뛰어난 상황 적응력을 가지고 있는 사람
	(I)내향성 (내성적)	3. ESTP형	- 수완좋은 활동가형: 친구, 운동, 음식 등 다양한 활동을 선호하는 사람
		4. ESTJ형	- 사업가형: 사무적, 실용적, 현실적으로 일을 많이 하는 사람
사물을 보는 관점 ⇨	(S)감각적 성격	5. ISFJ형	- 뒤에 숨은 권력형: 성실하고 온화하며 협조를 잘하는 사람
		6. ISFP형	- 성인군자형: 속 마음이 따뜻한 사람
	(N)직관적 성격	7. ESFP형	- 사교적인 형: 분위기를 고조시키는 우호적인 사람
		8. ESFJ형	- 친선도모형: 친절과 현실감을 가지고 타인에게 봉사하는 사람
의사 결정 근거 ⇨	(T)사고형	9. INFJ형	- 예언자형: 아이디어 분야에서 위대한 개척추구를 하는 사람
		10. INFP형	- 잔다르크형: 이상적인 세상을 만들어 가는 사람
	(F)감정형	11. ENFP형	- 스파크형: 열정적으로 새로운 관계를 만드는 사람
		12. ENFJ형	- 언변능숙형: 타인의 성장을 도모하고 협동하는 사람
삶의 양식 (어떤 삶의 유형을 채택하는가?) ⇨	(J)판단형	13. INTJ형	- 과학자형: 행동과 사고에 있어 독창적인 사람
		14. INTP형	- 아이디어 뱅크형: 비평적인 관점을 가지고 있는 뛰어난 전략가
	(P)인식형	15. ENTP형	- 빌명가형: 풍부한 상상력을 가시고 새로운 것에 도전하는 사람
		16. ENTJ형	- 지도자형: 비전을 가지고 사람들을 활력적으로 이끌어가는 사람

출처: 추계예술대학교 학생상담센터 자료를 인용함.

2

'은퇴 생활 즐거움 느끼기'에 방해를 하는 「일 중심적 사고방식」 수준 진단

당신은 어떤 사람인가? 일이 자기 인생에서 전부고, 일 이외는 할 게 없는 사람인가? 오지 않는 일만 기다리며 시간 때우며 은퇴 생활을 하는 사람인가? 일에 버금가는 "시간 채움 수단"이 있는 사람인가?

아버지가 말한다. "평생 가족을 위해 일하고 봉사했으니 은퇴해서 즐겁게 지낼 수 있는 여가를 즐길 자격이 충분히 있다." 은퇴자 중 아마도 90% 이상이 동의할 것이다. 그러나 한편으로는 "할 수 있는 한 일을 계속해야 한다"라고 말한다. 여기에는 "일할 수 있는 여건이 되면 끝까지 일하고, 일거리를 구하지 못할 때 어쩔 수 없이 하는 것이 여가 활동이다. 노는 방법을 잘 모르겠다. 일 말고는 시간 보내는 방법을 모른다."라는 속뜻이 담겨있다. 남아도는 시간 보내는데, 일 이외 다른 대체물이 없다는 뜻이다.

필자가 2021년도 봄에 은퇴 직전인 50대 중반과 은퇴한 65세 된 사람들 40명에게 일하는 이유를 물어봤다. 질문 내용은 "은퇴 생활을 무난히

할 수 있는 경제적 여유가 있어도 계속 일을 할 것인가?"이다. 답변자 중 80%인 32명이, 돈과 상관없이 계속 일하고 싶다고 대답했다. 그 이유는 "사회생활에 필요한 관계 만들기와, 남아도는 무료한 시간으로 인해 퇴화되는 것을 방지하고 정신적 활력 유지를 위해서"라고 말한다. 여기서 특이한 점이 발견된다. 일하고 싶다고 한 32명 중 70%가 마음 한편으로는, 노후를 보내고 싶은 방법으로 일이 아닌 취미 활동이었으면 좋겠다는 생각을 하고 있다고 말했다. 취미 활동은 정신적 만족과 가깝다. 정신적 활력도 정신 만족을 위한 것이다. 정신적 만족을 위해 마음속으로는 취미 활동을 해야 한다고 하면서도 현실에서는 일을 통해 정신적 문제를 해결하려고 하는 것이다.

이렇게 이율배반적인 마음이 생기는 것은 자기 인생에서 "일 중심적 사고방식"[1]이 중심을 이루고 있기 때문이다. 취미 활동을 만들고 여기에 집중하기 위해서는 일과 헤어져야 하는데, 일 중심적 사고방식이 이를 방해하고 있는 것이다. 그러니 노는 방법을 배우지 못한다. 은퇴자 마음은 이렇게 입체적이다.

한의사 친구가 있다. 왼쪽 손목 건초염 때문에 치료하러 자주 간다. 진료하면서 언제까지 일할 거야? 하고 물어봤다. "건강 허락할 때까지 계속해야지! 일이 재미있어, 일이 우선이고 일에 모든 걸 걸고 돈을 벌어 가족 부양을 하니 보람도 느껴, 일이 인생 목표야, 그런데 나이가 느니 손이 떨

---

1 오직 일에서 보람을 느끼고 거기서 의미를 찾고, 인생 시간 보내는데 가장 필요한 도구가 일이라고 생각하는 등 일이 자기 인생의 중심을 이루는 것

려 침 시술하는 것이 예전 같지 않아, 은퇴하고 싶어도 '일' 이외 시간 보낼 수 있는 마땅한 것이 없어 고민이 많아! 그래서 계속 일할 거야!"

은퇴 전에는 가족보다 일을 우선시해도 이해해 주었다. 인생 목표를 향해 열심히 몰두하는 것을 좋게 생각해 주었다. 그러나 아버지는 가족을 위해 모든 시간을 투자하며 기를 쓰고 일했지만 그로 인해 시간이 부족해 가족과의 호의적이고 친밀한 관계 형성을 제대로 하지 못했다. 그래도 그들은 서먹서먹하지만 서로 이해하며 잘 넘겨줬다. 그것은 가족 공동체 유지를 위한 경제적 비용이 들어왔기 때문이다.

배우자와 가족은 더 이상, 경제적 비용 공급 상실자이면서 그냥 시간 보내며 사는 당신을 어떤 방식으로 대해야 할지 모른다. 앞서 말했듯이 돈 벌기 바빠 따뜻한 아버지와 남편이 되지 못했다. 이로 인해 부실해진 가족관계는 은퇴 후 가족들로부터 소외당하는 '가족 소외층'이 된다. 이렇게 가족들은 아쉽게도 은퇴 전 바라봤던 '감정 시선'이 달라진다. 은퇴 전에 바라봤던 아버지와 남편에 대한 이해하는 마음과 좋은 시선을 거둬들인다. 이때부터 배우자 및 자식과의 관계에서 여러 가지 갈등이 생기기 시작한다. 은퇴 아버지는 이 상황이 가슴 아프고 매우 서운하다. 이런 서운한 마음에서 벗어나지 못하면 평생 마음속에 고름을 가지고 살아가게 된다.

이상과 같이 일 중심적 사고방식 중심의 은퇴 아버지 처지는 이렇게 정리된다. "노는 방법을 모른다. 일 말고는 시간 보내는 방법을 모른다. 취미 활동을 해야 한다고 하면서도 현실에서는 일을 통해 정신적 문제를 해결하려고 한다. 열심히 일했지만 가족 소외층이 된다. 가슴 아픔과 서운함만 남는다." 그런데도 대부분 일 중심적 사고방식을 가지고 은퇴한다. 때문에 일이 없어 생기는 무료한 시간을 채우는 데 어려움을 겪는다. 그런데 이 시간 채우는 수단이 여가다.

은퇴는, 일하지 않음으로써 누릴 수 있는 즐거움을 향해 가는 것이다. 경쟁하지 않고 가치 있고 즐겁고 행복하게 사는 기간이다. 갈등적 세상과 만남을 줄여가는 것이다. 그것은 일과 헤어질 줄 알아야 다가온다. 즉 일 중심적 사고방식을 버려야 할 수 있다. 일과 헤어진다는 것은 "여가"와 관련된다. 일 없어 생기는 무료한 시간을 어떤 것으로든 채워야 하는데 여가로 채울 수밖에 없기 때문이다. 따라서 은퇴 후 행복은 여가 시간을 만들 수 있느냐 없느냐에 달려 있다. 이러한 태도는 "일 중심적 사고방식" 수준에 비례한다. 따라서 은퇴 후 행복은 일 중심적 사고방식에서 여가 중심 사고방식으로 심리적 전환을 하느냐 못하느냐에 달려 있다. 그런데 문제는 쉽게 일 중심적 사고방식에서 벗어나지 못한다는 것이다. 그 이유는 여가 의미에 대한 생각 그리고 태도와 관련된다. 여가를 단순히 생산성 없는 휴식이나 놀이로 생각하고, 일이 없을 때 시간 보내는 수단에 불과하다고 생각하기 때문이다. 이런 고정관념 때문에 일상생활에서 항상 "무슨 일거리 없나?"만 생각하며 시간을 보낸다. 이러한 고정관념에서 벗어나야 하는데, 그러기 위해서는 "여가 의미"가 무엇인지를 명확하게 다시 정립해야 한다.

그럼 여가란 무엇인가? 일에서 경험할 수 없는 인생 가치를 얻을 수 있는 것 그리고 해야 하는 일이 아니라, 하고 싶은 것을 하면서 보내는 시간이다. 수동적 노동과 경쟁이 심한 생존 시장에서 경험할 수 없는 "새롭고 · 신나고 · 만족스럽고 · 보람 있고 · 재미있고 · 설레는 마음" 중 하나 이상을 느낄 수 있는 방식으로 몸과 마음을 활용하는 기회라고 말할 수 있다. 5장 4항에서 다시 설명된다.

이렇게 새롭게 여가를 정립하면, 일 중심적 사고방식을 여가 중심적 사고방식으로 심리적 전환을 할 수 있다. 일보다 여가를 우선순위에 들 수 있게 된다. 그러면 일을 대체할 수 있는 여가라는 도구를 받아들일 수 있는 마음이 준비되고 만들어져 바탕이 깔린다. 그렇게 되면 일을 대체하는 도구가 어떤 것인지 생각난다.

친구 사례와 같이 오직 일에서만 보람을 느끼고 거기서 자기 인생의미를 찾고 여기서 자기 정체성²을 찾으며 산다면, 일 대신 경험할 수 있는 수많은 인생 가치를 놓칠 수밖에 없다. 이런 일 중심적 사고방식 때문에 일이 아닌 다른 것에서 자기 마음을 기쁘게 해주는 어떤 대체물을 만들고 재정립하는 데 힘이 든다. 이 사고방식을 고치지 못하면 이 친구는 앞으로 계속 일만 하다 어느덧 인생 끝자락 90세가 되어 아픈 몸만 남게 될 것이다. 일과 헤어지면 시간이 남아도는데 이 시간 대체물이 여가다. 문제는 일 중심적 사고방식이 습관화되고 관성이 되어 은퇴한다는 데에 있다. 이렇기 때문에 일을 대체하여 시간 보낼 수 있는 그 무엇을 찾는 데 어려움을 겪는 것이다.

---

2 정체성: Identity, 나만의 특성과 자기 독자성(獨自性)을 표현 · 성취하고자 하는 개인의 시도와 생각
   출처: 애칠리, 1982년 발표 논문 〈은퇴의 과정〉, 세라 요게브, p. 55

오랫동안 똑같은 일을 습관적으로 해오던 은퇴자는, 그동안 자신을 맡겼던 일상의 규칙과 목적이었던 '일 습관'이 없어져 혼란에 빠진다. 이 혼란 극복 여부가 은퇴 생활 질을 결정한다. 이 혼란을 미리 알고 사전에 개선하자는 것이 일 중심적 사고방식 수준 진단이다.

따라서 다음에 나와 있는 설문지를 통해 자기 일 중심적 사고방식 수준을 진단해 보기 바란다. 진단해 보면 자신의 현재 생활 상태가 어떤 수준인지 짐작이 갈 것이다. 이 결과를 알면 자신이 지금 무엇을 어떻게 개선하고 고민해야 하는지 알 것이다.

은퇴하면 비로소 있는 그대로의 자신을 볼 수 있다. 아니 보인다. 이때 보이는 '있는 그대로인 나'가 자신의 '크기와 능력'이다. 이 크기와 능력을 인정하는 것이 은퇴 생활 조건이다. 그래야 자기가 할 수 있는 것과 할 수 없는 것을 가늠할 수 있다. 진단결과를 가지고 이 범위를 생각하며 '즐김 도구'를 찾아 장착해 보자. 그러면 행복한 은퇴 생활을 할 수 있을 것이다.

일 중심적 사고방식 수준 측정설문지(해당 사항에 V표 해주세요)

번호	내용	그렇다	잘 모르겠다	그렇지 않다
1	내 삶의 질은 '일'과 '여가' 중 일이 더 많이 영향을 끼친다.			
2	일은 인생의 목표가 될 수 있지만 여가는 그럴 수 없다.			
3	당신은 노동(일)이 성공의 열쇠라고 생각하십니까?			
4	좋아서 하는 일이라면 여가 시간을 따로 낼 필요가 없다.			
5	나는 40여 년 부지런히 일하면 그 대가로 은퇴 후 15~20년 정도는 행복하게 살 수 있을 것으로 생각한다.			
6	내가 하는 노동(일)은 먹고살기 위해서 필요한 것이지만 개인 행복에는 별다른 기여를 하지 못한다.			
7	당신의 삶에서 가장 기쁨을 느끼는 것은 일할 때입니까?			
8	경제적으로 부족하지 않고 굳이 일할 필요가 없는데도 일을 계속하고 있거나 하고 싶습니까?			
9	노동은 먹고살기 위해서는 필요한 것이지만 자신의 행복에는 별다른 기여를 하지 못한다고 생각하십니까?			
10	휴가를 가도 제대로 어떻게 쉴지 잘 모른다.			
11	주 52시간 노동 시간이 많다고 생각하십니까?			
12	당신은 행복의 조건이 좋은 직장, 자녀 명문대 진학, 고급스러운 가구와 자동차, 비싼 아파트라고 생각하십니까?			
13	당신이 주로 만나는 사람이 직장 동료들인가?			
14	당신은 더 크고 더 좋은 것을 얻기 위해서 더 오래 더 열심히 일해야 하다고 생각하십니까?			
15	먹고사는 데 불편함이 없다면 수입이 보장되는 일자리가 생겨도 거부할 수 있습니까?			
16	나는 일에서 행복, 보람, 자아실현을 실현한다.			
17	직업은 단지 필요한 생계수단을 얻기 위해 선택한 것에 불과하다.			
18	나는 다른 사람에게 일을 맡기지 못한다(못했다).			
19	나는 오랜 시간 일한다(일했다).			
20	일하는 것이 인생 목표이고 일 말고는 관심사가 없다.			
21	늘 일로 바쁘고 언제나 업무 이야기를 한다(했다).			
22	인생은 살아남기 위한 전쟁(생존)이라고 생각한다.			
23	나는 일과 인간관계가 내 삶의 전부이다(전부였다).			
24	돈을 어느 정도 벌고 나면 다른 일도 마음대로 할 수 있다고 생각한다.			
체크 결과				
평가	▲ 『그렇다』가 많을수록 '일 중심적 사고방식'을 가지고 있는 정도가 높은 것임. 『그렇다』가 12개 이상이면 일 중독자일 가능성이 높은 사람임.			

3

은퇴 생활 질과 관련되는,
'돈이 가진 심리적 의미'에 대한
부부간 관점 차이 진단

은퇴하면 매월 고정적으로 통장에 입금되던 월급이 없어지고 저축해 놓은 돈에만 의존하는 생활을 하게 된다. 대부분 돈이 부족하다고 걱정하며 은퇴한다. 그래서 은퇴 후 돈을 어떤 방식으로 쓰면서 생활해야 좋을지 고민하게 되고 부부간 서로 의견이 엇갈린다.

"은퇴 생활은 수고한 자신이 즐겨야 하는 것이다. 돈을 죽을 때 싸 들고 가나? 있는 돈 다 쓰자!"라고 생각하는 남편과, "은퇴는 할 일을 다 해 조용히 저물어 가는 시간일 뿐이니 내려놓고 긴축을 해야 한다!"라고 하는 아내와 돈 쓰는 문제로 갈등이 생긴다.

그래서 남편은 은퇴하면 이렇게 계획을 짠다. "캠핑카 사서 전국 일주 여행한다. 귀농해서 유유자적 생활한다. 노후 생활 희생하면서까지 사식에게 유산을 물려줄 수 없다. 나를 위해서 쓰고 죽겠다." 그러나 아내는 다른 생각을 한다. "캠핑카 여행은 몇 개월 가면 시들해진다. 매일 가는 것도 아니다. 호텔이나 펜션 이용하면 된다. 귀농은 환상이다. 농사 아무나 하는 게 아니다. 어느 정도 노후 생활에 제한을 받더라도 조금의 유산은 물려줘야 한다." 옷 살 때를 생각해 보자. 뻐기고 우쭐대고 싶은 아내는 비싸더라도 메이커 신상품만 산다. 반면 남편은 80% 세일 하는 이월상품 위주로 산다. 구매 가격 차이가 크다. 때문에 서로 말다툼을 한다.

많은 은퇴 부부가 이렇게 돈에 대한 관점과 생각이 서로 다르다. 돈 지출 방법을 다르게 생각한다. 이러한 돈에 대한 관점과 생각 다름이 은퇴 후 생기는 갈등 원인 중 하나가 된다. 이것은 남편과 아내가, 각자 가진 "돈 가치에 대한 심리적 태도"에 차이가 있기 때문으로 정리된다. 이렇게 사람마다 각각 다른 돈에 대한 심리적 측면을 가지고 있다. 이 심리적 차이가 돈에 대해 부부가 각각 다르게 반응하게 만들면서 갈등 원인이 된다. 큰 갈등은 소소한 작은 갈등에서 시작된다. 이 차이로 인해 다툼이 잦아지면서 부부화합 방해요인이 된다. 그러나 대부분 이런 사실을 모르거나 신경 쓰지 않고 은퇴한다. 이처럼 서로 다른 각각의 돈에 대한 심리적 태도가 만나면, 돈 씀씀이 방식 등 여러 가지 상황에서 의견 충돌로 은퇴 생활 질이 달라지는 것이다.[1]

'돈'에는 이렇게 사람의 심리적 태도가 내포되어 있다. 돈에 대한 심리적 태도와 의미는 각자 인생관, 어린 시절 경험, 각 가정의 문화적 배경에 따라 다르게 나타난다.

고등학교 1학년 때 한 반이었던 필자 친구가 있다. 지금도 한 달 2번 정

---

1 세라 요게브/노지양 역,《행복한 은퇴》, 이름 북, 2015, p. 157

도는 만날 정도로 친하다. 이 친구는 중고등학교 때 집안 사정으로 학비를 내지 못해 친구들 앞에 끌려 나가 선생님에게 매를 맞기도 했다. 너무나 큰 마음의 상처를 입으며 학교를 다녔다. 이러한 경험의 영향으로 돈 쓰는 데 구질구질하다는 소리를 듣는다. 무엇이든 싼 것, 중고제품, 세일 때만 물건을 구매한다든지, 얻어먹으면 갚아야 하므로 될 수 있으면 얻어먹지 않는다. 그러니 친구 관계도 제한적이다. 필자가 밥 3번 사야 한 번 산다. 돈이 있음에도 아내 생일 때 가격이 저렴한 선물을 사준다. 이런 거 때문에 아내와 자주 다툰다. 반면 그의 아내는 넉넉한 집안에서 자란 탓에 친구와는 정반대 소비 태도가 있다. 어렸을 때 충분한 재정 바탕 위에서 자랐다. 약간 과시하는 성격이다. 여행을 가서 돈이 부족해도 맛있으면 아무리 비싸도 사 먹고, 공항 면세점에서 비싼 향수도 거리낌 없이 산다. 평소에도 맛집 찾아다니는 생활을 즐긴다. 운동도 꼭 비싼 헬스클럽에 가서 해야 좋다고 한다. 그러나 친구는 돈 안 드는 걷기운동으로 건강을 유지한다. 이렇게 서로 다른 돈에 대한 심리적 태도 때문에 생활하는 모습이 다르다. 운동도 서로 각자 한다. 서로 다른 문화적 배경 속에 자라면서 형성된 돈에 대한 태도 차이 때문이다.

이와 같이 돈에 대한 경험이 두고두고 가슴에 남아 자신의 행동을 좌우하고 지배한다. 이런 서로 다른 경험 때문에 부부 소비성향이 다르게 나타나는 것이다. 돈은 그저 생활 수단이 아니라 우리 정신과 인간관계까지 지배하는 존재로써 본인과 배우자가 서로 다르게 돈에 지배당한다. 따라서 돈을 심리적으로 서로 어떻게 받아들이는지를 알아야 할 것이다. 그러나 대부분 이런 사실을 신경 쓰지 않고 은퇴한다.

"물질주의"라는 말이 있다. 물질적 만족을 최고의 가치로 삼는 것, 모든 일에 대해 물질을 위주로 생각하는 것을 말한다. 물질 소유 자체가 인생 목적이고 이를 통해 성공을 판단하고 행복을 추구하는 것을 말한다. 이런 사람은, "돈이 즐거움을 누리는 것보다 중요하다. 돈이야말로 내가 유일하게 의지할 수 있는 것이고, 돈을 버는 데 사용되지 않는 시간은 헛된 것이다."라고 생각한다.

이렇게 돈을 대하는 당신 부부의 태도와 성격 차이는 무엇이고 그 차이 수준이 어느 정도인가? 당신은 물질주의인가? 아닌가? 아니면 어느 정도 물질보유가 적정 수준인가?

《빈곤론》을 쓴 "가와카미 하지메"라는 유명한 학자가 있다. 그는 "사람은 빵만으로 살 수 없다. 그렇지만 또 빵 없이는 살 수 없다"[2]라고 말했다. 당연한 말이다. 아마도 이 말에서 스스로 해답을 찾을 수 있을 것이다.

물질주의를 추구하는 사람이라면, 은퇴로 매일 맞대야 하는 돈 못 버는 배우자 얼굴이 좋을 리가 없을 것이다. "당신이 돈을 벌지 못해 노후에 이렇게 고생하는 거 아닌가?"라는 생각 때문에 바라보는 그 얼굴 자체가 갈등 원인이 될 수 있다. 이처럼 돈에 대한 부부간 관점 차이에 대해 합의와 절충이 없다면 은퇴 후 부부생활은 점점 더 팍팍해지고 나아가서는 이것이 심각한 부부갈등 원인으로 작용한다. 이 절충은 서로 상대방 태도를 이해하고 받아들이는 것을 의미한다. 이것이 심리적 전환이다. 이렇게 심리

2　가와카미 하지메, 빈곤론(1916) 중에서

적 전환을 하고 은퇴해야 돈 문제로 인한 갈등이나 다툼을 줄일 수 있다. 이것이 돈과 관련된 심리적 은퇴준비다.

그러면 다음 '설문지'를 통해 지금까지 설명한 '돈'에 대한 가치, 생각과 심리적 의미를 부부가 어떻게 서로 다르게 가졌는지 진단해 보자. 그러면 돈에 대한 관점에서 서로 다른 것과 일치하는 것을 알게 될 것이다. 이 결과를 보고 부부가 함께 고민하고 조율하여 긍정적 방향으로 합의하기 바란다. 다시 강조하지만 부부 각자가 바라보는 돈에 대한 가치와 돈 쓰는 방식에서 서로 조화와 합의를 이뤄야 한다. 이것을 해결하지 않고 은퇴하면 은퇴 부부관계가 부정적인 방향으로 변할 수 있다.

남편과 아내의 돈(물질) 가치에 대한 생각(심리적 의미) 차이 진단							

- 해당 사항에 ∨해 주세요.
- 문항은 배우자와 따로 작성해야 돈에 대한 두 사람의 심리를 제대로 파악할 수 있다.
- 끝낸 다음 같이 답을 보면서 의견을 교환하자. 여기에 정답과 오답은 없다.
- 각각의 질문을 읽고 마음속에 가장 먼저 떠오르는 생각을 적어라.

번호	설문 내용	남편			아내		
		YES (그렇다)	글쎄요	NO (아니다)	YES (그렇다)	글쎄요	NO (아니다)
물질 소유로 성공을 판단하는 사람							
1	나는 고가의 집, 차, 옷을 가진 사람들이 존경스럽고 부럽다.						
2	(정신적 풍족보다) 물질적으로 풍족해지는 것이 내 인생에 있어서 가장 중요한 성취 중 하나이다.						
3	사람들이 소유한 물질의 양이 인생에서의 가장 중요한 성공의 지표는 아니다.						

번호	설문 내용	남편			아내		
		YES (그렇다)	글쎄요	NO (아니다)	YES (그렇다)	글쎄요	NO (아니다)
4	내가 소유한 것들은 내가 얼마나 인생을 성공적으로 살아가고 있는지 보여준다.						
5	나는 사람들이 부러워할 만한 것들을 가진 게 좋다.						
6	나는 타인의 물질적 소유물에 별 관심이 없다.						
물질 소유와 획득 자체가 목적인 사람							
7	나는 대개 내가 필요한 물건만 산다.						
8	나는 많은 것을 소유하지 않는 소박한 삶을 살려고 노력한다.						
9	내가 무엇을 소유하고 있는지는 별로 중요하지 않다.						
10	나는 실용적이지 않은 물건을 사는 것을 좋아한다.						
11	쇼핑은 내게 큰 기쁨을 준다.						
12	나는 럭셔리한(호화로운) 삶이 좋다.						
13	나는 내 주변 사람들에 비해 물질적 소유물을 덜 중요하게 여긴다.						
물질 소유를 통해 행복을 추구하는 사람							
14	나는 인생을 즐겁게 사는 데 꼭 필요한 모든 것들을 갖고 있다.						
15	내가 갖고 있지 않은 어떤 물건을 소유하게 되면 내 삶은 더 나아질 것이다.						
16	더 비싸고 좋은 물건들을 소유한다고 해서 내가 더 행복해지는 것은 아니다.						

번호	설문 내용	남편			아내		
		YES (그렇다)	글쎄요	NO (아니다)	YES (그렇다)	글쎄요	NO (아니다)
17	더 많은 것들을 구매할 수 있는 경제적 여유가 주어진다면 나는 더 행복해질 것이다.						
18	내가 갖고 싶은 모든 것들을 살 수 있는 경제적 여유가 없다는 것 때문에 매우 속상하다.						
당신은 돈에 대한 가치를 어떻게 생각하고 있는가?							
19	나는 돈 낭비가 도덕적으로 잘못된 것 이라고 생각 한다.						
20	나는 가장 싼 것보다는 가장 빠르거나 편리한 것을 선호하는 편이다.						
21	은퇴하면 무조건 모으기보다 어느 정도 즐기며 살려고 한다.						
22	자라면서 부모님이 돈 문제로 싸우는 것을 자주 봤고 나도 그런 적이 많다.						
23	나는 현재 돈 문제로 배우자와 종종 부딪힌다.						
24	나는 거의 항상 지금 있는 돈으로는 충분하지 않다고 느낀다.						
돈을 대하는 부부의 태도와 성격 차이가 어느 정도인가?							
25	일반적으로 돈은 여성보다는 남성 문제다.						
26	결혼 생활에서 돈에 대한 결정은 남편 이 해야 한다.						
27	누가 벌든지 두 사람 모두 관리할 줄 알아야 한다.						
28	내가 돈을 관리하는 것이 좋다.						

번호	설문 내용	남편			아내		
		YES (그렇다)	글쎄요	NO (아니다)	YES (그렇다)	글쎄요	NO (아니다)
29	배우자에게 내 지출 내역을 숨기거나 다른 돈에 대해 숨길 때가 있다.						
30	나는 경제적 책임감과 계획성이 있다고 생각한다.						
31	내 배우자는 경제적 책임감과 계획성이 있다고 생각한다.						
32	내 배우자가 돈을 다루는 방식이 마음에 든다.						
33	은퇴 후 당신과 배우자가 돈을 대하는 태도와 소비 습관에 동의하는가?						
34	당신과 배우자는 돈 관리를 누가 하는 가에 대해 의견이 일치하는가?						
해석	• 당신과 배우자 의견이 어긋나는 경우에는 절충안을 찾아보자. ⋯▸ 양쪽 모두가 조금씩 양보해야 한다. 예를 들어 남편은 편안함을 위해 약간 더 지출하고, 아내는 좀 더 절약하는 식이다(그 반대도 가능하다). 그래야 서로 만족스러운 합의에 도달할 수 있다.						

※ 설문지 출처: 한국심리학회지, 2018, Vol. 24, No. 3, 385~410, 유지혜·설경옥, 이화여자대학교, '한국판 물질주의 척도의 타당화 연구' 설문지와 세라 요게브, 행복한 은퇴, 돈이 가진 심리적 의미 파악하기(p. 178) 설문지를 참고하여 작성.

4

은퇴 생활 적응과정에서 나타나는
나의 부부관계 유형이 어떤 것인지 알아보기

은퇴 후 제일 중요한 것이 부부관계라 했다. 질적인 은퇴 생활에 가장 큰 영향을 끼치기 때문이다. 은퇴 후는 부부 상호 간 의존도가 그 어느 시기보다 높아지고 모든 생활에 부부관계가 기본이 된다. 때문에 배우자에 대한 중요성이 더욱 커진다. 예를 들어 은퇴 이전에 부부관계가 좋았던 경우 은퇴 이후 더욱 관계가 좋아진다. 반대로 관계가 좋지 않았던 경우 더욱 안 좋아지는 경향을 보인다. 은퇴 전 참으며 "휴면 상태"[1]에 있었던 불만족한 결혼 생활이 표출되기 때문이다.

은퇴란 인생 후반기 노년기로 진입하는 시작점이다. 부부의 긍정적 노년기 시작을 위해서는 변화된 은퇴 생활환경에 잘 적응해야 한다. 은퇴 전에는 대부분 부부 중심 생활보다는 자녀 중심 생활을 했다. 그런데 은퇴 후는 그 반대로 부부 중심 생활로 변한다. 부부 중심 생활로 변한다는 것

---

1   김애순,《성인발달과 생애 설계》, 시그마프레스, 2006, p. 284

은 같이 있는 시간이 많아진다는 것이다. 아이러니하게도 이것이 부부갈등문제 시발점이 된다. 평생 자녀 중심 결혼 생활을 하다 전환된 부부 중심 결혼 생활에 부부가 함께 지내는 방법과 훈련이 되어있지 않았기 때문이다.

은퇴 후 부부는 생각보다 훨씬 많은 시간을 둘이서 보내야 한다. 은퇴후 고용보험 수급 기간이 끝난 후 1~2년 정도 되면 남편과 아내 모두 결혼 만족도가 하락한다. 특히 부인들은 말은 못 하지만 집에만 있는 남편을 보면 스트레스가 쌓인다고 한다. 뭔지 모르게 서운함과 혼란함이 찾아오며 갈등이 유발되기 시작한다. 이 시기에 많은 부부가 갈등을 겪고 견고했던 유대관계가 약화되기도 한다.

예를 들어, 부부의 주된 생활 장소가 부부 공동가정으로 바뀌면서 과거에 비해 부부 상호 간 물리적·정신적 접촉이 많아지게 된다. 서로에 대한 관심과 친밀감이 증가하여 결혼 만족도가 더 높아질 수도 있다. 하지만 사회생활 하던 남편이 집에 있으면서 가정생활에 관여하거나, 부부가 함께 하는 시간에 익숙하지 않아 긴장과 불편함이 생기고 이것이 갈등으로 유발된다. 또한 은퇴 전에 해결되지 못했던 갈등이 표출되면서 부부관계가 악화되거나 소원해진다. 이렇게 되면 한 집에서 함께 살고 있지만 심리적으로 따로 사는 듯한 고립된 생활을 하는 것이다. '따로 또 같이 사는 부부' 모습이다. 2장 5항에서 설명된다.

은퇴 전에는 생존 생활에 바빠 물리적이든 정신적이든 서로의 거리가 멀었다. 아침에 출근하면 퇴근 시간까지의 거리가 있었다. 서로 부딪힐 일이 많이 없었다. 몸이 멀어지면 마음도 멀어진다고 하지만 돈이라는 매개체가 있어서 큰 문제가 없었다. 이러한 거리 공백은 자연스럽게 각자 자기 세계를 구축하여 채우게 된다. '내 세계' 그리고 '당신 세계'가 그것이다. 맞벌이일 경우는 서로 밖에 구축된 자기 생존 세계에 집중한다.

아내가 전업주부일 경우는 남편은 단순한 '돈벌이 세계 구축' 그리고 아내는 '혼자 놀 수 있는 세계'가 구축된다. 그러나 남편과 아내 즉 '나와 당신의 우리 세계' 즉 공유세계는 구축하지 못했거나 구축했다 해도 허술하기 짝이 없다. '나와 당신의 우리 세계'가 질적인 은퇴 생활을 유지하는 데 가장 필요한 것임에도 말이다.

남편은 가족부양 책임을 위한 생존 세계에 몰두하다 보니 변변한 자기 세계를 구축해 놓지 못한다. 생존 세계가 곧 자기 세계였다. 은퇴하면 생존 세계가 박탈되고 동시에 자기 세계가 없어진 꼴로 변한다. 그렇게 되니 갈 곳 없는 몸과 마음이 외로움, 소외감, 허탈감으로 쌓인다. 정서적 피로감이 커지고 감정이 쇠퇴해지기 시작한다.

그러나 아내는 남편 퇴직과 자식 독립 후에 묻혀 있던 자아가 출현함에 따라 잠복해 있던 욕구가 생겨난다. 남편 은퇴 시점에 아내 역할, 엄마 역할이 끝난다. 이렇게 변화되는 역할에 따른 불확실한 미래에 대한 갈등이, 서로의 관계에 복합적으로 작용한다.[2]

이때 아내 은퇴 생활만족도를 결정하는 요소가 있다. 그것은 아내 역할과 엄마 역할 때문에 보이지 않았던 "자아 찾기"를 말한다. 그것은 이제는

---

2 김명자, 《중년기 발달》, 교문사, 2003, p. 180

존중 받고 싶은 '자아 존중감', 남편과 자식 위주가 아닌 본인 위주 삶을 살고 싶은 '자기 주도력', 그리고 역할 상실에 따른 허전한 마음을 채워주는 '정신적 지지' 등이다. 다분히 심리적 차원이다. 이런 심리적 상태에 있는 아내 세계에 은퇴로 돈벌이 세계가 없어진 남편이 눈치 없이 끼어들게 된다. 1장 5항에서 일부 언급한 바와 같이 아내 입장에서는 남편이 침범자가 된다. 이때부터 서로의 마음속 거리가 조정되기 시작한다. 거리가 조정되는 과정에서 서로 갈등이 생기면서 황혼이혼 등의 위기가 시작된다.

여기에다 남성성, 여성성[3]이라는 생물학적 요인이 갈등유발을 부추긴다. 즉 남편은 여성성이 증가하여 의존성이 높아지는 데 비해 아내는 남성성 출현으로 인해 보다 공격적·주도적으로 변한다. 이러한 생물학적 특징이 부딪히며 갈등이 생긴다. 전기가 그렇듯이 서로 거리가 가까워져 맞닿을 때 불꽃이 튄다. 젊었을 때 불꽃은 생식과 사랑의 상징이었다면 은퇴 후의 불꽃은 곧 갈등을 의미한다. 은퇴 후 부부관계 거리는 그래서 가까워서 문제가 생기는 것이다.

이상하게 생각 말라. 자연법칙에 의한 생식 의무를 다했기 때문에 생기는 자연스러운 현상이다. 그래서 은퇴 후 부부는 사랑과 생식의 거리 관계가 아닌, "이해의 관계, 예의禮儀 차리는 관계, 동반자 관계"가 된다. 은퇴하면 대개 결혼 30년 이상인데 익숙함으로 인해 대부분 무감각과 무덤덤한 부부관계일 것이다. 문제는 남편은 '어제 아내가 오늘 또 그 아내'더라도

---

3 프로이트는 남성성/여성성을 적극성/수동성의 양극으로 보고, 여자의 적극성을 남성성으로, 남자의 수동성을 여성성으로 보았다. 후에 그는 남자와 여자 모두는 적극성과 수동성뿐만 아니라 다른 남성적 특징과 여성적 특징들도 함께 갖고 있다고 말했다.

아내를 바라본다. 그러나 아내는 어제 남편이 오늘 또 그 남편이면 트로트 가수 장민호와 임영웅을 바라보지 남편을 바라보지 않는다. 심장은 있는데 비어 있는 상태라 할 수 있다.

은퇴 생활을 하다 보면, 취미 생활과 하고 싶은 거 하려 할 때 은퇴 전 습성화된 자기 스타일 등을 고집하며 부부갈등이 일어난다. 사회적 적응도 어려움이 따른다. 이때 닥쳐오는 성공과 실패 과정에서 극복을 위한 에너지가 필요하다. 이 에너지가 서로 '이해해 주는 부부관계'에서 나온다. 이러한 여러 부부관계 상황이 복합적으로 작용하여 은퇴 후 삶의 형태 즉 Lifestyle이 분화 · 전개된다. 대표적인 것이 "황혼이혼 Lifestyle"이다. 1장 5항에서 언급한 바와 같이 2020년 이혼한 부부 10만 6500쌍 가운데 결혼 20년 이상 된 황혼이혼이 37.2%인 3만 9671쌍이었다. 1990년만 해도 황혼이혼은 5.2%인 5538건에 불과했다. 30년 만에 7.5배나 늘었다. 이중 30년 넘게 살다가 헤어진 부부도 1만 6629쌍에 달했다. 전체 이혼 중 15.6%를 차지했다. 특이한 것은 아내 쪽에서 요구한 황혼이혼이 압도적으로 많다는 것이다. 황혼이혼을 하면 각자 다른 형태의 Lifestyle을 만들며 살아간다. 그렇지만 대개 남자는 측은하고 구질구질한 Lifestyle, 여자는 활기차고 편안한 Lifestyle로 살아간다.

이와 같은 갈등적 Lifestyle은 은퇴 후 부부생활에 대한 "적응"을 잘 하느냐 못 하느냐에 달려 있다. 이 적응이 인생이 성공이냐 실패냐를 가름하는 생애 마지막 단계 삶의 질을 결정한다.[4] 부부는 "부부관계 인식기-부부

---

4 (인용) 이주연 · 김득성, 전북대학교 아동학과 · 부산대학교 아동가족학과 · 노인생활환경연구소

적응 갈등기-부부 적응 재 정립기" 과정을 통해 적응해 나간다. 부부관계 인식기는 은퇴 후 부부관계가 왜 이렇게 변했는지 되돌아보거나 고민하게 된다. 또 앞으로의 배우자와의 관계나 결혼 생활에 문제가 있음을 자각하는 등 은퇴 이후 변화된 부부관계에 대해 새롭게 인식하는 단계를 말한다.

부부 적응 갈등기는, 은퇴로 인해 부부간의 상호 접촉이 많아지고, 부부가 함께하는 시간에 익숙하지 않아 긴장과 불편함, 답답함, 어려움, 활동의 제약이 온다. 그리고 이전에 해결하지 못했던 갈등까지 표출됨으로써 부부관계가 악화되고 위기를 초래한다.

부부 적응 재정립기는, 은퇴 후 드러난 부부 간 갈등과 위기를 해결하고 부부관계를 다시 설정하여 재적응해 가는 단계다. 해결 방안으로 서로 갈등 해결을 위한 분출구를 찾거나, 함께 노력하는 긍정적 해결 방안을 택한다. 그러나 부정적 해결 방안을 택하기도 한다. 속으로 삭히거나 인내하고 참는다. 갈등 상황을 처음부터 차단 혹은 회피하기 위해 배우자와 정서적 단절을 시도한다. 물리적인 공간 분리 혹은 외부활동에 주력함으로써 서로 감정의 골을 더 깊게 만들지 않거나, 최소한의 형식적인 배우자 역할만 주고받는다. 이처럼 부부간 위기와 갈등에 대한 개선 노력을 포기하고 그냥 형식적 부부로 살아 간다.

재적응 과정을 보면 5가지 부부 모습을 볼 수 있다. 첫째는 "상호 노력형"이다. 서로에 대한 애정과 관심으로 적응하는 부부로 서로 만족도가 높

에서 발표 논문 '남편의 은퇴 이후 중·노년기 부부의 적응과정에 관한 질적 연구', Vol. 53, No. 2, April 2015: 179-193 Family and Environment Research

다. 이 부부들은 은퇴 전에도 부부관계 만족도가 높은 사람들이다. 두 번째는 "분리 체념형"이다. 과거에 있었던 소원한 관계와 갈등에 대한 해결에 소극적이다. 서로 간 정서적 단절과 소원한 관계임을 받아들인다. 그렇기 때문에 서로에 대한 관심과 애정 없이 형식적이고 습관적인 배우자 역할뿐이다. 반면 자녀에 대한 부모 역할 수행에만 의미를 두고 각자 분리되어 자신의 삶을 살기 위한 재적응에만 신경 쓴다. 앞서 언급한 정서적 단절 부부와 쇼윈도 부부가 여기에 해당한다.

세 번째 "갈등 잔재형" 부부다. 이 부부는 과거 경험과 미해결된 문제로 인해 서로 간의 애증 감정이 강하게 쌓여 있어 애정, 관심, 불쌍함과 증오와 미움이 서로 교차하는 상태에 있다. 은퇴 후에도 이 위기와 갈등이 지속적으로 남아있는 경우다. 은퇴 이전부터 부부관계 만족도는 낮다. 부부 간 갈등은 항시 존재해 왔었다. 이혼과 결혼 생활 사이에서의 결심이 항시 교차한다. 네 번째는 은퇴한 남편에 대한 도리를 다하고 생활을 유지하고자 홀로 노력하고 애쓰는 아내의 고군분투형이다. 다섯 번째는 사랑과 애정이 그리 많지 않지만 서로 맞춰가면서 함께 노력하며 적응하는 공생형이 있다.

지금까지 설명한 내용을 바탕으로 부부관계 모습을 분류해보면 "① 긍정적 갈등 해결 부부관계 ② 부정적 갈등 해결 부부관계 ③ 정서적 단절 관계 부부 ④ 쇼윈도 부부 ⑤ 상호 노력형 부부 ⑥ 분리 체념형 부부 ⑦ 갈등 잔재형 부부 ⑧ 고군분투형 부부 ⑨ 공생형 부부" 관계 유형으로 나누어 볼 수 있다.

은퇴하면 사회생활이 줄어들면서 부부간 서로 얼굴 맞대는 시간이 몇 배로 늘어난다. 그러면 관계의 민낯이 드러나면서 결혼 만족도가 급격히 떨어진다. 은퇴할 즈음 부부관계는 대개 20년 또는 30년 이상이다. 이때쯤 되면 은퇴에 대한 반응 차이로 발생하는 심리적 갈등에, 장기간 결혼생활로 인한 기계적·습관적·무신경 관계로 변한 부부 심리가 얹혀 합쳐진다. 이 합쳐진 심리가 이렇게 9가지 부부 형태로 만들어진 것이다.

당신은 지금 9가지 부부 유형 중 어떤 유형의 부부관계로 살고 있는가? 유형을 보면 당신 부부관계의 현재 상태와 질을 알 수 있을 것이다. 성공적 은퇴 생활을 위해서는 지금 내 부부관계가 어느 유형인지 확인해 봐야한다. 그리고 무엇을 고치고 무엇을 바꾸고 개선해야 할 것인지 고민해야한다. 은퇴 전인 사람은 부정적인 것을 미리 개선·보완하여 은퇴 후를 대비하면 좋을 것이다. 은퇴한 사람도 부정적인 것을 지금이라도 개선·보완하면 은퇴 생활 위험 상태를 방지할 수 있을 것이다.

자, 그러면 검증된 설문지를 통해 부부관계를 진단해 보자. 2가지 유형 설문지를 사용하여 교차 진단해 볼 것이다. "캔자스Kansas의 결혼 만족도 설문지"와 지구촌가정훈련원 부부학교에서 사용하는 "나의 결혼 생활 평가 설문지"에 의한 진단이다. 각 설문지 진단결과에 따라 나는 9가지 부부 유형 중 어떤 유형인지 알게 될 것이다.

특히 진단결과를 가지고 은퇴 전에 어떤 것을 고치고 보완하고 개선해서 은퇴해야 하는지 심사숙고했으면 한다. 또한 이를 위해 어떤 노력이 필요한지 스스로 각성하고 실행해야 한다. 그렇지 않으면 은퇴 전 잘못된 부부관계가 은퇴 후에도 계속된다.

캔자스(Kansas)의 결혼 만족도 진단							
문항 내용	척도						
문항	1점	2점	3점	4점	5점	6점	7점
	최고로 불만족	매우 불만족	대체로 불만족	그저 그렇다	대체로 만족	매우 만족	최고로 만족
1. 귀하는 결혼 생활에 대해 만족하십니까?							
2. 귀하는 배우자로서 부인 또는 남편에 대해 만족하십니까?							
3. 귀하는 부인 또는 남편과의 관계에 대해 만족하십니까?							
점수 계							
진단에 따른 부부관계 유형	② 부정적 갈등 해결 부부관계 ⑥ 분리체념형 부부 ⑦ 갈등 잔재형 부부		③ 정서적 단절 관계 부부 ④ 쇼윈도 부부	⑤ 상호 노력형 부부 ⑧ 고군분투형 부부 ⑨ 공생형 부부		① 긍정적 갈등 해결 부부관계	
해 석	- '최고로, 매우, 대체로'는 불만족 또는 만족도 수준이 얼마인지 또 그 차이를 말함. - '최고로, 매우, 대체로'라는 기준으로 수준이 진단된다는 것은 불만족 또는 만족한 부분이 무엇인지 안다는 것으로, 개선 고민이 필요하다는 것임. - 불만족에서, 점수가 낮을수록 부부관계가 위험한 상태임. - 부부 따로 측정하여 서로 비교해 보며 개선점을 찾는 것이 효과적임.						

- Kansas의 결혼 만족도 설문지/서울대학교 실천사회복지연구회 외/실천가와 연구자를 위한 사회복지 척도집 p. 416. Schumm이 만든 캔자스 결혼 만족도 설문지를 재인용함. 세계적으로 신뢰도가 높은 설문지임.

나의 결혼 생활 평가 설문지

〈작성요령〉→ 솔직하게 적합하다고 생각한 번호에 동그라미 표시를 한다.

질문 문항	1점 전혀 그렇지 않다	2점 그렇지 않다	3점 보통 이다	4점 그렇다	5점 정말 그렇다
1. 나는 결혼 생활에 대한 걱정 근심이 많다.					
2. 나는 결혼 생활에 대해 배우자가 나에게 무엇을 기대하는지 잘 모르겠다.					
3. 만약 내가 다시 결혼한다면 지금 배우자와 같은 사람하고는 결혼하지 않겠다.					
4. 현재 결혼 생활은 나를 너무 구속한다.					
5. 나는 결혼 생활이 따분하게 느껴진다.					
6. 나의 결혼 생활은 건강에 나쁜 영향을 미치고 있다.					
7. 나는 결혼 생활 속에서 벌어지는 일들 때문에 화가 나고 짜증이 난다.					
8. 나는 결혼 생활을 잘 할 수 있는 능력이 모자란다고 생각한다.					
9. 지금 결혼 생활이 영원히 지속하기를 바라지 않는다.					
10. 배우자는 나를 매우 화나게 만든다.					
11. 나는 결혼 생활을 잘 해보려고 노력하는 데 지쳤다.					
12. 나는 배우자에게 관심을 별로 기울이지 않는다.					
13. 나는 배우자와 사이가 좋지 못하다.					
14. 나와 배우자는 의견이 일치하지 않는다.					
15. 나는 배우자를 신뢰하기 어렵다.					
16. 나는 성생활에 만족하지 않는다.					
17. 나는 배우자와 애정과 친밀감에 있어서 불만족스럽다.					
18. 나의 결혼 생활은 결혼 전 있었던 내 목표를 이루는 것을 방해하고 있다.					
19. 나는 역할 분담과 관련해서 배우자와 자주 싸운다.					
20. 나는 확실히 결혼 생활에 불만족해 한다.					
점수 계					

출처: 사단법인 지구촌가정훈련원(이희범), 《부부학교》, 예영 커뮤니케이션, p. 37

	점수범위	범 주	부부관계 유형
채점표	81~100	현재 결혼 생활 지속성 상태가 매우 위험한 상태	② 부정적 갈등 해결 부부관계 ⑥ 분리체념형 부부
	61~80	현재 결혼 생활이 무덤덤한 상태, 각자 분리된 마음과 행동 상태	③ 정서적 단절 관계 부부 ④ 쇼윈도 부부 ⑦ 갈등 잔재형 부부
	41~60	현재 결혼 생활 만족도가 높은 경우 → 현 생활 수준 계속 유지	⑤ 상호 노력형 부부 ⑧ 고군분투형 부부 ⑨ 공생형 부부
	21~40	현재 결혼 생활 만족도가 높은 경우 → 현 생활 수준 계속 유지	① 긍정적 갈등 해결 부부관계

100세 시대 새로운 부부 형태인 '따로 또 함께 사는 은퇴 부부관계' 여부 진단

부부는 애정 · 존중 · 신뢰를 바탕으로 일생의 친구이자 동반자가 되어 함께 걸어간다. 뿐만 아니라 인생에서 마주치는 수많은 어려움을 이겨내는 버팀목이 되어 준다. 서로 격려와 지지의 따뜻한 부부관계는 삶의 고통에서 완충 역할을 해주기도 하고, 안식처와 안전기지가 되어주기도 한다. 때문에 은퇴 생활 질은 부부관계가 거의 결정한다.

그러나 은퇴하면 부부관계도 많은 부분에서 심리적 변화를 일으키며 다양한 형태로 나타난다. 특히 남편보다 아내가 변화를 더 많이 일으킨다. 예를 들어 아내의 "태도 · 생각 · 관계"가 은퇴 전과 후가 다르게 나타난다. 은퇴에 대한 반응이 남편과 아내가 다르기 때문이다. 이것은 다분히 '심리적인 문제'로 인해 발생한다고 2장 4항에서 말한 적이 있다. 이 반응 차이가 부부갈등 원인으로 작용한다.

앞서 일부 언급한 바와 같이, 은퇴하면 대개 결혼 20년 30년 이상인데 이럴 경우 결혼 생활의 익숙함이 찾아온다고 했다. 익숙해지면 잘 생겼던 것도, 못생겼던 것도, 코가 들창코인 것도, 방귀 뀌는 것 등 모두가 무감각, 무덤덤하다. 이러한 익숙함은 결혼 생활을 "기계적"으로 한다는 말이다. 즉 많은 부부가 결혼 생활이 오래되면 이렇게 기계적 부부관계 형태로 변한다.

50대 중반 여성 모임에 가본 적이 있다. 그들 대화 주제가 이렇다. "3개월만 불타는 사랑을 하고 싶다. 어디 그런 남자 없니!?" 이렇게 상상하는 심리상태가 100세 시대 여자들 마음이다. 100세 시대 부부관계 부작용이다. 기대수명 60세일 때는 부부관계가 무감각, 무덤덤할 때쯤 되면 사망을 했다. 그러나 지금은 이 무감각·무덤덤 상태에서 기계적으로 20~30년을 더 살아야 한다. 이러한 상태가 '3개월 불타는 사랑'이라는 상상을 하게 만드는 것이다. 이것을 어떻게 해야 하나?

우선 이렇게 변한 부부관계를 인정하고 받아들이는 심리적 전환을 해야 한다. 그런 다음 변한 부부관계를 대체하는 새로운 부부 형태 구축이 필요한데, 그것이 "따로 또 함께 사는 부부관계" 형태다. 은퇴 전 부부관계는 생존과 관련한 '권력 관계'였다. 생존에 필요한 먹이인 돈을 갖다 주는 아버지 중심의 권력 관계였다. 아내도 어느 정도 인정했다. 예를 들어 은퇴 전에 남편이 아내를 도와준다고 설거지를 해 준다. 그런데 설거지가 어설퍼 물을 바닥에 흘리고 그릇도 제 위치에 놓지 못한다. 또 치약 중간을 눌러서 짜 사용해도 아내가 아무 잔소리 안 했다. 그러나 은퇴해서도 이런 행동을 하면 심하게 잔소리한다.

은퇴 전은 남편이 눈에 거슬리는 행동을 해도 돈 벌어오는 것과 상쇄가 된 것이다. 그러나 은퇴 후는 용납이 잘 안 된다. 마치 여자 얼굴이 예쁘면 모든 것이 용서되듯이 말이다. 이렇듯 아내는 돈 벌 때 남편과 돈 벌지 못할 때 남편을 다르게 생각한다. 권력관계가 무너져 나타나는 현상이다. 이것을 알지 못하고 돈 벌 때 사고방식을 그대로 가지고 은퇴한 남편은 아내와 갈등이 생길 수밖에 없다.

은퇴 전 부부 사이에서 가장 많이 차지했던 것은 "돈에 관한 정서"였다. 이런 정서 속에서 부부 행복은 서로 공동으로 만들어가는 합작품 행복이었다. 또한 부부 행복은 이 권력 관계 순기능 속에서 기생하는 행복이었을 것이다. 기생하다 익숙해지고 적응되니 "이것이 행복이다"라고 생각했을 것이다. 그러나 돈벌이 역할이 없어진 은퇴한 아버지는, 이러한 행복마저도 허울이었음을 깨닫게 된다. 가족관계 유지를 위해 필요했던 도구적 행복이었던 것이다. 이때 아내는 사회적 계약인 결혼 생활에서 벗어나고 싶은 마음을 먹는다. 그러나 실행하지 못한다. 그러니 속으로 마음이 곪는다. 돌파구가 필요한 것이다. 아내는 결혼 생활 목적인 생식 기능이 없어졌다. 아내와 엄마 역할이 없어졌다. 부부관계에서 사랑을 가져다주는 역할을 담당했던 성적 욕구도 감퇴했다. 이처럼 아내는 더 이상의 자기 역할이 없어졌기 때문이다. 결혼이라는 계약관계에서 벗어나고 싶은 마음이 남편보다 훨씬 강하다. 이것이 앞에서 말한 따로 또 함께 사는 부부관계가 되고 싶은 "배경 심리"다. 이러한 배경심리가, 새로운 매개체에 의한 은퇴 부부관계를 새롭게 구축하거나 정립하는 계기를 유발한다. 그것은 마음은 곪지만 결혼 생활을 파기하지 못하고 유지해야 하는 답답함을 해결해야 하기 때문이다.

그러면 이런 상황 속에서 새로운 부부관계를 만들기 위해서 어떻게 해야 할까? 그 대안이 앞서 언급한 "따로 또 함께 사는 부부관계" 형태 구축이다. 그런데 이 부부관계를 구축하고 유지해주는 매개체가 심리적인 "친밀감"이다. 친밀감이 결혼 생활 만족도와 황혼이혼·졸혼 등에 가장 많은 영향을 끼치는 요소다. 또한 정립되지 않은 은퇴 부부관계를 긍정적으로 적응[1]하게 한다.

따라서 변한 은퇴 부부관계 자리를 '친밀감'으로 채워야 한다. 친밀감을 회복시켜 이를 중심으로 새로운 부부관계 행복감을 만들어야 한다. 친밀감이라는 것은 "애정과 헌신"하려는 생각을 가지고, 서로 간 가깝다는 느낌이나 가까워지려는 친숙한 마음을 말한다. 친밀감은, 부부생활을 원활하게 하게 하는 성적 욕구를 발생시킨다. 두 사람 간 존재하는 갈등을 이해하고 해소하려는 마음을 유발한다. 부부 사이를 애정으로 연결하여 조화로운 생활을 하려고 마음먹게 한다. 또한 친밀감을 통해 부부 서로 '심리적'으로 무슨 생각을 하고 있는지, 서로 공유하는 생각이 무엇인지 알 수 있다.

그러므로 이러한 친밀감 보유 수준을 알면 은퇴 전·후 공히 현재 부부생활에서 무엇이 문제인지 알 수 있어서 부부갈등을 미리 예방할 수 있다. "친밀감 보유 수준"이 부부생활 질을 결정하는 것이다. 그러나 '친밀감'으로 채우지 못하는 경우가 대부분이다. 은퇴한 아버지는, "돈 못 벌어 생존 양식을 갖다 주지 못하는 남편인 나는 누구지? 그럼 이런 남편인 내가 아내에게 어떤 관계로 대하지?" 하며 실의에 빠진다. 정립을 잘 하지 못한다.

1　배우자가 은퇴 생활 부부관계에 순응하고 문제 발생 시 서로 조절하고 대처하는 과정

반면 아내는, "돈 못 벌어 생존 양식을 갖다 주지 못하는 남편과 사는 나는 누구지? 그럼 이런 남편에게 어떤 관계로 대하지?" 하면서 마음에 변화를 일으킨다. 이렇게 친밀감으로 상대방을 바라보지 못하는 상황이 발생하면 이것이 결혼 생활 스트레스 요인으로 작용한다.

이렇게 친밀감 있는 부부관계 형성을 어렵게 하는 데 결정적 작용을 하는 것 중 하나가 남편이다. 예를 들어보자. 남편은 아내의 따로 또 함께 살고 싶어 하는 배경 심리를 눈치채지 못하고 가부장적 사고방식의 권력 관계 환상을 버리지 못한 상태에서 대부분 은퇴한다. 이를 받아주기 싫어하는 아내와 당연히 갈등이 생길 수밖에 없다.

갈등이 생긴다는 것은 친밀감이 떨어졌다는 것이다. '친밀감'이 떨어지면 결혼 만족도[2]가 급속도로 나빠진다. 1장 3항에서 언급했듯이 이것은 다분히 '심리적인 문제'로 인해 발생한다. 이러한 심리적 문제가 압박되거나 계속되면 앞으로 이 사람과 계속 살 수 있을까? 하고 마음속에 심리적으로 갈등이 일어난다.

이렇게 되면 황혼이혼, 졸혼, 따혼[3] 등의 생각이 들기 시작한다. 유독 아내가 이 생각을 더 한다. 하지만 아이들 문제와 경제적 문제, 개인적 성향과 인생 관점, 사회적 관습 등으로 인해 실행에 옮기지 못하고 "어쩌겠어, 그냥 살아야지!" 한다. 마음속으로 "3개월 불타는 사랑을 할 남자를 상상" 하며, 마음을 억누르며 결혼 생활을 지속한다. 몸은 같이 있지만 마음은 떨

---

2 결혼 만족이란, 각 배우자가 자신의 결혼에 대해 주관적으로 느끼는 만족한 감정 수준 또는 정도

3 정서적 법적으로 결혼 상태지만 서로 공간적으로만 떨어져 생활하는 상태

어져 있는 상태의 "마음 별거 부부관계" 즉 "따로 또 함께 사는 부부관계"가 된 것이다. 내 아내는 그렇지 않다고 착각하지 말라. 표현하지 않을 뿐이다. 속으로 삭이고 있을 뿐이다.

이때 아내는 몸으로 연결되어 있으면서도 정신적으로 서로 떨어져 자신의 세계를 구축하거나 추구하고 싶어 한다. 즉 아내 역할과 육아 등 엄마 역할이 없어지면서 한 여자로서의 삶을 추구하고 싶어 한다. 기생 행복과 합작 행복에서 이제 자기만의 고유한 행복감을 만들고 싶은 것이다. 2장 4항에서 말한 바와 같이 그동안 보이지 않았던 '자아'가 꿈틀거리는 것이다. 또한 이것은 "독립적이면서 동시에 상호 의존적으로 행동할 수 있다는 인간의 본성"이 내재하고 있기 때문이다.

은퇴는 이렇게 사회적 계약인 부부관계 모양을 바꿔 버린다. 이것이 은퇴 전과 다른, 은퇴 후 부부관계 특징이다. 은퇴 부부는 이렇게 변화되는 부부관계 의미를 이해하고 인정해야 한다. 인정한 후에 긍정적 방향으로 새로운 관계를 구축해야 한다. 그렇지 않으면 언제 터질지 모르는 갈등을 안은 채 은퇴 생활을 하게 된다.

이해하고 인정해야 하는 이유는, Bowen[4] 말에서 찾을 수 있다. 그는 "건강한 사람이란 홀로 존재할 수 있으면서도 타인과의 관계에서도 자율성을 잃지 않고 '친밀한 마음' 형성이 가능한 사람"이라고 했다. 이런 사람은 홀로 존재하며 자신다움을 잃지 않으면서 내면의 욕망을 추구한다. 그렇게

---

4 머레이 보웬(Murray Bowen, 1913~1990)은 미국 정신과 의사, 조지타운대학교 정신의학과 교수, 가족 치료(family therapy) 선구자이자 체계적 치료(systemic therapy)의 창립자, 1950년대 초, 가족 체계 치료(systems theory)를 개발하였다.

되면 자기 자신이 뿌듯해진다. 은퇴하면 아내는 이런 심리상태가 되거나 되려고 노력한다. 이러한 상태가 되면 아내는 남편과 정서적으로 떨어져 있어도 오히려 행복감을 많이 느낀다. 부부 합작행복감과 기생행복감과는 다른 행복감이다. 남편 없이 본인 혼자 만든 '자기 고유 행복감'인 것이다. 오히려 남편과 떨어져 따로 또 함께 사는 부부가 되니 행복감이 찾아온 것이다. 아마도 은퇴 부부는 남편, 아내가 아니라 본질적으로 한 인간으로서 각자 '자아'를 찾아가는 관계일 것이다.

다시 말하면 은퇴 후 찾아오는 "따로 또 같이 사는 부부 형태"를 인정하면 오히려 황혼이혼, 따혼, 졸혼을 뛰어넘을 수 있는 "자기 희망이자 자기구원 방법"이 될 수 있다. 은퇴 후 무덤덤·무감각한 부부관계를 계속 유지할 수 있는 방법이다. 이 자기고유의 행복감이 따로 또 함께 사는 부부 사이에서 친밀감을 형성한다. 친밀감이 부부 사이에서 부족했던 행복감을 만들어 준다. 내가 즐겁고 편하고 행복해야 타인이 행복하다. 자기 마음이 행복하기 때문에 상대방을 배려하고 감쌀 수 있다. 내가 행복하고 여유가 생기니 상대방 단점이 이해되고 상쇄가 되는 것이다. 마치 넓어진 마음으로 덮어주고 이해하는 것처럼 자기 고유 행복감이 따로 또 함께 사는 부부관계의 '배경심리'를 포용包容해 버리는 것이다. 이 포용하는 마음이 곧 친밀감이라 할 수 있다.

따라서 독립적이면서 동시에 상호 의존적으로 행동할 수 있다는 인간의 본성을 가지고 있는 배우자를 이해해야 한다. 은퇴한 남편은 따로 또 함께 사는 부부관계가 되고 싶은 '배경 심리'에서와 같은 아내 속마음을 이해하고 인정해 줘야 한다. 그러므로 따로 또 함께 사는 마음 상태를 허락하는 것이 긍정적 은퇴 생활 지름길이다. 그래야 따로 또 함께 사는 부부관계 사이에 친밀감이 들어갈 수 있다.

이것이 은퇴 부부가 알아야 할 새로운 형태의 부부생활 모습이다. 앞서 언급했듯이 남편과 떨어지니 오히려 행복감이 찾아오는 새로운 형태의 부부관계 모습이 따로 또 함께 사는 부부관계다. 일, 돈, 친구, 인간관계가 은퇴 부부생활에서 중요한 행복 변수이나 이것보다 더 크게 영향을 미치는 것이 '친밀감'이다. 이러한 친밀감 유지 수준이 곧 '따로 또 함께 사는 마음 상태' 수준이다. 이 수준이 새로운 형태인 "따로 또 함께 사는 부부 형태"를 어느 정도 인정하는지를 나타낸다. 인정 여부가 결국은 부부갈등 유발 원인이 되느냐 안 되느냐를 결정한다.

은퇴하면 부부 서로 간 관계의 민낯이 드러난다고 했다. 이 과정에서 대부분 '은퇴 결혼 생활' 갈등이 발생한다. 이에 대한 대안과 탈출구로 친밀감을 기반으로 한 "따로 또 함께 사는 은퇴 부부관계" 형태를 제시했다. 언뜻 부정적인 거 같지만 역설적으로, 은퇴 후 20년 30년 이상 살아야 하는 100세 시대의 새로운 형태의 긍정적 은퇴 부부 형태라 할 수 있다. 이런 형태를 인정하는 심리적 전환이 필요하다. 그러면 "부부간 친밀감 수준 설문지"를 이용하여 친밀감 수준을 진단해 볼 것이다. 진단결과를 알면 따로 또 함께 사는 부부 형태 인정 여부와 이와 관련한 '부부갈등 유발징후'가 어느 정도인지 알 수 있다.

지금까지 설명한 내용을 염두에 두면서 자신의 부부관계에서 어떤 부분에서 반성하고 개선을 위해 노력하고 실행에 옮겨야 하는지 판단해 보자. 실행에 옮기면 행복한 은퇴 부부생활이 될 것이다.

번호	설문 문항	점수				
		전혀 그렇지 않다 (1점)	거의 그렇지 않다 (2점)	보통 이다 (3점)	거의 그렇다 (4점)	매우 그렇다 (5점)
1	부인은 나의 복잡한 생각을 명료하게 정리하는 데 도움을 준다.					
2	부인과의 성생활에 만족한다.					
3	부인과의 관계가 다른 모든 관계에 우선한다.					
4	부인은 내 감정이 상했는지 혹은 좋은지 잘 안다.					
5	부인은 나에게 최상으로 적합한 사람이다.					
6	성적인 표현은 우리 부부에게 중요한 부분이다.					
7	혼자만을 위한 일보다는 부인과 함께하는 활동을 택한다.					
8	우리 부부는 서로의 성격을 충분히 이해하고 있다.					
9	부인과 함께 있어도 때때로 허전함을 느낀다.	5점	4점	3점	2점	1점
10	부인은 우리의 성관계에 관심이 없는 것 같다.	5점	4점	3점	2점	1점
11	우리 부부는 대체로 '나의 것'보다는 '우리의 것'을 고수한다.					
12	부인과 함께하고 싶을 때 부인에게 이를 표시할 수 있다.					
13	부인을 위해 무엇인가를 하는 것은 기쁘다.					
14	죽음이 우리를 갈라놓기 전까지 우리는 하나다.					
15	부인에게서 충분한 사랑을 받고 있다.					
16	우리 부부의 이야기 주제는 무궁무진하다.					
17	부인을 보면 볼수록 그의 좋은 점을 발견한다.					
18	누군가에게 심정을 토로하고 싶을 때 우선 부인에게 이야기한다.					
19	둘이 함께 있으면 우리는 어느 다른 부부 못지않게 행복하다.					
점수 총계		27	42	57	72	87

부부간 친밀감 수준 설문(남편용)
('부인용'은 부인 대신 남편 용어로 바꾸면 됨)

(해석)
- 점수 총계 42점 이하는 부부관계 친밀감 심각, 72점 이상은 부부관계 친밀감 좋음.
- 기타 점수는 '전혀 그렇지 않다' 점수에서 '매우 그렇다' 점수 사이를 생각하며 해석하면 됨.

출처: 서울대학교 소비자 아동학과 이경희 박사 논문 '부부간 친밀감 척도개발에 관한 연구'

삶의 의미 보유 여부에 따른
Lifestyle 분화와 전개 진단

은퇴준비에는 '돈 준비, 일거리 준비, 심리적 준비'가 있다. 은퇴 아버지가 장착해야 할 필수 적응 무기다. 돈 준비를 해야 하는 이유는 누구나 다 안다. 1순위다. 가장 기본적이고 최우선으로 해야 한다. 사람은 자신의 생활세계에서 가지고 있는 돈의 액수 그리고 돈에 대한 관점과 지출 모양에 따라 생활양식 즉 Lifestyle이 정해지고 전개된다. 그러나 돈만 있다고 다 되는 것은 아니다. 돈이 채워주지 못하는 부분이 있다. 그것은 보유하고 있는 돈에 동반하며 따라다니는 심리적인 '마음의 허전함'이다.

KBS가 서울시민 1024명에게 행복도를 조사해 봤다.[1] 행복하기 위해 가장 필요한 것이 무엇이냐고 물어보면 돈 40.6%, 건강 28.4%, 화목한 가정 20.3%, 나머지는 친구와 배우자 등이라고 답했다. 다음에는 돈이 얼마나 있으면 행복할까? 라고 물어봤다. 31%가 1~10억 원, 39%가 10~50억 원,

---

1 출처 : KBS 스페셜 〈행복해지는 법〉 2부 "행복의 비밀코드"(2011).

17%가 50~100억 원으로 답했다. 희망 평균 액수는 21억 원이다. 그런데 이들에게 행복과 소득과의 상관관계를 조사해 보면 월 가계소득 400만 원이 넘으면 돈을 더 많이 벌수록 행복하지는 않다고 답했다. 분석해 보면 월 평균 430만 원 소득자와 680만 원 소득자 행복도는 차이가 없는 것으로 나타났다. 다시 말하면 100만 원 더 벌 때마다 더 행복해진다는 것은 아니라는 것이다. 가난에서 벗어나게 하는 돈은 사람들을 행복하게 만들지만 계속해서 사람을 행복하게 만들지는 못한다는 것이다.[2] 그 이유는 소득이 400만 원이 되면 더 이상 행복도에는 도움이 되지 않는데 돈을 400만 원 이상 벌려면 그만큼 친구 관계가 됐든 가족관계가 됐든 자기 인생에서 돈보다 더 귀한 인생의 소중한 가치가 희생되고 더 많은 고생을 해야하기 때문이다. 그러니 마음의 허전함만 생기는 것이다.

따라서 사람들은 돈이 채워주지 못하는 마음의 허전함을 채우려 한다. 이 허전함은 돈이 아닌 다른 어떤 것에서 얻는 기쁨과 즐거움 그리고 생산성이 있는 정신적 욕구 충족으로 해결할 수 있다. 그런데 이것은 자기 삶의 의미와 연결된다.

삶의 의미라는 것은, 각자 살아가는 이유와 목적을 보유하고 이를 추구하고 찾는 마음이다. 또 어떤 가치 있는 목표를 추구하는 역량이고, 살아가는 이유를 찾는 것을 말한다. 이 삶의 의미가 반영되어 자기의 가치 있는 Lifestyle을 결정한다. 철학자나 교수나 예술가 같은 사람들만 생각하는 영역이 아니다. 평범한 사람의 생각 영역이다. 평범하든 안 하든 누구나, 삶

---

2   출처 : 세계적 심리학자 '에드디너', 미국 일리노이대 교수, KBS 스페셜 〈행복해지는 법〉 2부 재인용

의 의미가 있느냐 없느냐에 따라 은퇴 후 건강과 행복에 중요한 역할을 하기 때문이다.

그렇다면 '자신에게 삶의 의미가 무엇인가?' 각자 고민이 될 것이다. 이 삶의 의미는, 사람마다 다르게 각자 자기 삶의 형태로 만들어지며 나타난다. 돈만이 사람들의 행동을 하게 하는 것은 아니다. 돈이 아닌 다른 어떤 것에서 얻는 기쁨과 즐거움 그리고 뿌듯함, 성취감 등이 수반되는 정신적 욕구 등도 돈 못지않게 사람들의 행동을 하게 한다. 이런 욕구는 자기 삶의 의미에서 생겨난다. 따라서 이러한 삶의 의미 보유 여부가, 자기의 Lifestyle을 결정함은 물론 은퇴 후 행복과 건강에 많은 영향을 끼친다.

은퇴한 아버지들 모습을 한번 보자. "돈만 있으면 된다 하여 돈만 준비한 사람, 기계같이 일만 하다 돈 준비를 제대로 못 한 채 퇴직한 사람, 일만 하다 보니 노는 방법을 모르는 사람, 무엇을 해야 할지 몰라 퇴직 후 공원에 멍하니 앉아 있는 사람, 등산만 다니는 사람, 아파트 등나무 밑 침상에서 하루 종일 지나가는 사람 구경하는 사람" 등. 이들 대부분 돈이 채워주지 못하는 마음의 허전함 해결을 위한 정신적 욕구 충족 도구로서의 목적의식을 보유하지 못한 사람들일 것이다. 삶의 의미가 있다는 것은, 삶에 대한 '목적의식'이 있는 경우를 말한다. 이러한 목적의식은 자기 Lifestyle 선택에 중요한 역할을 한다. 사람은 누구나 자신이 어떤 사람인지? 그럼 무엇을 주구해야 하는지에 대한 욕구가 있는데 이러한 욕구가 목적의식과 관련된다. 이 목적의식을 깊이 생각해 보게 되면 자신만의 Lifestyle을 어떻게 선택해야 하는지, 어떻게 행동해야 하는지를 찾을 수 있다.

삶의 의미를 알면 자신의 삶을 움직이는 힘을 얻게 된다. 또 자신감을 얻게 된다. 그러나 삶의 의미를 생각하지 못하거나 상실하게 되면 자신이 나가야 할 삶의 방향을 잃게 되어 혼란과 불안한 상태를 경험하게 된다. 이 경험이 반복되며 무기력감, 공허감이 찾아온다.[3] 나이가 들면서 이렇게 삶의 의미가 행복이나 건강하기 위한 조건들에 영향을 끼친다.

그러면 다음 설문지를 이용하여 각자 자기가 삶의 의미를 지니고 있는지, 없는지, 가지려고 노력하고 있는지 진단해 보자. 없으면 나의 삶의 의미가 무엇인지 찾아보도록 하자. 이 노력이 당신의 은퇴 생활 질을 결정할 것이다.

---

3 출처 : 삶의 의미가 노년기 행복과 건강에 미치는 영향: 청년기와 노년기의 비교를 중심으로, 김경미, 류승아, 최인철, 서울대학교 행복 연구센터, 한국심리학회지: 일반 2011, Vol. 30, No. 2, 503–523

나의 삶의 의미 보유 여부 수준						
문항 내용		**척도**				
문항 번호	문항	전혀 아니다 (1점)	아니다 (2점)	보통 이다 (3점)	그렇다 (4점)	매우 그렇다 (5점)
1	나는 내 삶의 의미를 이해하고 있거나 알고 있다.					
2	나는 내 삶을 의미 있게 만드는 무언가를 찾고 있다.					
3	나는 항상 내 삶의 목적을 찾기 위해 노력하고 있다.					
4	나는 분명한 삶의 목적의식을 가지고 있다.					
5	나는 내 삶을 의미 있게 해 주는 것이 무엇인지 잘 알고 있다.					
6	나는 만족할 만한 삶의 목적을 발견하였다.					
7	나는 내 삶의 중요성을 느끼도록 해주는 것들을 늘 찾고 있다.					
8	나는 내 삶의 목적 혹은 소명을 찾고 있다.					
9	내 삶에는 뚜렷한 목적이 없다.					
10	나는 내 삶의 의미를 찾고 있다.					
점수 합계						
해 석	- 40점 이상: 목적의식을 보유한 사람 - 21 ~ 39점: 목적의식을 가지려고 노력하는 사람 - 20점 이하: 목적의식이 없는 사람					
- 삶의 의미 척도 : Strger, Frazier, Oishi와 Kaler(2004)가 개발하고, 원두리 등이 번안한 것을 인용하였음.						

7

나는 어느 수준에서 욕구가 충족되는 사람인가?

: 매슬로 욕구 단계 멈춤별 Lifestyle 진단

은퇴하면 노년기 삶의 질[1]과 생활 만족에 영향을 미치는 것들이 무엇인지 관심을 두게 된다. 생활 만족[2]이라는 것은, 자신이 현재 처해있는 생활 상태 및 삶과 관련된 활동에 대해 얼마나 긍정적으로 생각하는가에 대한 정도[3]라고 할 수 있다. 또 개인이 기대하는 욕구와 이에 대한 충족 상태 그리고 이 상태에 대한 긍정적 생각 여부에 의해 정해진다.

다 아는 매슬로의 욕구 8단계 이론[4]이 있다. 사람의 행동은 필요한 욕구

---

1 삶의 질을 정의하면 물질적이든 정신적이든 인생 목표나 욕구 달성과 관련된 개인의 주관적 평가를 말한다. 따라서 노인의 삶의 질은 현재 상황에 대한 기대와 현실적인 충족 여부에 의해 결정된다고 할 수 있으며 현재의 지위와 활동에 대해 가진 정서적 만족감이라고 정의될 수 있다(홍현방, 2002).

2 Neugarten et al.,(1961)이 개발한 노인의 만족지수(Life Satisfaction Index) 참조

3 정도(程度): 사물의 성질이나 가치를, 좋음과 나쁨, 우열 따위에서 본 분량이나 수준.

4 심리학자 에이브러햄 매슬로(1908~1970)가 1943년에 5계층 주장 후, 1969년 사망 1년 전 1계층 추가하였고, 1990년 매슬로 제자들이 존중 욕구와 자기실현 욕구 사이에 인지적 욕구와 심미적 욕구라는 2계층을 추가하여 8단계로 최종판을 만들었음.

가 계기가 되어 출발한다는 것이다. 다는 아니지만 대부분 이 욕구는 그림과 같이 1단계부터 하나의 욕구가 충족되면 다음 단계에 있는 다른 욕구가 순차적으로 나타나는 식으로 체계를 이룬다는 이론이다.

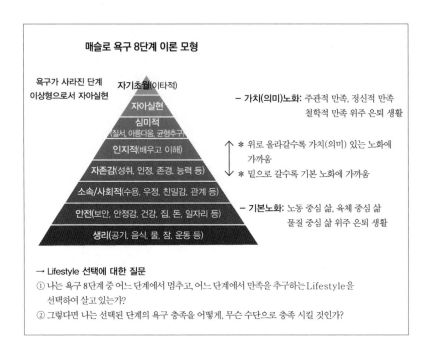

그림의 1~2단계인 생리·안전을, 물질적·하드웨어적 욕구 위주 삶이라 하고, 3~6단계인 소속·자존감·인지적·심미적인 것을, 정신적·소프트웨어적 욕구 위주 삶이라고 한다. 8단계 쪽으로 올라갈수록 정신적·소프트웨어적 삶으로 옮겨가거나 가까워지는 것이다. 그림에서 보는 바와 같이 자아실현, 아름다움 추구, 배우고 싶은 마음, 성취감 등은 정신적 만족과 가

깝다. 은퇴 아버지들의 삶의 형태 즉 Lifestyle은 1장 7항에서 언급했듯이 본인 가치관, 지식 한계, 생각하고 알아차리는 인지적 능력 범위와 환경 조건에 따라 정해지는데 이때 매슬로 욕구 1, 2, 3, 4, 5, 6, 7, 8단계 중에서 선택된다. 여기서 어떤 단계가 좋은 삶이고 나쁜 삶이라고 할 수는 없다. 왜냐하면 각자 자기 가치관과 관점으로 살아가는 것이기 때문이다.

은퇴 아버지들의 Lifestyle을 살펴보면, 대부분 매슬로 욕구 1~2단계인 물질적 욕구에 해당하는 배부르고 등 따뜻한 삶의 단계에 만족하며 살아간다. 배부르고 등만 따뜻하면 만사가 해결된다고 생각하여 돈만 준비한다. 물질적 환경에만 의존해 살려고 하거나 여기에 멈춰 살고 있다. 삶의 상태가 3단계 이상 진행되지 않지만 1~2단계 욕구에 멈춰 서서, 삶의 터를 마련하고 여기에 기반을 두는 Lifestyle을 만들어가며 나름대로 행복을 추구하고 있는 삶이라고 볼 수 있다. 그 옛날의 "수렵본능" 상태에 머무른 생활방식이라 할 수 있다.

문제는 돈만 있다고 은퇴 생활이 해결되지 않는다는 것이다. 수렵본능 생활양식은 자칫 시간이 무료하게 다가올 수 있다. 이러한 은퇴 후 시간의 무료함은 돈으로 해결되지 않는다. 정년 등으로 노동 시장에서 쫓겨나서 경제활동과 사회참여 기회를 상실한 은퇴 아버지들의 가장 큰 적은, 물질적으로 어느 정도 갖춰져 있지만 할 일 없이 그냥 지내는 시간의 무료함과 이로 인한 고독감이다. 그럼 무료한 시간을 어떻게 보낼 것인가?

이때 맨 처음 부닥치게 되는 것이 앞서 언급한 바와 같이 '여가' 문제다. 정신 활동과 연결되는 여가는 노동을 통하지 않고서도 자기 활동에서 만족감을 느낄 수 있는 생활 도구다. 이러한 여가 활동을 위한 Lifestyle을 선택하면 정신적, 육체적 건강을 유지하는 데 도움이 된다. 은퇴 후 여가 활동은, 시간을 만족스러운 방법으로 사용하려는 욕구, 남에게 인정받고 싶은 욕구, 자기표현과 성취감 기회를 가지려는 욕구, 건강을 유지하고 보호하려는 욕구, 정신적 만족감을 얻으려는 욕구 표현이다. 그렇기에 은퇴 후 삶의 질에 지대한 영향력을 준다.[5] 5장 4항에 '여가란 무엇인가?'와 이 문제에 대해 추가로 설명한다. 참고하기 바란다.

앞에서 은퇴 후 시간의 무료함은 돈으로 해결하지 못한다고 했다. 해결책이 나오지 않아 고민이 길어지면 "어떻게 시간을 보내야 하지?"에 대한 마음의 다급함이 시작된다. 이때부터 시간의 무료함이 마음을 침범하기 시작한다. 그러면 마음이 훼손된다. 이렇게 되면 삶의 의미와 살아가는 모습에 변화가 생긴다. 은퇴 아버지들 대부분은 풍족하지는 않지만 어느 정도 기본적 생존을 위한 물질을 준비해 놨다. 그러나 평생직장과 생존을 위한 노동 현장에서 일하면서 몸과 마음이 '생존노동'에 최적화 되어 버렸다. 노동 시장이 아닌 은퇴 후의 다른 세상에 대해 눈뜬장님이 된 것이다. 따라서 마음의 다급함 조절을 잘 하지 못한다. 마음 훼손에 대한 대처가 서툴다. 이러면 은퇴 후 자신에게 부딪치는 세상 환경에 대한 의미, 은퇴 후 바뀌는 자신과 가족과 친구와의 관계 의미를 이해하는 데 힘들어 한다.

은퇴 아버지들은 이런 삶의 상황이 얽히고설키고 하는 과정에서 자기 Lifestyle을 선택하며 살아간다. 즉 마음 다급함과 훼손, 삶의 의미 변화, 무

---

5 출처 : 최성재 · 장인협, 2003.

료한 시간 등에 대처하는 각자의 삶의 모습이 그 사람의 Lifestyle로 나타나는 것이다. 그런데 문제는 대부분 원래 자기가 원했던 Lifestyle이 아니라는 것이다. 그렇기에 사람들 대부분 자기 생각과 다른 Lifestyle 삶을 살아간다. 이렇게 살다 지친 은퇴 아버지 마음은, 벌어 논 돈으로 배부르고, 아프지 않고, 옷 잘 입고, 맛있는 음식만 먹으면 된다는 욕구 수준에서 멈춰버린다. 복잡하게 살기 싫어한다. 매슬로의 1~2단계 욕구 수준이 삶의 목표가 된 것이다. 앞서 이야기했듯이 배부르고 등만 따듯하면 된다는 것이다. 그리고 이 상태가 안전하게 현상 유지만 되기를 바란다. 여기가 마음의 종착지가 된 것이다.

이 종착지에 멈춰버린 마음은 '배부르고 등 따듯하면 됐지 뭐, 이거면 됐어, 나는 이게 행복이야!'라고 느끼는 상태를 말한다. 내면적, 정신적 가치보다 외형적이고 물량적인 삶의 가치에 더 중점을 둔다. 대부분 은퇴 아버지들은 이 수준을 바탕으로 자기 Lifestyle을 선택하며 삶을 살아간다. 이렇게 사람들 각자 나름의 자기 수준과 관점별로 생활방식을 선택하며 살고 있다.

아버지가 은퇴 전에 간직했던 가치는 일·열심·잘살기였다. 이를 위한 시간 관리였다. 그러나 은퇴로 인해 일·열심·잘살기가 멈춰 버렸다. 이제 "배부르고 따듯한 등 유지를 위한 시간 보내기"만 시작된 것이다. 그런데 그렇게 좋던 배부르고 따듯한 등으로 보내는 시간이 지속되고 길어지면서 시간이 심심해지기 시작한다. 이것이 문제다. 이 '심심함'은 그 사람의 '삶의 품격'에 문제를 일으키기 시작한다. 그냥 '시간 보내기'와 '심심함'은 특히 부부관계와 친구 관계에 갈등을 일으킨다. 이 갈등이 삶의 질에 영향을 미치면서 삶의 품격에 문제가 생긴다. 세상을 바라보는 생각과 관점도 무력해질 수 있다. 자기 자신의 마음 상태가 무미건조해졌기 때문이다. 잘못하면 이런 마음이 현재 상태에서 굳어버린다. 그러면 마음의 움직임이 제대로 작동하지 않는다.

인간이 살아가는 데에 있어서 가장 기본적인 요소는 '살 터'와 '일터' 그리고 '놀 터'다. 살 터는 가정에서 일을 하는 데 힘이 되어 주고 피곤함에 지친 몸을 회복시켜 주고 휴식과 맛있는 음식을 먹는 곳이다. 일터는 생존에 필요한 돈을 만들어 오는 곳이다. 놀 터는 마음을 여유롭게 하는 '놀이'가 있는 곳이다. 음악회에 가서 노래를 듣거나 전시실에 가서 그림을 감상한다고 해서 배가 부르는 것은 아니다. 마음이 편안해지거나 여유가 생길 뿐, 무언가 물질적인 것을 얻게 되지는 않는다. 그러나 이러한 여유는 '사람의 감성'을 풍부하게 해준다. 풍부한 감성은 새롭게 세상을 살아보려는 마음, 선견지명, 변화하려고 하는 마음, 균형감각 등을 형성시켜 준다. 삶을 풍요롭게 하는 기능을 하게 된다.[6] 이것이 놀 터의 '놀이'다.

삶의 품격 훼손은 이러한 살 터 · 일터 · 놀 터에서 특히 '놀 터'의 중요성과 의미 그리고 감성이 부족한 삶에서 발생한다. 배부르고 따뜻한 등만 가지고 시간을 보내는 삶은 결국 이러한 이유로 인해 자칫하면 삶의 품격 훼손을 가져올 수 있다. 이것은 인생 목표가 매슬로 욕구 1~2단계에 멈춰 있음에 따른 부작용이다.

---

6 삶의 품격과 자도자의 생활, 강형기, p. 7

자기 Lifestyle은 "배부르고 등 따듯" 단계뿐만 아니라 각자 인생 관점과 자기 소화 능력에 따라 매슬로 욕구 1, 2, 3, 4, 5, 6, 7, 8단계 욕구 중 어떤 하나가 선택되어 만들어지고 전개된다.

3, 4, 5장에 제시된 삶의 모습들은 이렇게 사람마다 다양하게 선택되어 만들어진 사례들이다. 사람들 각자 자기 소화 능력에 따라 가치 있는 노화 또는 기본 노화 형태로 살아갈 것이다. 사례를 보고 나는 혹시 매슬로 욕구 1~2단계 멈춤 Lifestyle형으로서 이 형태 삶의 방식대로 살 것인지 아니면 3단계 이상의 다른 삶의 방식으로 살 것인지 선택의 고민을 스스로 해보기 바란다.

욕구 1~2단계에서 마음을 멈추지 않고 3단계 이상에서 좀 더 다양한 스펙트럼이 있는 삶을 살아보자. 이를 위해 3~8단계 수준 욕구에서 만족감을 얻는 데 필요한 Lifestyle 선택을 위해 노력해야 한다. 그러자면 자신의 소화 능력이 필요하다. 그리고 이것을 찾고 개발해야 한다. 이것이 은퇴준비이고 질 높은 은퇴 생활을 위한 자기 책임이다. 내가 나에 대한 예의다. 그러면 "나는 매슬로에서 몇 단계 욕구에 멈춰있는 사람인가?" 설문지를 이용하여 나는 현재 몇 단계 욕구에 멈춰있는 사람인지 진단해 보자.

진단결과를 보고 "나는 어떤 Lifestyle로 살아야 하는가?"라는 질문을 자기 스스로에게 해보자. 그리고 자기에게 유리한 Lifestyle을 선택하여 실행하자. 그렇지 못한다면 노동과 돈 이외에는 다른 것을 생각 못 하는 배만 부른 사람이다. 그러면 시간을 그냥 무료하게 보내는 사람이 될 가능성이 높다. 이러한 고민을 하는 사람이 진정한 당신이다.

나는 매슬로 욕구에서 몇 단계에 멈춰있는 사람인가?						
매슬로 욕구 8단계	척도					
	전혀 아니다	아니다	보통 이다	그렇다	매우 그렇다	
1 (나는 생리적 욕구가 충족되면 만족한다) - 식욕, 성욕, 음식, 수면, 의복, 주거 그 자체를 기본적 삶으로 유지하려는 욕구						
2 (나는 안전 욕구가 충족되면 만족한다) - 생리적 욕구 박탈 보호, 자신의 생명과 건강을, 위험과 위협에서 자신을 보호하고 불안을 회피하려는 욕구						
3 (나는 사회적 욕구가 충족되면 만족한다) - 사람들 간의 소속감, 유대관계, 사랑과 애정 같은 타인과의 관계를 유지하고자 하는 욕구						
4 (나는 존경 욕구가 충족되면 만족한다) - 인정을 받으면서 어떤 지위 확보를 원하는 욕구, 자신을 과시하며 관심을 받고자 하는 욕구(신분이나 자기 명예/지위/자부심 등)						
5 (나는 자아실현 욕구가 충족되면 만족한다) - 하고 싶은 거 하려는 욕구, 자기발전을 위하여 잠재력을 극대화하고 자기완성을 바라는 욕구, 목표 성취 욕구 등						
6 (나는 인지적 욕구가 충족되면 만족한다) - 지식과 기술을 배우고 싶은 욕구, 주변 환경에 대한 호기심과 이해하려는 욕구						
7 (나는 심미적 욕구가 충족되면 만족한다) - 세상을 아름다움의 시선으로 보려는 욕구 - 오감(시각, 청각, 후각, 미각, 촉각)을 통해 '즐거움과 아름다움' 만족을 추구하려는 욕구						
8 (자기 초월(이타적)) 욕구 - 욕구가 사라진 단계로서, 신외 영역에 가까운 욕구로서 여기에서는 진단을 할 수 없음						

해석
- 그렇다, 매우 그렇다: 해당 욕구 소유자
- 보통이다 : 아직도 자기 욕구를 잘 모르는 사람이거나, 이 욕구인지 저 욕구인지 혼란스러운 사람
- 아니다: 100% 아닌 것이 아니고, 다른 욕구로 옮겨갈 가능성 있는 욕구가 같이 있는 사람

은퇴 생활 어려움을 극복하는
마음의 힘인 '회복 탄력성' 수준 알아보기

은퇴 생활은 시련과 고난의 시간이기도 하다. 앞서 이야기 했듯이 경제적 문제, 부부갈등, 자식과의 갈등, 일거리 찾지 못한 실망감과 좌절감, 일거리 없는 무료한 시간에 지쳐 자신을 포기하고 싶은 마음, 뜻대로 되지 않는 은퇴 생활에 대한 상실감 등이 삶을 힘들게 하고 지치게 하기 때문이다. 이렇게 되면 '증오, 분노, 초조, 슬픔, 무력감, 수치심, 열등감, 불안, 두려움, 허전함' 등의 감정 상태에 놓이게 된다. 자꾸 자기 자신이 쇠퇴해지는 것 같고 수동적으로 변한다. 사람은 이런 감정이 몰려오면서 충격을 받게 된다. 이렇게 충격을 받게 되면 이를 잘 극복하는 사람과 그렇지 못하는 사람으로 나뉜다. 이 극복 상태에 따라 자기 Lifestyle 모습이 달라진다.

은퇴 아버지는 이때 삶의 답을 찾기 위해 내 삶 Data를 바탕으로 자기를 둘러싼 외부 삶의 조건과 결합하거나 접목을 시도하게 된다. 그러나 결합과 접목이 안 되거나 어려움이 생기게 된다. 이때 이를 각성[1]하고 충격을 극복하고 다시 일어설 수 있는 마음의 힘과 동력이 필요하다. 이것을 "회복 탄력성Resilience"이라 한다.

은퇴자에게 회복 탄력성은 "은퇴한 나는 쇠퇴하는 것도 아니고 수동적으로 되는 존재가 아니라, 은퇴 어려움을 헤쳐 나가는 힘을 지니고 있는 사람이다"라고 스스로 자기 자신을 인식하고 용기를 북돋아 주는 것을 말한다. 그러나 은퇴 충격을 극복하지 못한 사람 Lifestyle은 공원에서 앉아 있을 확률이 높은 사람들이다.

따라서 이렇게 되지 않으려면 은퇴 전이나 후나 회복 탄력성을 근육처럼 키우는 마음 관리가 중요하다. 운동이 근육을 더 탄탄하고 탄력적으로 만들어 주는 것처럼 마음에 이런 근육을 만들어 주기 위해 꾸준한 훈련이 필요하다. 예를 들어 수용acceptance이라는 것이 있다. 마음을 조정하지 말고 있는 그대로 두고 느껴보자는 것이다. 마음이 지쳤을 때, 멍하니 산책하다 석양에 물든 하늘을 볼 때 '인생이 다 그런 거지' 하는 느낌과 함께 잔잔한 긍정성이 마음에 스며든다. 이런 메커니즘은 수용을 통한 회복 탄력성이 작동했기 때문이다.[2]

마음이 은퇴 스트레스에 눌리면, 불안과 우울 같은 불편한 감정이 생기고 어떤 일을 하더라도 집중력이 떨어지며 몰입도 등이 낮아진다. 이때 회복 탄력성 엔진을 잘 작동시켜야 한다. 자신감의 기반이 되는 것이 회복

---

1 (표준국어대사전): 깨어 정신을 차림. 정신을 차리고 주의 깊게 살피어 경계하는 태도

2 조선일보, 2020.11.17. a37. 윤대현의 마음속 세상 풍경(서울대학교 정신건강의학과 교수)

탄력성이다. 은퇴 생활을 하다 보면 예기치 않게 자신을 괴롭히는 많은 일이 생긴다. 이때 어려움을 이겨내는 마음의 힘이 필요한데 이것 또한 '회복 탄력성'이다. 은퇴 후에는 어떤 Lifestyle을 선택하느냐에 따라 삶의 모습과 질이 달라진다. 이때 Lifestyle을 선택하고 의사결정 하는 데 개입하는 것이 회복 탄력성이다.

회복 탄력성 개념은 연세대학교 김주환[3] 교수가 최초로 한국에 소개했다. 회복 탄력성은 다시 튀어 오르거나 원래 상태로 되돌아온다는 뜻이다. '정신적 저항력'을 의미한다. 스트레스나 역경 즉 인생의 어려움을 극복하는 정신적인 면역성을 말한다. 자기 자신이나 환경 자원을 효과적으로 활용할 수 있는 능력을 말한다. 한마디로 회복 탄력성은 '곤란에 직면했을 때 이를 극복하고 환경에 적응하여 정신적으로 성장하는 능력'이라 할 수 있다.[4]

회복 탄력성은 어느 정도 유전적인 요인에 의해 결정되기도 하지만, 시간의 흐름에 따라 변한다. 환경 요인과 문화, 교육과 자기 자신의 노력 등 다양한 요인에 의해 결정된다. 한마디로 회복 탄력성은 어렵게 하고 곤란하게 하는 '은퇴환경'에 적응하고 그 환경을 은퇴 생활에 유리한 방향으로 이용하는 능력이라 할 수 있다. 다시 말하면 변화하는 상황에 알맞고 유연하게 대처할 수 있는 개인의 능력이 회복 탄력성이다. 은퇴 생활자가 장착해야 할 필수 무기다. 이 무기가 은퇴 생활 질을 결정하는데 중요한 역할을 한다.

---

3   미국 보스턴 대학교 교수, 연세대학교 언론홍보영상학부 교수, 미국 펜실베이니아 석 · 박사,

4   김주환, 《회복 탄력성 - 시련을 행운으로 바꾸는 마음 근력의 힘 - 》, 위즈덤하우스, 2019, p. 65

따라서 자기 회복 탄력성 수준이 어느 정도인지 알아야 한다. 이 수준을 알아야 마음의 힘을 단련시켜야 하는지 아니면 어떤 수준에 둬야 할지 판단되기 때문이다. 왜냐하면 이 마음의 힘과 강도 수준에 따라 자기 은퇴 Lifestyle이 만들어지고 전개되기 때문이다. 마음의 힘과 강도가 약한 대로 또 강한 대로 그 사람의 생활형태가 달라진다. 다행인 것은 마음의 힘과 강도는 훈련을 통해 조절이 가능하다. 따라서 자기 Lifestyle을 어느 정도 원하는 방향으로 수정할 수 있다. 당신은 회복 탄력성이 어느 정도 수준인가? 다시 말하지만 회복 탄력성 수준이 당신 은퇴 생활 질을 결정한다.

자기 '회복 탄력성'을 측정해 보자. 김주환 교수가 개발한 회복 탄력성 측정표는 2009년 2월 14일에 방영된 SBS의 〈그것이 알고 싶다〉에서 우리나라 일반 국민의 평균 회복 탄력성 지수가 소개되면서 알려지기 시작했다. 회복 탄력성 지수는, 자기 조절능력(=감정조절력+충동통제력+원인 분석력), 대인관계 능력(=소통능력+공감능력+자아확장력), 긍정성(=자아낙관성+생활만족도+감사하기)의 9가지로 측정한다. 지수가 높을수록 인생의 어려움에 대한 '극복력'이 높아짐을 의미한다.

다음에 나와 있는 김주환 교수의 '회복 탄력성 측정표'를 가지고 자기의 현재 회복 탄력성 수준을 각자 측정해 보자. 자기 회복 탄력성 점수가 낮으면 은퇴 전에 미리 이를 강화해야 한다. 누차 강조했지만 이 회복 탄력성 수준과 강도 수준에 따라 은퇴 생활 질이 결정된다. 회복 탄력성 단련을 통한 은퇴준비를 철저히 해보자.

회복 탄력성 측정표(KRQ-53 테스트)[5]	
- 응답 방법 : 각 문항을 읽은 후 〈 〉에 점수를 기록 후 합산한다. → 점수 기록 : 전혀 그렇지 않다 1점 / 그렇지 않다 2점 / 보통이다 3점 어느 정도 그렇다 4점 / 매우 그렇다 5점	
자기 조절 능력	
감 정 조 절 력	1. 나는 어려운 일이 닥쳤을 때 감정을 통제할 수 있다. 〈 〉 2. 내가 무슨 생각을 하면, 그 생각이 내 기분에 어떤 영향을 미칠지 잘 알아챈다. 〈 〉 3. 논쟁거리가 되는 문제를 가족이나 친구들과 토론할 때 내 감정을 잘 통제할 수 있다. 〈 〉 4. 집중해야 할 중요한 일이 생기면 신바람이 나기보다는 더 스트레스를 받는 편이다. 〈 〉 5. 나는 내 감정에 잘 휘말린다. 〈 〉 6. 때때로 내 감정적인 문제 때문에 학교나 직장에서 공부하거나 일할 때 집중하기 힘들다. 〈 〉
자기조절능력 점수 : 점	
충 동 통 제 력	7. 당장 해야 할 일이 있으면 나는 어떠한 유혹이나 방해도 잘 이겨내고 할 일을 한다. 〈 〉 8. 아무리 당황스럽고 어려운 상황이 닥쳐도, 나는 내가 어떤 생각을 하고 있는지 스스로 잘 안다. 〈 〉 9. 누군가가 나에게 화를 낼 경우 나는 우선 그 사람의 의견을 잘 듣는다. 〈 〉 10. 일이 생각대로 잘 안 풀리면 쉽게 포기하는 편이다. 〈 〉 11. 평소 경제적인 소비나 지출 규모에 대해 별다른 계획 없이 지낸다. 〈 〉 12. 미리 계획을 세우기보다는 즉흥적으로 일을 처리하는 편이다. 〈 〉
충동통제력 점수 : 점	
원 인 분 석 력	13. 문제가 생기면 여러 가지 가능한 해결 방안에 대해 먼저 생각한 후에 해결하려고 노력한다. 〈 〉 14. 어려운 일이 생기면 그 원인이 무엇인지 신중하게 생각한 후에 그 문제를 해결하려고 노력한다. 〈 〉 15. 나는 대부분의 상황에서 문제의 원인을 잘 알고 있다고 믿는다. 〈 〉 16. 나는 사건이나 상황을 잘 파악하지 못한다는 이야기를 종종 듣는다. 〈 〉 17. 문제가 생기면 나는 성급하게 결론을 내린다는 이야기를 종종 듣는다. 〈 〉 18. 어려운 일이 생기면, 그 원인을 완전히 이해하지 못했다 하더라도 일단 빨리 해결 하는 것이 좋다고 생각한다. 〈 〉
원인 분석력 점수 : 점	
채점 및 점수 계산 방법 - 4, 5, 6, 10, 11, 12, 16, 17, 18번 문항 → 6에서 자신의 점수를 빼고 계산한다. 예컨대 1점이면 6-1=5점, 3점이면 6-3=3점, 5점이면 6-5=1점이다. - 나머지 문항은 원 점수대로 계산한다.	
자기 조절 능력 점수(감정조절력+충동통제력+원인 분석력) : 점	

5　김주환,《회복 탄력성-시련을 행운으로 바꾸는 마음 근력의 힘-》, 위즈덤하우스, 2019, p. 69 인용

회복 탄력성 측정표(KRQ-53 테스트)
- 응답 방법 : 각 문항을 읽은 후 〈 〉에 점수를 기록 후 합산한다. → 점수 기록: 전혀 그렇지 않다 1점 / 그렇지 않다 2점 / 보통이다 3점 　　　　　어느 정도 그렇다 4점 / 매우 그렇다 5점

	대인관계 능력	
소통 능력	19. 나는 분위기나 대화 상대에 따라 대화를 잘 이끌어 갈 수 있다.〈 〉 20. 나는 재치 있는 농담을 잘한다.〈 〉 21. 나는 내가 표현하고자 하는 바에 대한 적절한 문구나 단어를 잘 찾아낸다.〈 〉 22. 나는 윗사람과 대화하는 것이 부담스럽다.〈 〉 23. 나는 대화 중에 다른 생각을 하느라 대화 내용을 놓칠 때가 종종 있다.〈 〉 24. 대화를 할 때 하고 싶은 말을 다 하지 못하고 주저할 때가 종종 있다.〈 〉	
	소통능력 점수 :　점	
공감 능력	25. 사람들의 얼굴 표정을 보면 어떤 감정인지 알 수 있다.〈 〉 26. 슬퍼하거나 화를 내거나 당황하는 사람을 보면 그들이 어떤 생각을 하는지 잘 알 수 　　있다.〈 〉 27. 동료가 화를 낼 경우 나는 그 이유를 꽤 잘 아는 편이다.〈 〉 28. 나는 사람들의 행동 방식을 때로 이해하기 힘들다.〈 〉 29. 친한 친구나 애인 혹은 배우자로부터 "당신은 나를 이해 못해"라는 말을 종종 듣는다.〈 〉 30. 동료와 친구들은 내가 자기 말을 잘 듣지 않는다고 한다.〈 〉	
	공감 능력 점수 :　점	
자아 확장 력	31. 나는 내 주변 사람들로부터 사랑과 관심을 받고 있다.〈 〉 32. 나는 내 친구들을 정말로 좋아한다.〈 〉 33. 내 주변 사람들은 내 기분을 잘 이해한다.〈 〉 34. 서로 도움을 주고받는 친구가 별로 없는 편이다.〈 〉 35. 나와 정기적으로 만나는 사람들은 대부분 나를 싫어하게 된다.〈 〉 36. 서로 마음을 터놓고 얘기할 수 있는 친구가 거의 없다.〈 〉	
	자아 확장력 점수 :　점	

채점 및 점수 계산 방법
- 22, 23, 24, 28, 29, 30, 34, 35, 36번 문항 →6에서 자신의 점수를 빼고 계산한다.
　예컨대 1점이면 6-1=5점, 3점이면 6-3=3섬, 5점이면 6-5=1점이다.
- 나머지 문항은 원 점수대로 계산한다.

대인관계 능력 점수(소통능력 점수+공감 능력 점수+자아 확장력 점수) :　점

회복 탄력성 측정표(KRQ-53 테스트)

- 응답 방법 : 각 문항을 읽은 후 〈 〉에 점수를 기록 후 합산한다.
→ 점수 기록: 전혀 그렇지 않다 1점 / 그렇지 않다 2점 / 보통이다 3점
  어느 정도 그렇다 4점 / 매우 그렇다 5점

긍정성	
자아낙관성	37. 열심히 일하면 언제나 보답이 있으리라고 생각한다. 〈 〉 38. 맞든 아니든, "아무리 어려운 문제라도 나는 해결할 수 있다"라고 일단 믿는 것이 좋다고 생각한다. 〈 〉 39. 어려운 상황이 닥쳐도 나는 모든 일이 다 잘 해결될 거라고 확신한다. 〈 〉 40. 내가 어떤 일을 마치고 나면, 주변 사람들이 부정적인 평가를 할까 봐 걱정한다. 〈 〉 41. 나에게 일어나는 대부분의 문제들은 나로서는 어쩔 수 없는 상황에 의해 발생한다고 믿는다. 〈 〉 42. 누가 나의 미래에 관해 물어보면, 성공한 나의 모습을 상상하기 힘들다. 〈 〉
자아낙관성 점수 : 점	
생활만족도	43. 내 삶은 내가 생각하는 이상적인 삶에 가깝다. 〈 〉 44. 내 인생의 여러 가지 조건들은 만족스럽다. 〈 〉 45. 나는 내 삶에 만족한다. 〈 〉 46. 나는 내 삶에서 중요하다고 생각한 것들은 다 갖고 있다. 〈 〉 47. 나는 다시 태어나도 나의 현재 삶을 다시 살고 싶다. 〈 〉
생활만족도 점수 : 점	
감사하기	48. 나는 다양한 종류의 많은 사람들에게 고마움을 느낀다. 〈 〉 49. 내가 고맙게 여기는 것들을 모두 적는다면, 아주 긴 목록이 될 것이다. 〈 〉 50. 나이가 들어갈수록 내 삶의 일부가 된 사람, 사건, 생활에 대해 감사하는 마음이 더 커간다. 〈 〉 51. 나는 감사해야 할 것이 별로 없다. 〈 〉 52. 세상을 둘러볼 때, 내가 고마워 할 것은 별로 없다. 〈 〉 53. 사람이나 일에 대한 고마움을 한참 시간이 지난 후에야 겨우 느낀다. 〈 〉
감사하기 점수 : 점	

채점 및 점수 계산 방법
- 40, 41, 42, 51, 52, 53번 문항 → 6에서 자신의 점수를 빼고 계산한다.
  예컨대 1점이면 6-1=5점, 3점이면 6-3=3점, 5점이면 6-5=1점이다.
- 나머지 문항은 원 점수대로 계산한다.

긍정성 점수(자아낙관성 점수+생활만족도 점수+감사하기 점수) : 점
총 점수
자기 조절능력 점수 + 대인관계 능력 점수 + 긍정성 점수 = 점

자기조절능력 점수 – 채점 및 점수 해석 방법

'자기조절능력 점수 = 감정조절력 점수 + 충동통제력 점수 + 원인분석력 점수'다. 1번부터 6번 문항까지의 점수의 합은 당신의 감정조절을, 7번부터 12번 문항은 충동통제력을, 그리고 13번부터 18번까지의 문항은 원인분석력을 나타낸다. 우리나라 성인들의 자기조절능력의 평균 점수는 63.5점이다. 만약 당신의 점수가 63점 이하라면 자기조절능력을 높이기 위해 노력하는 것이 좋다. 만약 55점 이하라면 자기조절능력을 향상시키기 위해 반드시 노력해야 한다. 하위 20%에 해당하기 때문이다. 70점 이상이 나왔다면 당신의 자기조절능력에는 별 문제가 없다고 봐도 좋다. 75점 이상이라면 아주 높은 편으로 상위 7% 이내에 든다. 자부심을 가져도 좋다.

대인관계능력 점수 – 채점 및 점수 해석 방법

'대인관계능력 점수 = 소통능력 점수 + 공감능력 점수 + 자아확장력 점수'다. 19번부터 24번까지는 소통능력, 25번부터 30번까지는 공감능력, 31번부터 36번까지는 자아확장력의 점수를 각각 나타낸다. 그리고 이 셋의 점수를 합친 것이 당신의 대인관계 능력 점수다. 우리나라 사람들의 대인관계능력 평균 점수는 67.8점이다. 만약 당신의 점수가 67점 이하라면 대인관계능력을 높이기 위해 노력하는 것이 좋다. 62점 이하라면 대인관계능력을 높이기 위해 반드시 노력해야 한다. 하위 20%에 해당하기 때문이다. 이렇게 점수가 낮은 사람들은 조금만 노력해도 스스로 그 효과를 금방 느낄 수 있다. 만약 대인관계능력의 점수가 74점 이상이 나왔다면 당신의 대인관계능력에는 별 문제가 없다고 봐도 좋다. 80점 이상이라면 당신은 대인관계와 사회성이 아주 뛰어난 편이다. 상위 6% 이내라 할 수 있다.

긍정성 점수 – 채점 및 점수 해석 방법

'긍정성 점수 = 자아낙관성 점수 + 생활만족도 점수 + 감사하기 점수'다. 긍정성은 자기 스스로의 장점과 강점을 낙관적으로 바라보는 태도(37번~42번 문항), 행복의 기본 수준이라 할 수 있는 삶에 대한 만족도(43번~47번 문항), 그리고 삶과 주변 사람에 대해 감사하는 태도(48번~53번 문항)로 측정된다. 우리나라 사람들의 긍정성의 평균 점수는 63.4점이다. 만약 당신의 점수가 63점 이하라면 긍정성을 높이기 위해 노력하는 것이 좋다. 56점 이하라면 긍정성을 높이기 위해 반드시 노력해야 한다. 하위 20%에 해당하기 때문이다. 만약 긍정성의 점수가 70점 이상이 나왔다면 당신의 긍정성에는 별 문제가 없다고 봐도 좋다. 75점 이상이라면 당신은 대단히 긍정성이 높은 사람이다. 상위 6% 이내이니 자부심을 가져도 좋다.

자기조절능력+대인관계능력+긍정성=총합 점수 - 채점 및 점수 해석 방법

자기조절능력 + 대인관계능력 + 긍정성의 세 가지 점수의 총합이 당신의 회복 탄력성 수준이다. 우리나라 사람들의 평균 점수는 195점이다. 만약 당신의 점수가 190점 이하라면 회복 탄력성을 높이기 위해 노력하는 것이 좋다. 180점 이하라면 당신은 사소한 부정적인 사건에도 쉽게 영향 받는 나약한 존재다. 당신은 되튀어 오를 힘을 빨리 길러야 한다. 170점 이하라면 당신은 깨지기 쉬운 유리 같은 존재라 할 수 있다. 작은 불행에도 쉽게 상처를 입게 되며 그 상처는 치유하기 어려울 것이다. 하루하루 살얼음 위를 걷는 기분으로 살아온 당신은 지금 당장 회복 탄력성을 높이기 위해 최선을 다해야 한다.

만약 당신의 점수가 200점을 넘는다면 일단 안심이다. 그러나 212점 정도는 돼야 상위 20%에 들 수 있다. 220점을 넘는다면 당신은 대단히 회복 탄력성이 높은 사람이다. 웬만한 불행한 사건은 당신을 흔들어놓지 못한다. 오히려 역경은 당신을 더 높은 곳으로 올려놓기 위한 스프링보드이니 즐겁게 받아들일 것이다.

이제 회복 탄력성을 구성하는 세 가지 요소인 자기조절능력, 대인관계능력, 그리고 긍정성에 대해 설명하고 이러한 요소들을 어떻게 강화시킬 수 있는지에 대해 자세히 살펴볼 것이다. 성질 급한 독자를 위해서 먼저 결론부터 밝혀두자면 답은 긍정성의 강화다.[1] 긍정성을 강화하면 자기조절능력과 대인관계능력을 동시에 높일 수 있다. 긍정성을 습관화하면 누구나 회복 탄력성을 높일 수 있다. 긍정성을 습관화한다는 것은 뇌를 긍정적인 뇌로 바꿔나간다는 뜻이다.

---

1 책 지면상 설명이 어렵다. 김주환,《회복탄력성》(위즈덤하우스)를 구입하여 공부하면 좋겠다.

chapter

03

———

닥치면 시간 싸움하며
그때그때 적응하며 살아가는
아버지

1

은퇴 아버지 삶은
결국 시간 싸움 결과에 따라 전개되는
Lifestyle이다

나는 지금도 입꼬리 웃음이 저절로 나오는 추억의 행복을 간직하고 있다. 1960년대 시골의 초등학교 시절이었다. 일주일에 2번 점심 때쯤, "여~~엿, 여~~엿, 깨진 유리, 고철과 엿을 바꿔드립니다."라는 소리를 듣는 것이 큰 행복이었다. 매주 2번 정도 오는 엿장수 목소리였다. 깨진 유리나 고철 등을 갖다 주면 엿과 바꿔 달콤하게 먹을 수 있었기 때문이다.

애슐리 브라이언, 글 그림, 보물창고

젊은 세대는 이해가 안 가겠지만 1960년대는 시대가 그랬다. 이 시기에 원하는 것을 얻으려면 돈이 필요하다는 것을 배웠다. 물건마다 가격이 다르다는 것을 배웠다. 상품을 교환할 때 즉 무언가 주고받을 때 서로의 교환 가치가 무엇인지 배울 수 있었다.

애슐리 브라이언이 지은《자유 자유 자유Freedom Over Me》'라고 번역된 책이 있다. 1860년대, 백인이 부리는 미국의 흑인 노예 시대가 배경이다. 흑인 노예는 물건이었다. 재산 목록에 소, 돼지, 말, 목화솜과 같은 물건과 똑같이 기재되어 있었다. 이들 물건과 똑같이 감정 받고 매매가 되었다. 흑인 여자 한 명이 100달러, 성인 1명 포함 어린이 1명이 400달러에 매매가 되었다. 당시 암말 한 마리 가격이 100달러였다. 말과 사람이 같은 가격이다. 그 당시 미국 백인들은 자기들 유리하게 사회 틀을 만들고 이를 누리는 기득권층으로서 흑인 노예를 사람으로 취급하지 않았다. 그저 실컷 부려먹고 필요 없어지면 시장에 내다 파는 재산이었다. 소모품이었다.

애슐리 브라이언은 책에서 흑인 노예를 인격 갖춘 사람으로 되살려 냈다. 페기 아주머니는 약초로 아이의 상처를 싸매주는 사람이 되었다. 스티븐 아저씨는 남다른 손재주로 멋진 오두막집을 짓는 사람이 되었다. 제인 이모는 솜씨 좋은 바느질로 칭찬받는 사람이 되었다. 남몰래 읽고 쓰는 것을 좋아하는 소년 존 등 그들은 지금의 우리처럼 생활 주변에서 사소한 것에서 웃고 울고 아파하고 꿈꾸는 사람이 되었다. 흑인 노예들은 "오, 자유, 자유, 나에게 자유를 주소서!"라고 외쳤다. 거친 노동과 학대로 얼룩진 비참한 생활에서도 함께 노래했다.[1]

21세기 현재에도 참혹한 흑인 노예 역사는 이어지고 있다. 사진은 2017년 8월 아프리카 리비아 어딘가의 난민수용소에서 2명의 흑인이 1,200디

---

[1] 일부 인용: 김성신 출판평론가, 2020.04.02., A31, 조선일보

나르에 경매를 통해 매매되는 장
면이다. 중고차 같은 상품이 아
닌 '사람'을 경매를 통해 사고파
는 일이 21세기에 벌어진 것이
다. 당시 리비아의 1,200디나르
가 800달러(한화 89만 원)임을 고려할 때, 살아 숨 쉬는 한 인간의 '값'이
고작 400달러였던 셈이다.

이제 은퇴 아버지는 월급 없이 사는 일상의 삶을 시작했다. 돈 못 벌고
사는 삶이 시작됐다. 그러니 시간 싸움 Lifestyle이 시작된 것이다. 시간 싸
움 승·패에 따라 시간을 '그냥 때우느냐, 채우느냐'의 Lifestyle로 구분되
어 살아간다. 돈 버는 일 이외 시간을 보낼 수 있는 그 무엇을 구하거나 만
들어 놓지 못한 은퇴 아버지는 이리저리 떠다니는 나그네가 되어 무료한
시간을 메꾸며 살아가고 있다.

빨리 일거리 시장에서 팔리기를 기다리고 있다. 가격은 생각할 겨를이
없다. 은퇴 아버지들이 노동 시장 한가운데 홀로 서 있다. 팔리지 않는다.
그래서 공원에 앉아 있어도 본다. 그나마 기분 좋은 손자 손녀 보는 일을
한다. 건강을 핑계로 등산 다니며 그저 시간을 메꾼다. 이러한 은퇴 아버
지 생활에서 흑인 노예 모습이 오버랩되는 이유는 무엇일까?

얼마 선 그저 시간 메꾸는 데 급급한 은퇴 아버지 김00 씨와 식사를 한
적이 있다. 독실한 천주교인이다. 대학을 졸업하고 자리가 정년까지 보장
되는 공공기관에 입사하여 33년간 근무하고 퇴직했다. 부인은 아파트관리

소 직원으로 20년째 근무하고 있다. 딸은 직장인이고 아들은 대학교 4학년이다. 소주 2병에 얼근하게 취하더니 속마음을 털어 놓기 시작했다. 그의 말을 정리해 보면 이렇다.

3년째 하는 일 없이 지내니, 부인 눈초리가 예사롭지 않게 느껴졌다. 퇴직 전 돈 벌어 올 때 눈초리와 느낌이 다르다. 일거리를 찾다 3년이 훌쩍 지났다. 부인이 소개한 아파트 경비 자리는 자존심이 상해 거부했다. 그렇다고 공사장 노동은 하지 못한다. 시골 친구네 애호박 농장에서 15일간 일하고 몸살이 났다. 그 이후 농사일은 엄두가 나지 않아 하지 못한다.

시간이 무료했다. 무료한 시간은 사람을 바보로 만들기 시작했다. 무료한 시간이라는 인생의 암흑은 자신에게서 부끄러움을 제거한다. 그렇게 시간이 지나가며 자신의 시장가격은 자꾸 내려갔다. 자꾸 싸구려가 되어 갔다. 이제 시장에서 팔리지 않는 중고 물건이 된 기분이 들었다. 시간의 무료함에 지쳐가기 시작했다. 무료한 시간에 자신이 무너져 가고 있음이 느껴지기 시작했다. 결국 부인에게 아파트관리소 일자리를 소개해 달라고 했다. 경비 자리는 벌써 채용되어 없었고 하루 4시간 시간제 청소원 자리가 있었다. 보수는 월 40만 원이다. 출근하기로 결심했다. 세상이라는 시장에 싸구려로 간신히 팔린 기분이었다. 또 노동하는 인간이 되었다. 또 돈 버는 기계 인간이 되었다.

21세기 인공지능시대에 사는 은퇴 아버지인 자신은 1820년대, 1860년대 미국 노예 가격인 100달러, 리비아 난민수용소 흑인 경매 가격인 400달러에 팔린 기분이었다고 한다.

은퇴 후 아버지는 이런 '가치'로 노동 시장에 팔려 나간다. 어린 시절에 깨진 유리, 고철과 엿의 교환 가치와 물건마다 가격이 다르다는 것을 알았고 상품의 교환 가치가 무엇인지 알았었다고 앞에서 말했다. 아! 그런데 현실 생활세계에서 은퇴한 아버지는 교환 가치 따질 여력이 없다. 알면서도 교환 가치 높이는 준비를 하지 못했다. 은퇴 준비 제대로 하지 못한 자신의 게으름만 탓할 뿐이다. 은퇴한 자신은 그냥 시간 메꾸는 노동하는 사람이라는 의미만 있을 뿐이다.

흑인 노예들은 거친 노동과 학대로 얼룩진 비참한 생활에서도 함께 노래했다. 스티븐 아저씨, 제인 이모, 소년 존과 같이 은퇴 아버지도 인격을 갖춘 사람으로 되살아날 수는 없는 것일까? 적은 40만 원 월급이지만 갖다 주면 아내가 좋아할 것이다. 아내 시선도 조금은 부드러워질 것이다. 흑인 노예처럼 함께 노래해 줄 것이다. 토요일은 아들에게 3인분 삼겹살도 살 수 있을 것이다. 일하기 전에는 아들과 삼겹살 먹으러 가면 아들은 꼭 눈치 없이 추가로 2인분 더 먹고 거기다 냉면까지 시켜 먹는다. 짜증 났었다. 이제는 짜증 나지 않을 것이다. 이 짜증 나지 않는 삶이 은퇴 아버지 인격일 것이다. 맛있는 "삼겹살 인격"을 갖추게 된 은퇴 아버지! 이제 시간과의 싸움에서 승기를 잡았다. 삼겹살 인격이면 어떠냐! 삼겹살 Lifestyle이면 어떠냐! 한번 치열하게 싸워보자.

미스터 매슬로 Lifestyle

북어, 동태, 황태, 코다리, 노가리 등등 으로 불리는 생선이 있다. 어디선가 들 어본 이름이다. 우리 식탁에 자주 오르 는 물고기인 이들은 모두 한 생선이다. 바로 명태明太다. 명태는 차가운 물에서  사는 한류성 어종으로 1월에 잡히는 명태가 앞뒤로 알이 꽉 차고 살도 통 통하게 올라 가장 맛이 있다. 명태는 '세상에서 가장 이름이 많은 생선'이 라고 한다. 국립민속박물관 조사에 따르면 명태 이름이 무려 60가지나 된 다고 한다.

갓 잡아 올린 명태는 생태, 꽝꽝 얼리면 동태, 낚시로 잡으면 조태, 그물 로 건져 올리면 망태, 말리면 북어, '얼었다가 녹았다'를 반복해 노랗게 말 리면 황태, 날씨가 따뜻해 물러지면 찐태, 하얗게 마르면 백태, 검게 마르면 먹태, 딱딱하게 마르면 깡태, 대가리를 떼고 말리면 무두태, 물기가 약간 있게 꾸들꾸들 말리면 코다리, 봄에 잡으면 춘태, 가을에 잡으면 추태, 잘 잡히지 않아 비싸지면 금태라고 부른다. 이처럼 이름이 다양한 건 그만큼 한국인이 명태를 즐겨 먹었기 때문이다. 한국·중국·일본 동아시아 3국 중에서도 한국만 전통적으로 명태를 먹었다. 은퇴한 아버지는 자기가 만들거나 정하기도 하고, 자기도 모르게 만들어진 생각의 크기와 범위, 인생관에 따라 다양한 삶의 모습을 갖춰가며 살아간다. 이러한 삶에 자기를 둘러싼 환경의 영향을 받는다. 이 영향에 따라 명태와 같이 다양한 삶의 모습으로 변한다. 겨울이라는 환경과 만나면 당신은 동태 Lifestyle, 낚시라는 환경의 덫에 걸리면 당신은 조태 Lifestyle, 그물이라는 환경에 걸리면 당신은 망태 Lifestyle로 살아간다. 이처럼 은퇴 후 만나는 환경의 영향에 따라 당신의 삶의 모습이 만들어진다.

은퇴한 당신의 삶의 모습은 이렇게 60가지 중 한 가지가 될 것이다. 생태, 동태, 조태, 망태, 북어, 황태, 찐태, 백태, 먹태, 깡태, 무두태, 코다리, 춘태, 추태, 금태 중 당신의 삶의 모습은 어느 것인가? 금태가 되는 것은 당신 하기 나름이다.

내 친구 윤00는 머리 아픈 것을 싫어한다. 복잡한 것을 싫어한다는 것이다. 2016년 6월 코로나19가 문제를 일으키기 전 윤00 외 20명이 패키지로 터키 여행을 한 적이 있다. 윤00는 사업을 하고 은퇴한 친구로서 돈을 꽤 벌었다. 나는 가기 싫었으나 비행기 티켓 값 지불해 준다 하여 같이 갔다. 나는 패키지여행을 좋아하지 않는다. 멀미 날 정도로 장시간 버스 타고 이동하여 잠시 사진 찍고 또 이동하는 여행은 피곤만 하기 때문이다. 말 그대로 사진 찍으러 가는 것이다. 나는 여행 갈 때 미리 현지 갈 곳 자료를 조사하고 이것을 바탕으로 이것저것 감상하고 기록하는 것을 좋아한다. 그래야 뭔가를 느끼고 경험하고 감동하고 기억에 남는 여행이 되기 때문이다. 반면 이 친구는, 사진 찍는 그 자체가 좋은 거지 그 이상도 이하도 아니라고 하면서 "뭐 복잡하게 그렇게까지 하느냐"라고 뭐라 한다.

친구는, 술 먹고 노래 부르고 좋은 식당과 호텔에서 배불리 먹고 자면 최고로 행복하다고 한다. 자기는 배부르고 등 따듯하면 세상없이 행복하다는 것이다. 다른 것 바라는 거 없다고 한다. 왜 그렇게 복잡하게 사냐고 나에게 지청구[1] 한다. 그는 가수 중 나훈아를 제일 좋아한다. 나한테 혼난 적이 있다. 나훈아를 얼마나 좋아하는지 휴대폰을 옆에 차고 나훈아 노래를 크게 틀고 등산한다. 공기 좋은 산속을 오염시키고 다른 등산객을 짜증나게 하기 때문이다. 그는 그런 사람이고 그런 일상을 24시간 내내 추구한다. 배부르고 등 따듯한 일상에 그의 생각이 멈춰있다. 생각의 멈춤이 거기서 굳어지니 이것이 그의 인생관이 되었다. 배부르고 등 따듯한 일상이 그의 Lifestyle이고 행복의 대상인 것이다. 미스터 매슬로 1~2단계 사람이다.

돈이 없어 밥을 먹지 못해 배가 고프면 짜증이 나고 성질을 부리는 등 감정과 행동에 영향을 미친다. 신체는 생각, 느낌, 행동에 결정적 역할을 한다. 배불러야 하는 이유다. 그래서 이 친구가 이해된다. 기본적 인간 생활이 이것일 수 있다.

---

1 표준국어대사전 : 아랫사람의 잘못을 꾸짖는 말. 까닭 없이 남을 탓하고 원망함.

교장 선생으로 은퇴한 지 2년과 3년 된 친구 김OO과 유OO가 있다. 둘 다 월 320만 원 연금 받는 친구다. 얼마 전 필자와 두 친구가 함께 식사를 한 적이 있다. 대화 내용을 소개해보겠다.

"어떻게 지내고 있니? 오전 건강을 위해 등산하고 점심 먹고 친구 만나고 손자 돌보며 하루를 보내고 있어… 너희들이 참 부러워. 연금 받고 돈 걱정 없으니 얼마나 좋으냐? 평범하고 맘 편안하게 잘살고 있으니 참 좋겠다!"

자기도 그렇게 생각한다고 친구 김OO이 대답한다. "남들이 보면 답답하다고 하겠지만, 더 이상 욕심 부리지 않고 현재에 만족한다. 이 상태에 대해 서운하지 않다."라고 한다. 자기 타고난 성격이 원래 그렇단다. 320만 원 범위 안에서 잘살고 있다고 한다. 그렇게 320만 원 범위 안에서 늙어가는 친구다.

소주 반주에 얼큰해지더니 유OO가 자기 속마음을 토로한다. "나는 그렇지 않아! 그 편안함이 오히려 지루하고 무료해 죽겠어! 생각의 질서가 무너지고 있어, 생각이 현재 시점에서 굳어지고 있어, 그래서 답답해", "답답해서 동네에 있는 평생교육원, 주민센터 노래 교실 등 각종 여가 프로그램 등에 참가하여 시간을 보내지만 이것도 재미를 못 껴!" 심심하다고 아무거나 선뜻 할 수도 없다 한다. 특별하게 할 무엇이 찾아지지 않는다고 한다. 그래서 어쩔 수 없이 지금의 무료한 생활 상태를 그냥 유지하고 있다고 한다.

유OO 친구는 이제 '암흑학교 교장'이 된 것 같다. 쭉 그렇게 살아가게 될 것 같다. 친구 김00와 유00의 생활에서 각자 생각이 정착하는 곳, 멈추는 곳 그리고 생각의 크기와 모양에 따라 Lifestyle이 각각 다르게 나타나고 있음을 보았다. 뭐라 할 수 없다. 자기들이 그렇게 생각한다는데.

필자 사촌 형인 박정0가 있다. 동네 새마을금고 전무를 하다 65세에 퇴직한 70세 남자다. 그는 퇴직하면서 동네에서 친구들과 취미로 게이트볼 운동을 시작했다. 처음에는 그냥 건강도 챙기고 시간을 때우기 위해서 시작했다. 그런데 실력이 향상되니 생각이 바뀌기 시작했다. 시합도 나가게 되고 이기면 짜릿하고 성취감도 있고 하니 운동을 더 열심히 하여 대회 나가서 우승하고 싶은 생각이 들기 시작했다 한다. 처음에는 운동하면서 시간만 때우면 되겠지 했었는데 실력이 향상되어 어느 날 시합 나가서 이기고 우승도 하니 남들한테 자랑하고 싶고 뻐기고 싶은 마음이 들어서 운동을 더 열심히 하게 된다고 한다. 게이트볼 하면서 실력이 느는 기쁨이 좋고, 자존감도 생기고, 내 자신이 뿌듯하고, 삶에 활력이 생겼다고 한다. 박정0의 움직이는 진취적 생각이 인상적이다. 지금은 전국을 돌아다니며 시합을 하니 1년에 6개월은 정신없이 시간이 간다고 한다.

좀 머리 아픈 말 한번 해 보겠다. 사람은 자신에게 필요한 것만 지각[2]한다고 한다. 즉 자기에게 필요한 것만 깨닫고 알려고 하고 분별한다는 것이다. 사람들은 자신과 자신의 세계 즉 "내가 사는 사회"에 대해 알고 있는 것에 근거해, 자신이 할 수 있는 최선의 것을 행한다. 다시 말하면 자기 주변 환경과 부닥치며 일어나는 상황들의 문제점에 대해, 자기가 알고 있는

---

2 표준국어대사전 : 알아서 깨달음 또는 그런 능력. 사물의 이치나 도리를 분별하는 능력.

것을 근거로 풀기 위한 최선의 노력을 하는데, 이 노력 결과가 인간의 행동이라는 것이다.[3]

2장 7항에서, 사람의 행동은 필요한 욕구가 계기가 되어 출발한다는 내용의 매슬로의 욕구 8단계 이론에 대해 설명한 바 있다. 1단계 쪽으로 갈수록 물질적·하드웨어적 삶이라 하였고, 8단계 쪽으로 올라갈수록 정신적·소프트웨어적 삶에 가까워지는 것이라 했다. 또 은퇴 아버지들 Lifestyle은 본인 가치관, 지식 한계, 생각하고 알아차리는 인지적 능력 범위와 환경 조건에 따라 선택적으로 매슬로 욕구 1, 2, 3, 4, 5, 6, 7, 8단계 중에서 선택된다고 했다. 움직이는 자기 생각이 8단계 중 어느 지점에서 멈춰지면 그 지점 모습이 자기 Lifestyle인 것이다.

그 멈추는 곳이 자기 욕구 충족을 위해, 자신이 알고 있는 것을 근거로 최선의 노력이 가능한 지점인 것이다. 자기 행동이 가능한 범위가 되는 곳 또한 이 지점이다. 앞에 언급했던 "자기가 알고 있는 것을 근거로 풀기 위한 최선의 노력을 하는데, 이 노력 결과가 인간의 행동"이라는 것과 일맥상통한다. 이렇게 자기 생각과 행동 가능 범위에 따라 제각각 1~8단계 중 어느 한 곳에 멈춰지면 그 욕구 안에서 Lifestyle이 만들어지며 살아가는 것이다.

당신은 지금 이 단계 중 어느 단계에 멈춰 사는 사람인가? 당신 생각 방향은 지금 어느 단계로 향하고 있는가? 당신이 지금 하는 생활과 행동에 대해, 얼마나 알고 있는지 그 수준과 모습에 대해 잘 생각해 보자.

---

3 사회적 인지이론이라고 한다 : 학교사회복지론 홍봉선, p. 296

당신은 지금 생태인가? 동태인가? 아니면 조태 · 망태 · 북어 · 황태 · 찐태 · 백태 · 먹태 · 깡태 · 무두태 · 코다리 · 춘태 · 추태 · 금태인가?

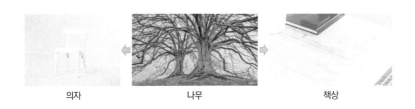

의자   나무   책상

나무 그림이 있다. 나무는 변화에 따라 쓸모 있는 의자가 되기도 하고 책상이 되기도 한다.

당신을 나무라고 해보자. 당신의 각성과 변화에 따라 쓸모 있는 의자가 될 수도 있고 책상이 될 수도 있다. 그러나 자칫하면 누군가의 아궁이 땔감으로 베어질 수 있다. 은퇴한 당신은 땔감을 위해 그냥 대기하는 나무로 있을 것인가? 아니면 쓸모 있는 의자가 되고 책상이 될 것인가? 어떻게 할 것인가?

MBC 〈PD수첩〉, 2015. 3. 26. 방영

서울에 500원 짤짤이 순례길 코스가 있다. 짤짤이 할 때 사용하는 500원 또는 먹을거리를 주는 교회, 성당 등 종교단체를 노인들이 순례하듯 매일 이곳저곳을 돌아다니며 돈과 먹을거리를 받는 것을 말한다. 그들은 동전 한잎 두잎 모으려고 이른 새벽에 첫차를 타고 거리를 나선다. 열 시간 넘게 성당과 교회 5군데를 순례하면 무료점심과 간식, 그리고 비누 하나를 받는다. 돈은 2,500원 정도 모은다. 500원 순례길은 1989년 외환 위기가 닥쳤을 때 실직자에게 커피 값 명목으로 몇백 원씩 나눠주던 것에서 시작됐다. 지금은 그 대상이 주로 노인들로 바뀌었고 명동성당 무료급식소 등 새로운 순례길 코스가 생겼다. 순례길 쓸쓸함이 가슴에 먹먹하게 와 닿는다.

20년이 지났는데 지금도 순례길을 걷는 노인들이 줄지 않고 있다. 이들은 "빈곤하다 · 우울하다 · 자살"이라는 3단어로 압축할 수 있다. 힘겨운 삶들이다. 돈뿐만 아니라 무료 식사 제공, 식사가 아니라도 삶은 계란이나 음료가 제공되는 곳 역시 순례지다.

이들 노인들이 이러한 순례길을 전전하는 이유를 조사해 봤다. 물론 첫 번째가 빈곤으로 인한 생활비 해결이다. 돈벌이를 하지 못하는 사람들이다. 자식들 키우며 사는 게 빠듯해 노후를 대비하지 못한 사람들이다. 무너진 인생에서 회복을 못 하고 노후 준비 못 한 채 근근이 살아왔기 때문이다.

짤짤이 순례자 대부분 한국 공업화를 일구고 고도성장을 이끈 사람들이다. 경제의 중심에 있던 사람들이었다. 그러나 한창 일할 나이인 40대에 IMF 외환 위기와 함께 날벼락 얻어맞듯 하루아침에 삶의 기반이 무너져 내렸다. 경제 중심에서 쫓겨났다. 그 자리는 60년대 후반~70년대 초반 출생이 진입하면서 물갈이됐다. 더 이상 그 자리를 뚫고 들어가기가 벅찼다. 그 자리에 다시 복귀하지 못했다. 회복하지 못하고 그대로 무너져 내리면서 사회의 변방에서 생활하게 되었다.

빠듯하게 살다 보니 부부관계에 신경 쓸 여력이 없었다. 대화도 제대로 나누지 못했다. 인생이 빠듯했다. 인생 빠듯하니 부부관계도 빠듯해졌다. "부부관계라도 제대로 좀 해 놓을걸, 그러면 어려워도 서로 위로하며 지낼 텐데 그러면 어떤 어려움도 극복했을 텐데" 하고 되뇌이면서 후회만 한다.

그리고 짤짤이 순례자가 되었다.

두 번째 여기서 주목할 것은 생활비 부족도 부족이지만 시간이 무료하고 사람이 그리워서 순례하는 사람들이다. 그렇다면 노후에 각자의 삶의 모습들이 왜 이렇게 진행되고 있을까? 사람들 삶의 궤적 즉 삶의 역사는, 살아가면서 경험하는 위기나 생애사건(학교 입학, 결혼, 사업선택 등) 등에 대한 반응과 선택의 과정이다. 다시 말하면 각각 은퇴자의 현재 살아가는 모습과 삶의 질은, 환경의 차이와 과거 생애과정에서 겪었던 다양한 인생 경험과 사건들이 축적되어 나타나는 결과물이다.[1] 즉 현재의 자기 모습은 과거 자기가 살았던 것들이 좋든 나쁘든 그 상태에서 더 이상 변화와 발전 없이 그대로 고착되고 습관화되어 관성적으로 연결되어 현재의 모습에 반영되어 만들어진 것이다. 짤짤이 순례길을 전전하는 노인들 모습은, 이렇게 과거 자기가 어떻게 살아왔는지의 결과에 따라 순례하는 인생으로 만들어져 나타난 것이다.

그런데 이런 사람들 대부분 가장 걱정되는 시기인 후반기 노년기에 접어든 노인들인데 한번 생각해보자. 노년기를 구분해 보면 공공기관과 공무원들이 은퇴하는 60세를 기준으로 전반 노년기(60~70세)와 후반 노년기(70세 이상)로 나눌 수 있다. 앞서 말한 대로 거동이 불편해 이동이 부자연스러워지는 후반기 노년기는, 전반기 노년기에 어떻게 살았느냐에 따라 삶의 모습과 질이 결정된 것이다. 더불어서 은퇴 전 형성된 생활 습관

---

1 이것을 '생애과정 관점' 이론이라고 한다. 한경혜, 생애사 연구를 통한 노년기 삶의 이해, 한국 노년학 2004. Vol. No. 4. 87~106.

또한 영향을 끼친 것이다. 그럼 후반 노년기에 짤짤이 500원 순례자가 되지 않으려면 어떻게 해야 하는가? 이 고민이 은퇴준비 중 가장 중요한 부분이다. 당신은 당신 인생에 어떤 조치를 취할 것인가?

노인들이 순례하는 이유는 빈곤으로 인한 생활비 해결, 무료한 시간 때우기, 대화 상대를 만나기 위해서라고 했다. 현재의 나는 과거 인생이 축적되어 나타나는 결과물이라 했다. 그러면 은퇴 전과 전반 노년기에는 어떻게 살아야 하는가? 답은 당신 자신 속에 있다.

후반 노년기는 자식은 따로 살고 배우자는 어느 한쪽이 먼저 하늘나라로 간다. 거동도 불편하다. 친구들은 없어진다. 혼자다. 대부분 독거 노인이 된다. 혼자 놀아야 한다. 혼자 놀지 못하면 매일 밤 고개숙인 허수아비가 되어 쓸쓸한 바람결에 그저 잠이 들 뿐이다.

그래서 각자 상황에 맞게 혼자 놀 수 있는 "인생 놀이 도구"가 필요하다. 이것을 은퇴 전에 개발해 놔야 한다. 후반기 노년기가 되기 전에 '혼자 놀기를' 꾸준히 습관화해야 한다. 은퇴 준비는 결국 습관 만들기 Lifestyle로 사는 것이다. 그래야 그 습관이 그대로 후반 노년기에 연결되어 사용된다.

인생 전반기에 후반기 대비 준비를 하지 못해 순례하는 그들, 사라진 자기 본연 모습에 차가운 빛 스며들어 머나먼 길 혼자 가는 외로운 나그네다. 김정호 〈나그네〉 노래가 가슴을 저리며 저절로 생각난다. "~중략~ 빨갛게 물들이고 서산 넘어 가는 해야 고개 숙인 허수아비 바람결에 잠이 든다 ~중략~ 너의 모습 사라지고 차가운 빛 스며들면 머나먼 길 혼자 가는 나그네가 외롭구나 ~중략~."

그들은 갈 곳 없어 떠돌다가 처마 밑에 날아드는 한 마리 새가 되어있다. 짤짤이 순례길을 빨갛게 물들이고 바람 따라 서산 넘어 가는 해가 되어 외로운 길 가고 있다. 순례하는 당신은 외롭지 않아야 되는 사람인데 외로운 나그네가 되었다. 왜 외롭지 않아도 되는데 외로운 나그네가 되었는가?

복잡하게 살기 싫어!
배부르고 등 따듯하면 됐지,
뭐가 더 필요한가?

1930년대 상하이의 대학생 피천득[1]은 골목을 지나가다가 거지를 보았다. 그 거지는 벽돌담 밑에 쭈그리고 앉아 손바닥을 뚫어지게 보고 있었다. 누가 오는지도 모르는 그의 손에는 은화 한 닢이 있었다. 피천득이 궁금해서 "누가 그렇게 많이 도와줍디까?" 하고 물었다. 거지는 위를 힐끔 쳐다보며, 얼른 손을 가슴에 숨겼다. 그리고 더듬더듬 설명했다. 한 푼 두 푼 6개월을 굶으며 동냥해서 모은 돈으로 마련했다고 한다. 얼굴에는 희열이 넘쳤다.

피천득이, 가진다 해도 쓰지도 못할 거, 왜 그렇게까지 애써 모았느냐고 묻자 늙은 거지는 대답한다. "남들처럼 이 돈 한 개가 그냥 갖고 싶었습니

---

1 수필가, 1910~2007, 서울대 교수, 시 〈서정소곡〉, 〈소곡〉(1931), 〈가신 님〉(1932), 수필집으로 《수필》(1977), 《삶의 노래》(1994), 《인연》(1996), 《내가 사랑하는 시》(샘터사, 1997) 등이 있다. 일체의 관념과 사상을 배격하고 일상에서의 생활감정을 친근하고 섬세한 문체로 곱고 아름답게 표현

다. 그동안의 배고팠던 서러움이 떠오른 듯 그의 뺨에는 눈물이 흘렀다." 피천득 수필《은화 한 닢》(1932) 속에 나오는 이야기다.

은퇴 아버지에게 돈이 무엇인가? 이 경우 충분하지는 않지만 편하게 생활할 정도 돈이 있는 경우와 그렇지 않을 경우로 나눠 볼 수 있다. 여기서 은퇴 아버지 생활 상태는 전자를 말한다. 김훈 선생이 돈에 대한 이야기를 이렇게 했다.[2] "남자 생애는 간단하다. 돈 벌어오는 것이다. 돈은 인의예지仁義禮智[3]의 기초다. 도덕은 밥벌이를 통해서 실현할 수 있다. 물적 토대가 무너지면 그 위에 세워 놓은 것들이 대부분 무너진다. 이 상황은 인간 삶의 적이다." "구석기 사내들처럼 자연으로부터 직접 먹거리를 포획할 수 없다. 우리의 노동은 반드시 돈을 경유하게 되어있다. 그런 점에서 우리 노동은 소외된 노동이다. 밥은 쌀을 삶은 것이다. 이게 목구멍을 넘어갈 때 느껴지는 그 비릿하고 매끄러운 촉감이 바로 삶인 것이다. 돈과 밥은 지엄하다. 그래서 기어코 돈을 벌어야 한다."

그렇다면 은퇴 아버지 마음속에, 돈이 어떤 무늬와 질감과 생각이 드리우고 있는가? 말하기 쉽지 않다. 그 까닭은 사람들 정서가 돈으로부터 완전히 단절된 거리를 확보하기 어렵기 때문이다. 우리는 밥이 목구멍 넘어갈 때 느끼는 비릿하고 매끄러운 느낌 즉 돈이 주는 안도감, 성취감, 만족감 그리고 불안감, 절망감으로부터 도망칠 수 없기 때문이다. 이것은 생존 시장에서의 인간 본질이다. 원시시대에 배운 본성이다.

---

2 출처: 김훈,《라면을 끓이며》, 문학동네, 2020.7, pp. 178~190

3 유학에서, 사람이 마땅히 갖추어야 할 네 가지 성품. 곧 인(어질고), 의(의롭고), 예(예의 바르고), 지(지혜로움)를 말한다.

대부분 아버지들은 은퇴 후 또 다시 돈 버는 노동을 일차적으로 하려고 한다. 원시시대에 배운 인간 본성 때문이다. 직장생활 하면서 고착화된 돈 버는 행위가 관성이 되어 계속 그 행위를 하려고 하는 것이다. 노동 외에 할 줄 아는 것이 없다. 그래서 배부르고 등 따뜻하면 더 이상 바랄 것이 없다고 스스로 결정을 내리는 것이다.

"나는 돈만 있으면 돼, 돈이 인생의 목표야, 복잡하게 살기 싫어! 닥치면 그때그때 헤쳐 나가면서 살면 되지 뭐! 건강하고 배부르고 등만 따뜻하면 됐지 뭐가 더 필요한가?" 친구 김00의 인생관이다. 말 그대로 '배불 등 따듯 Lifestyle'이다. 이 친구는 고등학교를 졸업하고 집안 사정으로 시골에서 농사일을 하다 직원 5명인 솥뚜껑 만드는 주물 공장이 자기 동네에 생기면서 인생이 달라졌다. 농사일보다 편안한 거 같아 이 주물 공장에 취직했다. 근무 4년째 되던 해인 2001년에 회사가 부도났다. 이때 과감하게 가지고 있던 땅을 팔고 대출을 통해 2억 5천만 원을 마련하여 직원 2명과 함께 공장을 인수하여 다시 가동을 시작했다. 몇 번 부도 위기를 극복하면서 꾸준히 운영하여 공장을 정상화시켰다.

이 친구가 공장을 정상화하고 첫 번째로 한 행동이, 벤츠 타고 친구들에게 자랑한 일이다. 일제 골프채 샀다고 슬쩍 보여주는 일이었다. 그러나 주물 공장이 사양 산업인 관계로 더 이상 운영이 어려워 2008년에 공장이 폐업됐다. 이때 나이 50세였다. 다행히 공장은 폐업됐지만 여력이 되어 팔았던 땅 1000평을 다시 구입했다. 자식 2명 대학 졸업시킬 수 있고 10년 정도는 쓸 수 있는 현금도 확보되었다. 그러나 공장 폐업 후 3개월이 지나자 시간이 무료해지기 시작했다. 친구에게 골프채로 뻐기는 일 이외는 한 게 없었다. 그러니 돈 버는 일 이외는 할 게 없다. 고민 끝에 2009년 집에서 차로 30분 거리에 있는 시내에 치킨집을 오픈했다. 그러나 6개월 만에 폐업했다. 경험 부족이었다. 폐업한 자리에 다시 중국 음식점을 차렸다. 이것 역시 2년 정도 운영하다 폐업했다. 주방장 문제였다. 실력 있는 주방장 확보가 성공의 관건인데 툭하면 주방장이 나가 버렸다. 이것저것 3번 정도 돈 버는 일을 했으나 계속 실패하여 아무것도 하는 일 없이 지내고 있다. 소일거리로 식구들 먹을 정도의 농사일만 하고 있다. 돈 버는 일을 하지 못하니 시간이 무료하고 심심하다고 하면서 술만 먹는다. 할 수 있는 게 돈 버는 노동밖에 없다 한다.

그에게 "늦었지만 돈 버는 일 외의 뭔가를 만들어 보라. 은퇴했으니 내려놓고 비워라." 하고 말을 하면, "쓸데없는 쓰레기 같은 말이다. 그런 말 하지 마라. 뭘 그렇게 복잡하게 사나?"라고 대답한다. 필자가 극장이나 가수 콘서트 구경 가자고 하면 질색한다. 간다 해도 공연장 앉자마자 10분 이내 졸음이 쏟아진다는 것이다. 별로 좋아하지도 않고 행복하지 않다고 한다. 필자인 나는 "행복한데!" 하면 이해가 되지 않는다고 한다. 배고프면 5분을 참지 못하기 때문에 즉시 맛있는 음식을 먹어야 행복하다고 한다. 그렇지 않으면 화가 난다고 한다.

돈 버는 일 이외 다른 것에서는 별로 행복을 느끼지 못하는 친구다. 생각이 매슬로 욕구 1, 2단계에서 멈춰있다. 2항에서 말했듯이 이 단계 욕구가 행동의 계기가 되고 행복의 기준이 되는 사람이다. 이 친구를 보면,

나이가 더 들어서 돈 버는 일을 할 수 없게 될 때는 어떻게 시간 보내지? 이런 생각이 든다.

게임은 재미있어서 하는 게 아니다. 나도 모르게 생각이 나고 나도 모르게 손이 가기 때문에 한다고 한다.[4] 본능적으로 행동한다는 말이다. 이 친구 삶은 이렇게 '본능 시스템'에 의해서만 작동되고 있다. 본능本能이 무엇인가? 어떤 생물체가 태어난 후에 경험이나 교육에 의하지 않고 선천적으로 가지고 있는 억누를 수 없는 감정이나 충동을 말한다. 이 친구는 이런 감정, 충동, 성격을 소유한 사람이다. 일상생활에서 돈 이외 다른 것에서 반응과 감각과 의미를 느끼지 못하는 사람이다.

이런 삶은 이런 삶대로, 이 친구 입장에서는 최선의 삶인가?

자기 처지에서는 가장 보람되고 가치 있는 삶인가?

상하이 골목길 거지처럼 인생이라는 것은 남들처럼 그냥 돈을 갖고 싶은 마음으로 사는 것인가? 돈만이 안도감, 성취감, 만족감을 가져다 주는 것인가?

그래! 타인이 각자 알아서 살아가고 있는 인생에, 이러쿵저러쿵 간섭해서는 안 되지!

---

4 출처: 다마키 신이치로/안선주 역,《탐닉의 설계자들》, 쌤앤파커스

또다시 노동만이
내 살길이고 기쁨인가?

유선 방송인 MBN에서 방영되는 〈자연스럽게〉라는 프로그램이 있다. 2020년 1월 20일에 여배우도 피해갈 수 없는 '경단녀'의 슬픔이라는 주제를 가지고 여배우 전인화·소유진·한지혜가 결혼과 육아로 인한 공백과 그로 인한 마음고생을 했다는 이야기 모습이 방영되었다. 이들 세 여배우의 이야기를 요약하면 이렇다. "현재 결혼 후에도 활발한 연기 활동을 이어가고 있다. 배우와 엄마 사이에서의 역할이 힘들다. 결혼으로 인한 경단녀에서 현장에 복귀하여 결과가 좋아 상을 받는데 계속 눈물이 났다. 다시 일 시켜줘서 감사하다. 결혼 후 2년 반 공백 끝에 복귀하는데 출연료가 많이 깎였다. 다시 시작하기가 정말 힘들었다. 선입견도 있었다. 애 낳으니 출연료가 깎이더라." 이들은 하나같이 또다시 시작하게 된 노동의 기쁨을 말한다. 노동 이외에는 다른 것에서 기쁨을 느끼지 못하는 것 같다. 인간 활동의 근본은 노동일까?

나는 10년째 헬스클럽에 다니며 건강관리를 한다. 코로나19 때문에 조심스럽게 이용한다. 150평 남짓한 헬스클럽에는 마른 체격의 60대 중반 김00라는 남자 청소원이 일한다. 160㎝ 정도의 키에 마른 체격이다. 그 간의 삶에서 얼마나 스트레스가 쌓였는지 나이에 걸맞지 않게 벌써 구부정한 어깨 모습을 하고 있다. 그는 건강관리를 위해 끙끙거리며 운동 기구를 들어 올리며 땀을 흘리는 근육질 사람들 사이에서 물 양동이를 옮기면서 청소를 한다.

그런데 이런 모습이 내 마음을 짠하게 한다. 어떤 사람은 건강을 위해 돈을 내고 땀 흘리고 있고, 어떤 사람은 쓰라린 마음을 숨기며 그 사람들 틈에서 돈 벌려고 땀 흘리는 모습이 교차하기 때문이다. 이분이 자존심 상하지 않는 일을 하지 못하는 이유가 무엇일까 궁금했는데 자존심 상할까 봐 물어보지 못했다.

그런데 우연히 그와 대화를 한 적이 있다. 그는 공공기관에서 퇴직했다. 월 300만 원 정도 쓸 수 있는 노후 자금도 마련해 뒀다고 한다. 경제적으로 노후 생활에 그다지 부족하지도 않다고 한다. 그런데 돈이 문제가 아니었다. 하는 일 없이 아내 얼굴을 마주하며 집에만 있으니 부부싸움이 자주 발생하여 갈등이 심각했다고 한다. 시간이 너무 무료하고 삶이 심각하게 심심했다고 한다. 그래서 시간 보낼 수 있는 돈벌이를 찾다 찾다 못 찾아 할 수 없이 이 일을 하고 있다고 한다. 자기가 원하던 일이 아니지만 시간을 보낼 수 있기에 자존심 상하지만 일하고 있다고 한다. 할 수 있는 게 몸으로 때우는 일밖에 없다고 한다. "시간이 지나면 억지로라도 적응이 되겠지요?" 한다.

김00는 노동 활동을 우선으로 하는 사람으로 태어난 것인가? 정말 노동 일밖에 할 수 있는 게 없는 사람인가? 노동이라는 것은 사람이 생존·생활에 필요한 것을 얻기 위해 육체적·정신적으로 하는 활동을 말한다. 인류 최초의 조상인 호모 사피엔스의 처음 활동도 노동이었다. 원시 수렵시대 노동은 나무에 달린 열매를 채취하고 사냥하고 물고기를 잡는 것이었다. 정신노동이라야 생존 음식을 쉽게 취득하는 방법과 맹수 공격으로부터 살아나는 방법에 관한 것이었을 것이다. 농경사회에 들어와서 농사짓는 것이 주 노동이었다. 근대산업사회에서는 각종 생산 활동 현장에서 돈을 얻기 위한 월급쟁이식月給쟁이式[1] 행위가 노동이었다. 아버지들은 '월급쟁이식 행위'에 길들어 있는 로봇인가? 그래서 노동만 할 수 있는 사람으로 굳어졌는가?

소00 친구가 있다. 중견 기업에서 2017년 7월에 정년퇴직 후 집에서 특별히 하는 일 없이 정원 가꾸기 등으로 시간을 죽이고 있다. 이 친구의 현재 생활 모습을 소개해보겠다. 원래 도시에 살았으나 퇴직 후 시골에서 퇴직 후 하고 싶었던 전원생활 한다고 고향에 집을 새로 건축하여 이사했다. 시골이라야 도심에서 자동차로 1시간 거리다. 부인은 초등학교 선생으로 재직 중이고 정년 2년 남았다고 한다.

퇴직 전, 은퇴하면 실컷 놀겠다고 했다. 하고 싶은 거 하고 못했던 거 하며 지내겠다고 했다. 퇴직 후 8개월 동안 새미있었다. 실업급어가 나오는

---

1 월급쟁이-식(月給쟁이式): 표준국어대사전, 시키는 일이나 하여 월급을 받는 사람과 같은 방식이라는 뜻으로, 주인다운 입장과 태도를 지니지 못하고 보수나 바라며 되는 대로 일하는 방식을 비유적으로 이르는 말.

기간이다. 일어나고 싶은 시간에 일어나 운동하고 크지 않지만 조그만 정원 가꾸고 식사하고 집 앞 경치 바라보며 차 한 잔 마시며 유유자적했다. 좋았다. 차 마시고 있으면 옆집 선배가 막걸리 먹으러 오라 한다. 물고기 잡아 매운탕 끓였으니 먹으러 오라 한다. 비닐하우스 수리하는데 잠깐 도와 달라 한다. 이렇게 끌려다니면 시간이 지루할 틈 없이 하루가 금방 갔다. 코로나19 사태 전이라 퇴직 후 베트남, 터키 등 해외여행도 다녔고 고용보험 내일 채움 카드로 바리스타 교육도 무료로 받는 등 잘 지냈다. 그렇게 즐겁고 재미있는 8개월이 지났다. 이 기간 동안 재미의 결정적 이유는 8개월 동안 매월 일 안 해도 돈이 나오기 때문이다. 돈이 나오니 돈벌이 외의 것으로 시간을 보내도 시간이 무료하지 않고 아내 눈치가 보이지 않기 때문이다. 그러나 실업급여 수급 기간 8개월이 끝나고 무료교육 등 시간 보냈던 수단과 도구가 없어지면서 하는 일이 없자 심심하기 시작했다. 그냥 '빈둥빈둥' 생활하는 시간이 시작되었다. 이때부터 문제가 발생하기 시작했다 한다.

자신이 무력해지기 시작했다. 그동안 지켜왔던 생각과 자존심이 무너지기 시작했다. 자신의 내면에, 이게 뭐지? 이렇게 빈둥빈둥 계속 시간 보내도 되나? 하는 마음이 일어나기 시작했다. 이때부터 찬밥 더운밥 가리지 않고 무슨 일이든 하겠다고 마음먹었다. 돈이 문제가 아니었다. 무료함 때문이다. 고용센터, 인터넷, 생활정보지 검색이 하루 일과다. 그러다 아내 얼굴 보기가 민망하여 등산복 입고 무조건 밖으로 나간다. 갈 곳은 뒷산밖에 없다.

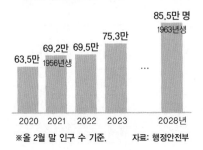

새로 노인에 들어가는 베이비붐 세대
708만1118명(2020~2028년)

85.5만 명
1963년생

75.3만

69.2만 69.5만

63.5만
1956년생

...

2020 2021 2022 2023   2028년
※올 2월 말 인구 수 기준.   자료: 행정안전부

아버지들이 퇴직하면 첫 번째로 또다시 할 일이 있나 없나 찾아본다. 그것이 능사일까? 진정 그들은 노동과 관련되는 '일' 이외에는 할 것이 없는 사람들인가? 아니면 할 수 있는 방법을 모르는 사람들인가? 그래서 또 어쩔 수 없이 일만 추구해야만 하는 사람들인가?

2020년 '베이비부머' 첫 세대인 1955년생이 처음 노인(65세 이상) 범주에 들어갔다. 베이비부머 마지막 세대인 1963년생이 65세가 되는 2028년까지 매년 60~70만 명씩 노인 인구가 늘어나 약 708만 명이 된다. 말 그대로 2026년에는 노인 인구 20% 이상인 초고령사회가 된다.

공공기관에서 34년간 일하다 60세에 은퇴한 필자 친구 김00 씨는 2년을 기다린 끝에 2020년 2월부터 레미콘회사 정문 경비원으로 취업했다.

정문에서 레미콘 트럭 출입을 기록하는 일이다. 집에서 퇴직 후 2년 동안 밥 세 끼를 먹는 삼식이로 지내며 아내와 갈등이 심했고 자존감이 추락하고 활력이 떨어졌는데 이것을 회복했다 한다. 그렇기에 지금은 무척 행복하다고 한다.

남자 중학교 교상을 하다 은퇴한 심한0(67) 씨는 평생학습관에서 운영하는 '장난감 수리 센터'에서 일하기 시작했다. 고장 나거나 파손된 아이들 장난감을 수리해서 다시 쓸 수 있게 해주는 곳이다. 김한0 씨 얘기를 들어보면 5명이 같이 일하고 있는데 모두 65세 이상이고 고위 공무원, 교사 등의 직업을 가졌던 사람들이라고 한다. 월 60시간을 일하고 월급 70만 원의 많지 않은 급여지만 일하는 사람 모두 이구동성으로 "은퇴 후 무기력하게 지내다 이곳에서 아이들을 위해 일하면서 보수를 받으니 활력이 솟고 사는 재미가 있다"라고 말한다. 문제는 60대가 새로 취직할 수 있는 곳이 전무하다시피 해 일자리를 구하기가 어렵다는 것이다. 일자리를 구하지 못한 대부분은 일자리를 무작정 기다리며 무기력하게 생활하고 있다.

2019년 기준 한국의 65세 이상 고용률은 32.9%다. 그러나 그 안을 들여다보면 단기 일자리가 대부분이다. 정부가 매년 수십만 개 노인 일자리를 만들고 있지만 생계가 어려운 노인들에게 우선 제공하는 '공공시설 봉사' '교통 지도' 같은 월 소득 27만 원 수준 '단기 일자리'가 대부분이다. 2021년 정부가 제공하는 80만 개 일자리 중에 59만 개가 이러한 '공익 활동형' 일자리에 해당한다. 반면 장난감 수리 센터 근로자나 고령자 디지털 교육자 등 자기 경력을 활용할 수 있는 '사회 서비스형' 일자리는 아직 걸음마 단계다. 2019년 도입, 첫해 2만 개에서 작년 3만 7000개, 올해 4만 5000개까지 늘었지만 턱없이 부족하다.[2]

자! 한번 생각해 보자. 2019년 기준 65세 이상 고용률이 32.9%다. 은퇴자 10명 중 7명은 일자리를 구하지 못한다는 것이다. 은퇴자 10명 중 7명은 그냥 시간 때우며 놀아야 한다는 것이다. 그나마 월 보수 30~70만 원인 단기 일자리가 대부분이다. 당신은 이 7명 안에 들어갈 확률이 높다. 일

---

2 출처 : 조선일보, 2021.3.26. a12

자리를 구할 수 없다. 2019년 서울시 노인 3000여 명 중 13.7%가 일자리를 못 구해 무기력해지면서 우울증에 걸렸다는 조사 결과가 있다. 그런데도 마냥 없는 일자리만 기다리며 시간 때우고 있을 것인가?

'일구 데이'라는 말이 있다. 일자리 구하는 날을 말한다. 계속 이런 날만 보내며 일자리만 기다리고 있는 사람이라면 당신은 근거 없는 기대감, 잡히지 않는 것인데 혹시 하는 "기대감 함정"에 빠져 있는 것이다.

당신은, 일이 없으면 그저 일만 기다리며 아무것도 하지 않을 것인가?

당신은, 꼭 다시 일만 해야 하는 사람인가?

당신은, 일 이외 다른 어떤 것도 할 줄 모르는 사람인가?

당신은, 일 이외에는 시간을 즐겁게 보낼 수 없는 사람인가?

당신은, 일자리가 없는데도 한없이 무기력하게 시간만 보내며 지낼 것인가?

그렇게 기다리면 금방 70살이 된다. 금방 80세가 된다. 당신의 종착지가, 공원일 수 있다. 지나가는 사람들만 바라보며 햇빛만 쪼이고 앉아 있는 '양지바른 뜨락' Lifestyle일 수 있다.

당신은 이 중 어떤 사람인가?

6

모지스 할머니같이 시작하는 아버지 그리고 시작하지 못하는 아버지 Lifestyle

은퇴 아버지는 참 적적寂寂하다. '적적'의 뜻은 조용하고 쓸쓸하다는 뜻이다. 필자 친구인 J와 고등학교 선배인 K가 있다. J는 공공기관에서 정년 퇴직 후 3년째 일거리를 찾아 헤매고 있다. "돈 생기는 일 이외는 할 줄 아는 게 있어야지?" 투덜거리며 마냥 시간만 보내고 있다. 무슨 돈벌이 하는 데 있나 없나 하고 쿵쿵거리며 시간을 보내고 있다. 그런데 이상한 것은 무료한데 시간은 빨리 간다는 것이다. 희한하다. 월요일은 무료한데 어느새 무료한 토요일이 온다.

K는 남자 중학교에서 교감으로 재직 중 교장 승진도 안 되고, 아이들도 선생을 막 대하는 세태가 싫어 명예퇴직 후 4년째 놀고 있다. 연금이 월 300만 원 정도 나오니 금전적으로는 어렵지 않음에도 시간이 무료해 미치겠다고 한다. 무엇을 해야 할지 모른다고 한다. 할 게 없다고 한다. 그 이유는, "교감 출신이 이것을 어떻게 해!"라는 '체면 가면'이 얼굴에 씌워져 있

기 때문이다. J와 K는 참 적적한 시간을 보내고 있다.

K의 일상을 보겠다. 아침 5시에 기상한다. 나이 드니 잠이 줄었다. 잠이 늦게 깨면 그만큼 무료한 시간이 사라지는데 나이는 그것도 허락하지 않는다. 기상하면 6시까지 강아지 산책시키며 대·소변 처리한다. 집에 들어와 식사하고 차 한잔하면 8시다. 등산복 입고 뒷산 등산한다. 집에 와서 샤워하고 점심 먹으면 1시다. 아내가 없으면 TV 보면서 빈둥거리지만 아내가 있으면 무조건 밖으로 나온다. 저녁 6시까지 5시간 동안 지옥 같은 시간이다. 여기 갔다·저기 갔다·여기 저기 전화 건다. 놀아줄 사람이 없다. 그렇게 무료하게 보내다 6시경에 집에 온다. 6시가 그렇게 반갑다. 아내 때문이 아니다. 무료한 시간을 퇴치해 줄 TV가 기다리고 있기 때문이다. 비생산적이고 고립된 생활 패턴이다. 이렇게 보낸 일상이 벌써 은퇴 후 4년째다. 이런 일상이 육체와 생각 속에 스며들어 습관화되고 익숙해지기 시작했다. 잘못하면 이러한 "무료한 일상 습관과 익숙함의 관성화로 인한 생활 늙음"으로 어느새 80살이 된다.

이러한 일상의 반복을 뭐라고 하는 줄 아는가? '시간을 좀 먹는다'라고 한다. "반복되는 똑같은 일상·새로운 일 없음·새로운 일을 할 의지도 없음·가슴 뛰는 일도 없음."이라는 4종 세트는 시간을 갉아먹으며 생명을 단축한다. K는 일상만 반복하다 매일 나이만 하염없이 먹고 있다.

J의 하루는 운동하고 TV만 숙어라고 보다가 적적하면 또 운동하고 등산하고 강아지 산책시킨다. 방송국 편성표를 줄줄 외운다. 〈사랑과 전쟁〉이라는 프로그램을 시청하면서 쓸데없이 열 받는다. TV 안 보고 등산하지

않으면 보이는 것은 아내 얼굴뿐이다. 이것이 하루 일상이다. 그의 일상은 말 그대로 비생산적이고 고립된 생활 패턴의 Lifestyle이다. 시간의 무료함과 우울한 마음 그 자체다. 삶에 활력소가 없는 일상이다. J의 일상도 K와 별반 다르지 않다. 앞서 언급한 시간 갉아 먹는 4종세트 생활이다.

이제 인생 고목 나무가 된 것인가? 적적한 시간을 어떻게 물리칠 것인가?

필자도 공공기관에서 정년퇴직을 했다. 인생 2막으로 글을 쓰는 작가가 되었다. 글이라는 것이 마냥 써지는 것이 아니다. 하루 중 실제 글 쓰는 시간은 3~4시간 정도다. 나머지는 글이 써지지 않는다. 이 시간에 글 쓰는 것을 잊어야 또다시 글을 쓸 수 있는 힘이 충전된다. 그래서 이 시간을 보람 있게 지낼 수 있는 소일거리를 찾다 그림 그리는 것으로 결정했다. 결정하자마자 C 대학 평생교육원 수채화 그림 반에 무조건 등록하여 그림 공부를 시작했다. 물론 그림은 태어나서 현재까지 한 번도 그려보지 못했다. 하루 24시간 중 글 쓰고 그림 그리고 운동하고 기타 볼일을 보면 하루를 적적할 틈 없이 보낸다. 시간 배분이 잘된 것 같다.

J와 K가 생각났다. 그들에게 같이 그림 공부하자고 제안했다. 그 자리에서 둘 다 거절했다. 이유는 그림은 재능이 있어야 하는데 없기 때문에 자신이 없다는 것이다. 나

미국 국민화가, 그랜마 모지스, 1860~1961

는 비록 예외적인 사례지만 76세에 그림을 그리기 시작하여 101세 사망할 때까지 화가로 활동했던 미국의 국민화가 그랜마 모지스 할머니[1]를 예로 들면서 설득했다. 미국 국민화가로 1860년 뉴욕주의 그린위치라는 가난한 농부 집안의 10남매 중 셋째로 태어났다. 시골 초등학교에 잠깐 다닌 것이 학력의 전부다. 졸업도 못 했다. 12살 때부터 15년 동안 부잣집 가정부 생활을 했다.

그는 "삶의 힘듦"을 잊기 위해 틈틈이 담쟁이라든지 레몬 등과 같은 식물에서 나는 색을 이용해 널빤지나 벽에 칠을 해보곤 했다고 한다. 27살 때 농부와 결혼 후 10명의 자녀를 낳았지만 가난 때문에 5명이 병으로 사망했다. 67세이던 남편이 갑자기 심장마비로 세상을 떠난 후 76세 되던 해 동생의 권유로 그림을 그리기 시작했다. 이후 활발한 그림 활동을 하다 죽기 직전인 100세 때도 그림을 25점이나 그렸다.

그랜마 모지스는 자서전에 이렇게 썼다.[2] "내 일생은 충실히 보낸 하루와 같았다. 나는 어떤 것도 그보다 더 좋을 수는 없었고 주어진 삶을 최대한 잘 살았다. 삶이란 우리가 만들어가는 것이다. 항상 그래왔고 앞으로도 그럴 것이다."

물론 우리같이 보통 사람들에게는 해당하지 않는 예외적인 사례. 꼭 그림을 그리라는 것은 아니다. '76세에 시작했다'라는 것을 말하고 싶었다. 무조건 무엇이든지 시작하라는 것이다. 모지스 할머니 사례를 가지고

---

1 미국 국민화가, 그랜마 모지스, 1860~1961, 76세에 그림 그리기 시작해 101세 사망, 유작 1천 600점
2 출처 : 구글 검색(www.voakorea.com)

설득한 결과 J는 필자와 같이 그림 공부를 시작했고 K는 계속 거절했다. J는 재능도 관심도 없었지만 무조건 시작했다. 닥치면 어떻게든 되기는 된다. 닥치면 어떻게든 적응하면 살아간다.

J의 일상은 말 그대로 비생산적이고 고립된 생활 패턴의 Lifestyle이었다. 시간의 무료함과 우울한 마음 그 자체였다. 삶에 활력소가 없는 일상이었다. 그러나 그림 공부를 시작한 이후 일상에 변화가 일기 시작했다. TV 시청시간이 줄었다. 〈사랑과 전쟁〉이라는 프로그램을 시청하면서 쓸데없이 열받던 일도 없어졌다. 우울할 시간을 주지 않는다. 적적한 시간이 사라졌다. 그림 그리기 효과다. 자기가 쓸모 있는 사람이라는 생각이 든다고 한다. 쓸모 있게 적응을 잘 했다. 그림을 그리기 전에는 자기가 쓸모 있는 사람이 되리라고는 생각을 하지 못했다고 한다. 삶에 활력소가 생겼다고 한다. 고목 나무에 J의 '새로운 의지'라는 거름을 주어 꽃이 피기 시작한 것이다. 그렇다. 은퇴자에게는 새로운 의지가 필요하다. 자연도태 되느냐 아니냐는 이 새로운 의지가 있느냐 없느냐에 달려 있다. 결국 본인이 각성을 하느냐 안 하느냐 문제다.

J의 변화 원인은 "무조건 시작"이라는 단어다. 무조건이라는 단어 속에는 새로운 의지가 담겨 있음을 명심하라. 그림을 그려 좋은 작품 남긴다는 생각은 하지 않아도 된다. '삶에 활력소'가 그림 그린 결과 만들어진 좋은 인생작품이기 때문이다.

"20대에는 시속 $20km$, 40대는 $40km$, 60대는 $60km$로 시간이 흐른다"라는 말이 있다. 나이가 들수록 체감하는 시간의 속도는 빨라진다. 온종일

한 일이 딱히 없는데 1년은 후딱 지나가 버린다. 하루는 긴데, 1년은 짧다. 한 것 없이 나이만 먹는 것처럼 느껴진다.

김범석 서울대병원 종양내과 교수에 의하면, 반복되는 일상은 뇌가 주목하지 않아서 기억에 별로 남지 않는다고 한다. 때문에 기억에 없으니 시간이 빨리 흘러간 것으로 느끼게 되는 것이다. 심지어 시간이 통째로 증발한 것처럼 느끼기도 한다. 그러니 금요일 지난 시간을 생각하면 화, 수, 목요일은 생각나지 않는다. 증발해 버린 것이다. 시간이 엄청 빨리 지나간 느낌이다. 앞서 언급했지만 새로운 일 없이, 새로운 일을 할 의지도 없이, 가슴 뛰는 일도 없이, 시간을 보내기 때문이다.

방법은 있다. 뇌과학자에 따르면 새로운 기억은 시간을 늘린다고 한다. 그것은 새로운 경험을 자주 하는 것이라 한다. 새로운 경험을 하게 되면 도파민을 증가시켜 뇌의 시간 감각 회로를 빠르게 진동하게 하고 우리가 느끼는 시간을 길게 늘린다고 한다. 결국 시간을 붙잡기 위해서는 기억에 남을 만한 새로운 경험을 늘려야 한다는 말이다. 매일 반복되는 일상에 변화를 주는 것이 관건이다. 일상과 다른 경험이 기억되기 때문이다. 그러니 뭐든지 무조건 시작해라.

버스 타고 가던 길을 걸어서 가보자. 자전거 타고 가보자. 매일 가던 길을 다른 길로 가보자. 새로운 사람을 만나보자. 매일 먹던 음식 대신 색다른 음식을 먹어보자. 새로운 음악을 들어보자. 새로운 기억은 우리의 추억뿐만 아니라 수명을 늘릴 것이다. 하루는 짧아지고 1년은 길어질 것이다.

이런 것 실천하는 것도 귀찮다고 할 것인가? 귀찮은 사람은 K처럼 매일 나이만 더 빨리 먹으며 어느새 늙은 80살이 된다.

하루 일상은 일, 여가, 공부가 균형을 이룬 조화로운 일상이어야 한다. 사회개혁가 스콧 니어링Scott Nearing[3]이 한 말이다. 그는 그림과 같이 하루를 "노동 4시간, 지적 활동 4시간, 좋은 사람들과 친교하며 보내는 4시간이면 완벽한 하루가 된다"라고 하였다. 이 조화로운 일상과 K 씨 일상을 비교해 보자. 마음이 어떤가?

K 씨에게 정옥희 무용 연구가의 말을 전달하고자 한다. 무용은 타고난 신체 조건과 오랜 연습이 중요하다. 러시아 발레 학교 입학시험을 보면, 마치 병아리를 감별하듯 7세 남짓한 어린이의 엑스레이 사진과 가족력을 검사한다. 발레 학교가 없는 한국도 사정은 비슷하다. 이렇게 선천적인 조건으로 입학생을 선별한다. 따라서 가능성만으로 뽑힌 '발레 엘리트'는 찾아보기 어렵다.

그러나 찾아보면 뒤늦게 입문하여 재능을 꽃피운 사람도 많다는 것이다. 모지스 할머니처럼 예외적인 사례를 말하는 것이 아니다. 지적 수준 운운하

조화로운 노년의 삶

---

3 출처 : (류시화 역, 조화로운 삶, 2000, 재인용), 1883~1983, 미국 펜실베이니아 주 탄광 도시, 1983년 8월 24일, 100살 생일을 맞이하고 스스로 곡기를 끊고 한 달이 되던 날 삶을 마감한 은둔과 노동, 절제와 겸손이 몸에 밴 철저한 채식주의자, 생의 본질을 꿰뚫고 있는 사람만이 선택할 수 있는 삶의 마감 방식.

고 신체 조건이 이상적이지 않다고, 이미 늦었다고, 재능이 없다고 감히 두드려보지 않고 포기하는 사람들이 없었으면 하는 말을 전달하고 싶었다.

K와 J의 삶 중 어느 것을 선택할 것인가는 당신 몫이다. 무엇이든 시작하고 시작하지 못하는 것은 당신이 가지고 있는 가능성 있는 '내 삶 Data'를 깊게 들여다보지 않아서다. 깊게 들여다보지 않았다면 각성하고 각성해보자.

7

아버지 홀로 Lifestyle

"은퇴하니 집안에 내가 있을 곳이 없고 집에 있으면 가족들이 특히 아내가 불편해하는 것 같아 눈치가 보인다. 과연 내가 있을 곳은 어디일까?"[1] 무조건 밖이다. 은퇴했다. 은퇴 대비하여 금전적으로 준비한 사람이나 못한 사람이나 마찬가지다. 은퇴 후 이제 좀 쉬어야겠다고 생각하며 집에서 여유 있게 책을 읽는다. 아내는 꼴 보기 싫어한다. 책을 30분 정도 읽기 시작하면 거실 청소 좀 해라, 설거지 좀 도와줘, 쓰레기 좀 버려 달라 한다. 아니 명령하기 시작한다. 이런 상태가 되면 일단 집을 나온다. 수중에 돈도 넉넉하지 않다. 월급 타서 모두 아내에게 맡겨놨기 때문에 통장도 모두 아내가 가지고 있다. 하고 싶은 게 있어도 하기가 불편하다.

이런 분위기 속에서 아침 5시 정도에 눈을 뜬다. 50분 정도 이 생각 저

---

1 출처 : 유튜브, 알베르토 행복한 인생 2막, 슬기로운 노후 생활 012, 은퇴한 남편들이 있어야 할 곳은 어디입니까?

생각 하면서 고민한다. "어디 가서 하루 시간을 보내지?" 고민하면서 옆에 자는 아내 얼굴을 먼저 쳐다본다. 은퇴 전에는 그런대로 사랑스럽게 바라보았다. 그런데 은퇴 후에는 그렇지 않다. 제대로 쳐다볼 수가 없다. 무섭기까지 하다. 고민하다 일어나면 나보다 더 사랑하는 아내의 반려견인 '커피'라는 이름의 푸들 강아지를 데리고 산책을 나온다.

산책을 마치고 아침 식사 준비를 한다. 아내는 자고 있다. 잠을 깨울 수 없다. 회사 다닐 때는 아내가 먼저 일어나 준비를 해 주거나 당당하게 잠을 깨웠었다. 그런데 이제 그렇게 하지 못한다. 아침 식사는 둘이 합의로 정했다. 회사 다닐 때는 꼭 밥과 국 몇 가지 반찬이 있는 식사였다. 아내가 준비해 주었다. 그런데 퇴직 후에는 그럴 필요도 없고 요구할 상황도 아니고 해서 식사 내용을 바꿨다. 사과 한 개, 비타민 한 알, 혈관에 좋다는 크릴 오일 한 알, 찐 계란 한 개, 귀리가루 한 숟가락 물에 탄 한 컵이 아침 식단이다. 2인분 식사 준비를 하여 아내 것은 차려 놓고 식사를 한다. 아내가 잠에서 깰까 봐 조심스럽게 등산복을 입고 회사 출근 시간인 8시 30분쯤 무조건 밖으로 나온다. 차는 타지 않는다. 할 일 없는 사람이 아침 출근 교통지옥에 일조해서는 안 되기 때문이다.

집에서 30분 정도 걸으면 동네 뒷산이 있다. 등산을 시작한다. 정상까지 1시간 정도 걸린다. 등산객 대부분 머리가 희끗희끗하다. 저 사람들도 나 같은 사람들인가 하면서 등산한다. 정상 갔다 출발지로 돌아오면 11시쯤 된다. 그리고 식당으로 향한다. 점심시간을 보내기 위한 모임을 친구 4명과 만들었다. 점심 먹으면서 시간 때우기 위해서다. 식사하면서 술 한잔한다. 이야기를 시작한다. 대부분 쓸데없는 이야기다. 대통령 욕하고 국회의원 욕하며 세상 돌아가는 이야기를 한다. 더 이상 할 이야기 없으면 군대 이야기한다. 술이 얼큰하면 말다툼이 시작된다. 정치 이야기에서 대부분 발단이 된다.

그러다 보면 1시 30분쯤 된다. 식당을 나온다. 그런데 갈 데가 없다. 시간 보낼 곳이 없다. 이때부터 시간의 무료함이 극에 달하기 시작한다. 무력해진다. 같이 놀자고 아내에게 전화할 수가 없다. 아내는 지금쯤 나 같은 걸림돌이 없으니 혼자 재미있게 잘 놀고 있을 것이기 때문이다. 1시 30분부터 날이 어두울 때까지 겨울에는 3~4시간, 여름에는 5~6시간이 지옥 같다. "어디 가서 시간을 때우지?" 고민하기 시작한다. 이때부터는 각자의 취향과 성격, 은퇴준비 상태, 감정 상태, 지식보유 상태 등에 따라 선택된 각자의 공간으로 이동하여 시간을 보낸다. "공원, 걷기, 자전거 타기, 취미 활동" 등등.

퇴직도 했으니 이제부터 처·자식에게 잘 해줘야지 결심한다. 착각이다. 은퇴 전에 일하고 돈 버느라 바빠 아내와 자식은 뒷전이었다. 그러니 서로 훈훈한 관계가 형성될 시간이 없었다. 문제는 이런 훈훈한 관계가 서로 형성되지 않은 상태가 고착되고 관성이 되어 은퇴 후까지 연결되어 지속되고 있다는 것이다.

은퇴하면 위로해주고 용기를 북돋아 줄 줄 알았던 아내와 자식은 귀찮아 한다. 관성화된 어색한 관계가 연결되고 있기 때문이다. 돈 사냥개 역할의 쓸모가 없어졌기 때문이다. 억울한 것은 이러한 어색한 관계가 형성된 것은 돈 버느라 어쩔 수 없었는데, 이 어쩔 수 없는 상황이 고려되지 않는다는 점이다. 정말 아버지는 억울하고 슬프다. 지금까지 은퇴한 필자 친구 피00의 일상과 느낀 점을 적어 보았다. 계속 이어가 보겠다.

전업주부였던 아내는 이제 자기 할 일이 끝났으므로 다른 역할을 원한다. 혼자 있고 싶어 한다. 아내는 남편이 돈 버는 동안 자기 '놀 터'를 꾸준히 구축해 놓았다. 그 놀 터에서 남편 없이 놀고 싶어 한다. 남편이 은퇴했다면 아내도 집안일에서 은퇴한 것으로 생각한다. 때문에 아내는 집안일 하는 비율을 50:50으로 해 주길 바란다. 그러나 남편은 이제 먹히지 않음에도 불구하고 가부장적 사고방식과 돈벌이 권력을 버리지 못하고 있다. 그러니 아내의 은퇴를 인정하려 하지 않는다. 그래서 갈등이 생긴다. 이쯤 되면 2장 5항에서 진단했던 9개 부부 유형 중 어느 유형에 해당하는지 곰곰이 생각해 봐야 한다.

아버지는 직장 밖 세상을 경시했다. 은퇴하면 시간이 많으니 "닥치면 그 때그때 만들며 살면 되지 뭐!" 했다. 그러나 오산이다. 잘 만들어지지 않는다. 그래서 놀 터 없는 상태에서 은퇴한 것이다. 아버지가 돈 버는 기간에는 가족도 사회도 자기 위주로 돌아갔었다. 은퇴하면 이 상태가 쭉 계속될 줄 알았다. 그렇지 않다는 것을 은퇴 전에는 몰랐다.

이런 상태에서 은퇴하니 사회적으로, 가족으로부터 단절상태가 되는 것이다. 무엇을 해야 할시 방황하고 고민한다. 이 상태가 되면 아내에게 의존하려 한다. 그러나 "의존 한도"가 초과하기 시작하면 아내가 귀찮아하기 시작한다. 이미 자기 놀 터를 만들어 놓은 아내는 탐탁하게 생각하지 않는다. 매몰차게 거절하기 시작한다. 이렇게 되면 가족과 사회와 단절된 은퇴 아버지는 홀로 시간을 보내기 시작한다. 이렇게 은퇴 아버지는 홀로 Lifestyle로 살아간다. 이것이 은퇴 아버지 숙명이다. 인정하자. 당신 책임도 있다. 그러니 너무 마음 상할 일이 아니다. 마음 상하면 무너진다. 그러니 자기 나름의 방식을 개발하여 마음 상하지 않는 상태를 유지할 수 있도록 노력해 보자. 그 '마음 상하지 않는 상태 유지'가 무너지지 않는 당신의 건강한 홀로Lifestyle이다.

8

이제 가족 구성원이 아닌
쓸쓸한 아버지 Lifestyle

95세에 노인이 시작됐다는 어느 노인의 말을 소개해보겠다.[1] 60대에 은퇴 생활 시작한 아버지들, 95세 노인에 비하면 애송이다. 무엇이든 시작할 것인가 말 것인가?

"나는 젊었을 때 열심히 일했다. 그 결과 나는 실력을 인정받았고 존경 받았다. 그래서 당당하게 65세에 은퇴를 했다.
그런 내가 30년 후인 95살 생일 때 얼마나 많은 후회의 눈물을 흘렸는지 모른다. 내 65년의 인생은 자랑스럽고 떳떳했지만 이후 30년의 인생은 부끄럽고 후회되고 비통한 삶이었다. 나는 퇴직 후 '아 이제 다 살았다, 남은 인생은 덤'이라는 생각으로 남은 인생은 고통 없이 편하게 시간아 가라, 시간아 가라, 하면서 그저 시간을 때우며 마치 죽기만 기다리는 사람처럼 멸송되어 가는 사람처럼 그냥 시간을 보냈다.

---

1   출처 : 유튜브, 〈원더풀 인생 후반전〉, 2021.1.25.

덧없고 희망 없는 삶, 목적의식 없는 삶을 무려 30년간 살았다.

30년의 세월을 지금 나이 95세로 보면 1/3에 해당하는 긴 시간이었다.

만일 내가 퇴직할 때 '아 이제 다 살았다, 남은 인생은 덤'이라고 생각하지 말고 앞으로 30년을 보람 있고 의미 있게 살아지 하고 마음먹었다면 나는 그렇게 살지 않았을 것이다. 그때 나 스스로 늙었다고 뭔가를 시작하기엔 늦었다고 생각한 것이 큰 잘못이었다.

나는 지금 95세지만 정신이 또렷하다. 앞으로 5년, 10년 더 살지 모른다.

이제 나는 하고 싶었던 어학 공부를 시작하려 한다.

그 이유는 단 한 가지, 5년 10년 후에 맞이하게 될 100세 105세 생일날 '왜 95세 때 아무것도 시작하지 않았지' 하고 후회하지 않기 위해서다."

송길영 교수[2]의 말을 빌리겠다. 한국사회는 아버지 시간을 탐하는 구조다. 아버지는 걱정을 달고 사는 구조다. 아버지는 가족 건사할 수 있는 환경을 만들어야 한다.

출처 : 송길영, 어쩌다 어른, 2020. 9. 28.

이러한 생존 생활은 가족과 격리된 생활이다. 아이는 함께 있는 가족만을 어른이라고 생각한다. 그러니 아이에게 어른은 엄마다. 그래서 아버지는 가족 구성원이 아니었다. 아버지 일상은 없었다. 생존 생활 반복이 어느덧 습관화되어 몸과 마음에 스며들어 굳어 버렸다. 그렇기에 은퇴 아버

---

2 빅 데이터 전문가, 다음소프트 부사장, 서울여자대학교 · 이화여자대학교 겸임교수, tvN 〈어쩌다 어른〉 등 방송 출연

지는 자기 일상 없이 그저 돈 버는 사람이었기에 가족 구성원이 아닌 것으로 치부되는 대우를 받는다.

필자 친구가 있다. 2021년 62세다. 시골 면장 출신이다. 공무원 연금도 310만 원 나온다. 할 일이 없어서 등산하고 자전거 타고 소일거리로 100평 밭 가꾸며 하루하루 보내고 있다. 그런데도 시간이 무료하다고 한다. 그것은 '목적의식'이 결여된 일상으로 시간을 보내기 때문이다. 본인을 만족시키고 표현하는 Lifestyle을 만들지 못했다.

행복한 가족 조건인 '중산층 가정' 달성을 위해 오직 돈 버는 일만 하다 보니 '목적의식'이니 '만족하는 Lifestyle'이니 하는 것들을 만들 여지가 없었다. 가족 구성원이 아닌 격리된 돈벌이 기계 생활 패턴이 몸과 마음에 동시에 스며들어 굳어 버렸다. 이렇게 만들어진 세월이 누적되고 굳어져 습관이 되어 은퇴 후도 계속되고 있다.

한국과 프랑스 중산층 조건을 보자.[3] 한국은 물질적 가치, 프랑스는 정신적 가치에 중점을 둔다.

한국	프랑스
• 부채 없는 30평 아파트	• 1개 이상 외국어
• 월 500만 원 이상 받는 급여	• 직접 즐기는 스포츠
• 2000cc급 중형차	• 1개 이상 악기
• 1억 원 이상 예금 잔고	• 색다른 요리
• 연 1회 이상 해외여행	• 사회적 분노에 공감(동참)
	• 약자 돕는 봉사 활동

---

3 출처: 허태균 교수. 어쩌다 어른 "중산층의 기준으로 본 한국인의 특성" 강의 중에서

"삼강오륜 · 근면 · 성실 · 착하게 살아라 · 돈이 최대 행복이다" 이렇게 교육 받고 자랐다. 프랑스 같은 중산층 조건은 누구 하나 가르쳐 주지 않았다. 시대가 그렇게 할 수도 없었다. 이런 상태로 직장 생활 하다 보니 이것이 익숙해지고 고착되었다. 고착화는 돈벌이 행동 이외 다른 삶의 패턴 변화에 대한 인식 전환을 하지 못하게 한다. 은퇴 전 생활을, 프랑스 중산층 조건 같은 것에 맞춰 살았으면 이것이 긍정적으로 습관화되었을 것이다. 그러면 자연스럽게 이 삶 패턴이 은퇴 후에도 이어졌을 것이다.

이와 같이 한국 사람들의 '중산층 가정 달성 목표 삶' 고착화는, 새로운 삶에 대한 도전적 생각을 하지 못하게 한다. 그러니 "남은 인생은 덤이다, 고통 없이 편하게만 살면 된다. 시간아 가라~시간아 가라" 하면서 살아가게 된다. 살던 대로 살고, 하던 대로 하고, 교육 받은 대로 하면서 반복적 삶으로 살아간다. 어딘가 갇힌 듯한 느낌에 답답증을 느끼지만 겉으론 그저 '괜찮다'라고만 하면서 어느덧 "습관대로 사는 게 편해"라고 말하기 시작한다.

인생 상담으로 유명하신 '법륜' 스님 말씀[4]이 생각난다. 어떤 사람이 스님에게 이렇게 질문했다. "은퇴하니 막막하다. 시간과의 싸움이다. 길을 잃은 느낌이 든다. 평화를 잃어버린 것 같다. 또다시 일해야 하는 것인가? 어떻게 해야 할지 모르겠다." 질문에 대한 답변에서 스님은 뉴턴의 관성의 법칙 때문이라고 했다. 관성의 법칙이라는 것은, 움직이던 물체는 계속 움직이려 하고 멈춰있는 물체는 계속 멈춰있으려고 하는 것을 말한다.

---

4 출처: 법륜 스님의 2014년 미국 희망 세상 강연 내용 중(유튜브)

당신은 중산층 가정 달성을 위해 평생 '집→회사→집'이라는 경로를 다람쥐 쳇바퀴 돌듯이 생활했다. 돈벌이만 하던 습관이 굳어 버렸다. 그저 가족부양 수단만 생각하며 지냈다. 개인적인 다른 어떤 생각을 할 마음의 공간이 없었다. 아니 생존 때문에 강제로 폐쇄된 것이다. 그래서 이렇게 고착된 생각과 행동이 은퇴 후에도 관성적으로 그대로 지속하고 있기 때문에 다른 어떤 것을 찾지 못하고 있는 것이다.

자연화naturalize[5]라는 말이 있다. 마치 자연 상태가 늘 그런 것처럼 당연하게 받아들이는 것을 말한다. 돈 벌기 노동도 늘 그랬으니 당신도 은퇴전 습관을 당연하게 받아들이고 있다. 가족도 아버지 인생보다 늘 그랬던 것처럼 돈 버는 사람으로 받아들였을 것이다. "생각의 종속자"가 된 것이다.

은퇴 전과 은퇴 후 환경 조건은 다르다. 은퇴 전 환경 조건에 맞춰져 있던 자기 '삶의 조건'이 변하지 않는 그대로인 상태에서, 은퇴 후 변화된 환경 조건과 만났기 때문에 당연히 막막하고 길을 잃은 느낌이 드는 것이다. 그러니 어떤 돌파구를 찾기가 힘들다. 은퇴 전 고착화된 것들을 멈추게 하고 변화시키려는 동력이 상실된 것이다.

그렇다면 당신은 "막막한 Lifestyle 형태" 그리고 길 잃은 Lifestyle 모습으로 삶이 전개되는 사람이다. 2장에서 진단했던 '내 삶 Data'를 가만히 생각해 보자. 8가시 내 삶 Data 중 어떤 것이 당신에게 영향을 줘서 막막하고 길 잃은 Lifestyle 모습이 되었는가? 어떤 것이 부족한가?

5　김누리 교수, 차이 나는 클라스 강연, 한국의 경쟁 이데올로기

은퇴하면 사치 같지만 내가 왜 사는 것인지 시간을 갖고 곰곰이 생각해 볼 일이다. 전개되는 삶의 모습은 자기 자신에 의해 또는 환경에 의해 만들어진다. 때로는 환경이 방해하고 저지한다. 내 뜻과 반대로 살라고 강요하기도 한다. 어떻게든 환경에 반응하고 적응해야 한다. 그렇게 하고 안 하고는 본인 마음이다. 이런 마음에 책임을 지는 은퇴자가 되어야 한다. 내가 나에게 책임지는 사람이 되어 보자. 내가 나에게 나의 가치를 부여해 보자. 힘을 내 보자. 힘내면 쓸쓸한 아버지가 될 확률이 줄어든다.

9

공원형 Lifestyle

　　은퇴 후 무엇을 해야 할지 몰라서 빈둥빈둥 시간 때우다 어느덧 75세가 되었다. 아침에 1시간 개 산책시키고 오전에 뒷산 등산 간다. 점심 술 모임에 나가 술 한잔한다. 오후 동네 복지관 가는데 적응을 하지 못한다. 손자 생기면 손자를 보고, 허드렛일로 시간 보낸다. 그냥 시간 보내다 동네 사람이나 친구가 부르면 얼마나 반가운지 부리나케 달려간다. 이런 Lifestyle이 어느덧 익숙해져 빈둥빈둥 시간을 보내다 금세 75세가 된 것이다. 서서히 멸종해 가는 인간의 Lifestyle이다.

무료한 일상(無聊한日常)

- 시몬 이용구[1] -

불면증(不眠症)의 연속에서
끝 모를 무료(無聊)에 지쳐
인생살이가 역겨운 일상(日常)…
오늘의 소일(消日)거리를 찾아 헤매다가
거실(居室)의 분위기(雰圍氣)를
화원(花園)으로 바꾸어
"망각(忘却)의 세월" 속에
꽃향기(香氣)를
한 아름 듬뿍 담아 마시곤
그저 행복하려니
또 하루를 그렁저렁 보내련다

그렁저렁 시간 보내다 보면 언제가 화요일이고 언제가 주말인지 헷갈리기 시작한다. 그때가 빈둥빈둥 시간 보내기 절정이다. 빈둥빈둥하다 보면 시간의 지루함에 지친다. 무료함에 자신이 무너진다. 오늘이 내일이고 내일이 오늘이다. 시간 보낼 도구가 없다. 그래서 공원으로 간다. 그나마 마지막 희망이 공원이다.

서울특별시 종로구 종로 2가 38-1번지가 어디인지 아는가? 탑골 공원이다. 이 공원에 가본 적 있는가? 은퇴가 얼마 남지 않은 사람이나 은퇴준비에 관심이 있는 사람은 꼭 한 번 가서 1시간 이상 앉았다 오기 바란다.

---

1   2011년 3월에, 8旬 넘은 늦깎이로 한국문학정신 신인문학상 詩 當選 登壇.

은퇴와 관련해서 많은 생각을 하게 되는 동기가 될 것이다. 그들은 왜 거기 차디찬 벤치에 앉아 있는가?

코로나19가 발생하기 전 2016년 11~12월의 서울 탑골 공원 인간 풍경을 한번 보자. 할 일 없고 같이 지낼 사람은 없고 시간이 무료하고 외로워 세상과 통通하고자 하는 마음에서 공원으로 그들은 모여들었다. 그들은 술 먹고, 바둑·장기 두고, 고스톱 치고, 윷놀이하고, 옆 사람과 아무 대화나 나누고, 박카스 아줌마 만나 성 욕구 해소한다. 술이 얼근하면 싸우고, 아니면 멍하니 앉아 있는 모습이다. 시간을 그저 때우고 있는 모습이다. 잘못하면 이것이 우리들의 마지막 아버지 모습일 수 있다.

필자가 탑골 공원에서 시간 보내는 몇 사람을 만나 대화를 해 봤다. "이제 무엇을 하려는 욕구가 별로 없어요. 배운 게 막노동인데 이것이 습관화되어 다른 것은 할 수가 없어요. 엄두가 안 나요. 이제는 그냥 내가 살던 대로 살래, 무엇을 어떻게 해야 할지 모르겠어, 그래서 시간이 무료해서 공원에 왔어." 69세인 오병0 씨 이야기다.

"대통령도 관심 없고 아들 하나 있는 놈도 관심 없고 나는 소외자야, 그냥 시간 보내다 죽을래, 집에서 할 일 없이 죽을 날만 세고 있으면 어느 누가 와서 대접해 주나요? 같이 추억 이야기하고, 고스톱 치고, 사소하지만 공원에서 나를 기다리고 필요로 해주는 사람들을 보면서 조금이나마 위로를 받고 있지, 그래서 공원에 와…" 73세 최용0 씨 말이다.

"나는 쓸모가 없는 거 같아. 나이가 점점 먹어가니 친한 친구들도 자꾸 멀어지고 없어, 쓸쓸하니까 이렇게 며칠에 한 번 공원에 나오는 거지, 그러면 시간이 잘 가…" 69세 임상0 씨 말이다.

공원 계단에 4명의 은퇴자가 잔뜩 웅크리고 앉아 있다. 벌써 3시간째라고 했다. 체감온도가 영하 5도는 될 듯싶다. 왜 이렇게 무작정 앉아 계세요? 질문을 해봤다. "분명 올 거야 누군가가… 이름도 성도 모르는 말벗을 기다린다고 했

출처: http://blog.daum.net/grandbleu

다."춥지 않냐고 했더니 등 뒤의 비닐 가방을 가리켰다. 생활정보지가 가득했다. 곧바로 신문 한 부를 꺼내더니 엉덩이 밑에 깔린 신문지 위에 포개고 다시 앉았다. 그 알량한 온기는 금세 식고 시간은 더디 가면서 친구는 오지 않는다고 한다.

질문의 공통된 답변은, "공원은 눈치 피해 나오는 나의 마지막 남은 사교장"이라고 하며 웃는다. 아내와 가족 눈치와 괄시를 피해 공원을 찾는다고 한다. 별이 드는 곳에 앉아 신문을 읽던 어떤 아버지는 집보다 여기 와서 보내는 시간이 오히려 마음이 편하다고 씁쓸한 표정을 짓는다.

또 다른 사람의 대화 내용을 소개해보겠다. 먼저 A 씨와 나눈 이야기다. A 씨는 12세 때, 목수였던 아버지가 돌아가셨다. 아버지에게 시집왔던 계모는 자기 자식들만 데리고 집을 나가 고아가 되었다. 이때부터 전국을 떠돌았다. 무임승차나 무전취식으로 시작해, 피를 팔아 밥을 사 먹는 쪼록꾼(매혈)[2]도 해봤고, 강원도 태백 정선 탄광의 막장에 들어가 석탄도 캐봤고,

---

2 1970년대는 헌혈하면 피 값을 현금으로 지급했다. 필자도 44년 전 중학교 3학년 때 한 번 2,500원 받고 매혈을 한 적이 있다.

공사판에서도 일하였다. 몸이 아파도 병원에 제대로 못 가 몸이 엉망으로 많이 상했다. 공사판을 떠돌다 고향으로 들어가 죽을힘을 다해 농사일을 했다. 33살에 결혼하여 4남매를 두었다.

농사일을 하던 중 40세 때 경운기를 끌고 일하러 나가다 도랑으로 경운기와 함께 구르면서 등을 다쳐 반 꼽추 모양으로 등이 굽어졌다. 등이 굽은 상태로 수십 년 지게질을 하다 보니 등에 부작용이 생겨 65세에 병원 가서 수술을 받았다. 그때 의사가 그랬다고 한다. "경운기에 다쳤을 때 가만히 3일 정도만 누워 있었어도 원래 상태로 회복될 수 있었을 것이라고." 3일 정도만 바로 누워 있었으면 건강한 몸으로 살았을 텐데 오직 가족 먹여 살리려고 아픈 것도 제대로 말하지 못했다.

먹고살다 보니 친구도 사귀지 못했고, 자식들 먹여 살리느라 돈도 못 벌었고, 그 사이 나이 일흔이 넘었다고 한다. 이제 갈 곳은 공원밖에 없는 거 같다고 한다. 그저 열심히 돈 버는 인생 살고 남은 것은 굽어 버린 꼽추 모습이다. 그는 인생의 뚜렷한 목표를 가질 여유 없이 그저 죽지 않으려고 닥치는 대로 돈만 벌었다. 친구들과 술 먹고 생활하는 것도 하지 못했다. 이런 생활이 어느덧 자기도 모르게 축적되어 습관화되었다. 습관화된 이러한 Lifestyle 패턴이 관성적으로 현재까지 지속되고 있다. 돈에 얽매이고 돈에 굳어버린 노인이 되어있다.

2021년 현재 73세인 남자 D 씨 이야기다. 집안 형편상 그 당시 국민학교만 졸업하고 14살 때부터 동네에서 자전거 수리점에서 일하기 시작했다. 다른 데 눈 돌리지 않고 오로지 처, 자식 먹여 살리려고 자전거 수리 일만 했다. 30세에 자전거 수리점을 인수한 후 67세까지 운영했다. 은퇴 전 7년 정도는 MTB 등 자전거 열풍 때문에 그럭저럭 장사가 잘 되었다. 어려서부터 기계같이 눈뜨면 자전거수리점으로 나와 일하고 해지면 집에 와 자고, 가끔 막걸리 한잔하면서 신세타령을 하면서 평생을 보냈다. 어렸을 때는 밥 먹으려고 무조건 일했고, 결혼하고는 처자식 먹여 살리려고 습관적으로 일했다. '일'이라는 습관은 다른 생각을 하지 못하게 만들었다. 머리에는 자전거밖에 존재하지 않는다. 다른 세상이 없다. 그러니 무엇을 하려고 해도 할 것도 없고 엄두가 나지 않는다고 한다.

C 씨 이야기다. 대학 기계과를 졸업하고 1982년에 회사 생활을 시작했다. 근무 시간이 오전 9시부터 오후 6시까지인데 대부분 7시 30분에 출근해 9시 정도에 퇴근했다. 승진하고 살아 남으려고 그랬다. 정년 때까지 33년 동안 몸은 집→회사→집으로 기계같이 왔다 갔다 했다. 머리 속은 기계만 가득 찼다. 회사에 청춘을 다 바쳤다. 은퇴하고 나오니 할 게 없었다. 인간이 아닌 쇠로 만든 기계가 된 것 같았다. 가만히 생각해 보니 회사 기계와 자기가 같은 것 같다고 한다. 회사 생활에 집중하다 보니 회사 관련 일 이외는 아무 생각도 없었다. 이 상태가 굳어 버리니 은퇴 후 하고 싶은 것도 생각 안 나고, 할 수 있는 것도 찾기가 힘들다. 지금은 그냥 시간만 때우며 살아가고 있다 한다. 사회에서의 성공과 노후의 성공은 다른 거 같다고 한다. 일만 했지 취미 생활을 위한 준비도 하지 못했고 그저 기계같이 산 것이 후회가 막심하다고 한다.

그들은 말한다. "내 고향은 이곳 탑골 공원이야, 그냥 세월만 죽이고 있어. 그저 처자식 먹여 살리느라 내 인생은 황소 인생이었어. 일한 거 이외는 아무 추억이 없어… 멍하니 공원이나 왔다 갔다 하면서 세월 보내고 있어… 경로당도 맘에 안 들고 복지관도 가면 나하고 맞지 않아, 못 다녀…"

공원에 앉아 있는 분들 대부분은 온몸 바쳐 가족 뒷바라지한 사람들이다. 인생의 맨 끝자락에 위치한 노후의 공원형 Lifestyle 모습이다. 치열한 경쟁 속에서 살아왔다. 그래서 가족과 어울릴 시간이 없었다. 그렇기 때문에 가족과 잘 어울리지 못한다. 외톨이다. 가족에 대한 애정을 쏟을 수 없었다. 남는 건 외로움뿐이다. 이들은 자녀들에게 물심양면으로 최선을 다했지만 자녀들은 그다지 고마움을 모르는 거 같다고 한다. 그러니 일거리가 없으면 공원과 산 등 물리적 공간에서 동년배와 어울리며 시간을 때운다. 남은 선물은 고혈압과 비만이다.

수국(水菊) 꽃   란타나 꽃   자주달개비 꽃   인도 사군자 꽃

색을 바꾸며 살아가는 꽃

최새미 식물 칼럼니스트가 쓴 신문 기고문을 감명 깊게 읽었다.[3] 색을 바꿔가며 살아가는 꽃에 대한 이야기인데 자연에서의 생존방식 현상이 은퇴 생활과 오버랩 된다. 사진은 생존하기 위해 색을 바꿔가며 살아가는 수

---

3 조선일보 2020.07.23., A31면, 최새미가 기고한 '색을 바꾸는 식물들'을 바탕으로 정리.

국水菊·란타나·자주달개비·인도 사군자 꽃이다. 꽃은 저마다 아름다운 색을 뿜낸다. 수국은 마치 나비가 날개를 펼친 것 같은 작은 꽃받침이 수십 송이 모여 풍성한 물결을 이루는 꽃이다. '란타나'는 노랗고 빨간 작은 꽃이 오밀조밀 모여 손가락만 한 화려한 꽃을 만든다. 수국이 있는 곳을 따라 걷다 보면 꽃의 색이 어떤 것은 짙은 푸른색이고 어떤 것은 붉은 자주색이고 어떤 것은 흰색이다. 제각각이다. 란타나도 마찬가지다. 어제까지 노란색이었던 꽃이 다음 날 빨간색으로 바뀌어 있다. 어떻게 이런 일이 있을 수 있을까? 결론적으로 말하면 생존 즉 살아남은 결과다.

수국이 저마다 색이 다른 이유는 생존 가능성을 높인 결과다. 수국은 '안토시아닌' 색소계통인 '델피니딘' 색소가 있다. 델피니딘은 산성(산성도를 나타내는 pH가 7보다 작은 경우) 토양에서는 알루미늄 이온을 흡수해 파란색을 띠게 한다. 염기성(pH가 7보다 큰 경우) 토양에서는 알루미늄 이온을 흡수하지 않아서 본래 색깔인 붉은색을 띠게 한다. 또 토양이 중성(pH=7)일 때는 흰색을 나타내게 한다.

보통 산성 토양에서 식물은 질소나 인산 등 양분을 흡수하는 비율이 절반 이하로 떨어진다. 또 알루미늄 이온 같은 금속 이온은 독성이 있어서 식물의 생장을 방해한다. 하지만 수국은 산성 토양에서 알루미늄 이온을 흡수한 뒤 이를 델피니딘과 합성해 전혀 다른 형태의 색소를 만든다. 그 결과 수국은 다른 식물이 살기 힘든 산성 토양에서도 색을 바꾸는 화학 작용을 이용해 아름다운 모습을 뿜내며 살아남는다.

란타나는 번식에 필요한 곤충을 유혹하기 위해 꽃의 색을 바꾼다. 란타나는 노란색 꽃을 피웠다가 꽃가루받이가 끝나면 빨간색으로 변한다. 이는 란타나의 꽃가루를 옮겨주는 총채벌레가 노란색을 좋아하기 때문이다. 아직 꽃가루받이가 이뤄지기 전에는 '카로티노이드' 계통의 색소를 이용해 총채벌레가 좋아하는 노란색 꽃을 피우고, 곤충이 더 이상 필요하지 않을 때는 '안토시아닌'계의 색소를 합성해 노란 꽃을 빨갛게 만들어 내쫓는 방식이다.

꽃 색깔은 두 종류 색소가 결정한다. 빨간색과 파란색을 내는 역할은 '안토시아닌'이라는 색소가 한다. 개나리꽃처럼 노란 꽃을 만들어내는 역할은 '카로티노이드'라는 색소가 한다. 안토시아닌이나 카로티노이드와 같은 색소가 없거나, 있더라도 색이 발현되지 않은 꽃은 목련처럼 흰색을 띠게 된다. 이렇게 꽃 색깔이 빨간색, 파란색 등으로 다양한 이유는 나비나 벌과 같은 곤충을 유인하기 위해서다.

과학자들은 지구에 살았던 초기 식물들이 모두 초록색 꽃을 피웠다고 말한다. 이후 꽃을 피우는 식물 중 80% 이상이 곤충에게 꿀을 주고 그 대가로 곤충의 날개, 다리 등에 꽃가루를 묻혀 번식하는 방법을 택했다. 서로 특정 곤충을 유인하고 공략하기 위한 경쟁에서 이기기 위해 '맞춤형' 전략을 취한 것이 여러 가지 꽃 색깔로 진화한 것이다. 자주 달개비와 인도 사군자 꽃도 수국과 같이 주변 토양 환경에 적응하여 꽃 색을 바꾸며 살아간다. 자주달개비는 처음엔 보라색 꽃을 피우지만 땅속 방사능에 노출됐을 때는 하얀색 꽃으로 모습을 바꾼다. 사군자도 처음엔 흰색 꽃을 피우지만 점차 새빨간 꽃으로 바뀐다. 꽃가루받이를 돕는 나방이 분홍색을 좋아하고 나비가 빨간색을 좋아하기 때문이다.

탑골 공원에 은퇴자들이 앉아서 시간을 멍하니 보내고 있다. 공원에 앉아 있는 모든 사람은 본인 선택으로 온 사람들이다. 본인 선택으로 본인이 돈 내고 버스를 타거나 무료로 지하철을 타고 공원에 왔다. 왜 공원을 선택했는가? 왜 공원에서 멸종의 시간을 보내고 있는 것인가? 수국水菊 꽃, 란타나 꽃, 자주달개비 꽃이 색깔을 변화시키고 바꾼 것은 생존 즉 살아남은 결과라고 했다. 멸종의 시간 보냄은 또 다른 시작인 인생 2막에서 살아남지 못해 생긴 모습이라고 감히 말한다. 아마도 먹고 살기 바빠 변화할 수 없었음도 잘 안다. 이 부분이 참 가슴 아프다.

변하기 위한 사람의 행위는 사회 제도적 맥락 속에서 형성된다. 그것은 사람의 계산 범위를 넘어서 사회 환경과 어떤 제도적 영향에 의해 만들어진다는 이야기다. 사람이 선호하는 것과 선택을 위한 의사결정은 환경과 제도의 산물artifact이다. 환경이 나의 선호와 의사결정을 왜곡시킨다. 내가 할 수 있는 행위의 범위를 제약한다.[4]

은퇴하면 개인 스스로 자유로운 선택을 할 수 있는 폭이 작다. 선택의 여지가 없다. 자신의 관계를 스스로 규정할 수 없다. 이길 수 없는 환경에 어쩔 수 없이 모든 것을 포기하게 되어 공원으로 진출했다. 이길 수 없는 환경에 굴복한 것이다. 지식과 정보가 부족하여 제도 이용을 하지 못하거나, 적응하지 못했다. 이러니 모든 것을 포기하게 된 것이다. 그래서 공원형 Lifestyle로 도태된 것이다. 그러나 포기는 이르다. 사람이면 누구나 분

---

4 정용덕 외, 《신제도주의 연구》, 대영문화사, 1999.6. p. 12, 13

명히 안토시안이나 카로티노이드 색소를 지니고 있기 때문이다.

당신 안에 안토시아닌이나 카로티노이드 같은 색소가 없어 공원형같이 부정적으로 진화한 것이 아니다. 이 색소가 있음에도 본인 마음이 게을러서 사용하지 못한 것일 수 있다. 색깔을 바꿔가며 살아가고 있는 수국水菊 꽃, 란타나 꽃, 자주달개비 꽃의 생존력을 곰곰이 생각해 보자. 결국 공원 가서 시간 보내는 문제는 본인 선택 문제 아닌가?

제도 의존형 Lifestyle 삶

서울 대치동 사교육 전설로 불리는 메가스터디 대표가 입시 설명회에서 한 말이 생각난다. 그의 말을 요약하면 이렇다. 학생 공부에서 가장 중요한 요소는 유전자다. 공부하는 데는 유전자가 가장 중요하다는 것이다. 노력을 하는 것도 노력할 수 있는 유전자가 있기에 가능하다. 10시간을 같이 공부해도 어떤 사람은 놀면서 해도 잘 외워져서 성적이 잘 오른다. 또 어떤 사람은 10시간 꼬박 허벅지를 찌르면서 공부해도 시험 성적이 형편 없이 나온다. 두뇌가 좋고 나쁘고의 문제가 아니다. 노력하는 유전자가 있던지 공부에 타고난 유전자가 따로 존재하기 때문이다. 그러므로 본인 스스로 평가해서 공부 머리에 대한 유전자와 공부를 위해 노력하는 유전자 중 하나라도 없다고 생각된다면 빨리 공부를 포기하고 다른 일을 알아보는 것이 현명하다. 왜냐하면 타고난 유전자로 공부를 죽도록 해도 성공할까 말까 하기 때문이다.

은퇴 아버지도 마찬가지다. 직장생활에서 승진하는 유전자, 사회성 좋은 유전자, 직장생활 하면서 돈 버는 유전자, 부동산 투기 잘하는 유전자, 공부하는 유전자, 게으른 유전자 등이 따로 있다. 이러한 유전자 작동에 따라 주어진 역할에 따라 직장생활을 했다. 은퇴 후 허구한 날 등산만 가고 있다면 그런 유전자를 갖고 태어났기 때문이다. 당신은 어떤 유전자를 가지고 있나?

은퇴 생활 적응에 대한 지식을 쌓으려는 노력 유전자가 부족하면, 무료한 시간을 스스로 헤쳐 나가는 데 필요한 도구를 마련하지 못하거나 엉성하게 준비한다. 너무 적나라하다고 비난하거나 속상해하지 말았으면 한다. 솔직해지고 싶어서다. 이러한 은퇴 아버지는 결국 국가와 사회 제도에 의탁해서 은퇴 생활을 할 수밖에 없다. 더군다나 은퇴해보니 사회가 젊은 밀레니얼 세대 중심으로 돌아가고 있다. 비집고 들어갈 자리가 없다.

노력 유전자가 없어 제도에 의탁하면서 살아가고 있는 군상들이 오늘도 여기저기 돌아다니며 복지쇼핑을 하면서 시간을 보내고 있다. 몸이 왔다 갔다 해야 시간을 무료하지 않게 보낼 수 있기 때문이다. 이렇게 몸 이동을 통해 복지쇼핑 하면서 시간을 보내지만 마음속 내면의 세계는 뭔가 허전하다. 복지쇼핑으로 시간 보내는 것이 나쁘다는 의미는 아니다. 이렇게 내면의 세계가 허전하더라도 몸만 행복하면 인생이 행복하다는 유전자를 가지고 있어서 이 상태가 좋다는 사람도 꽤 있다.

친구 이00의 은퇴 Lifestyle을 소개하겠다. 어쩌다 퇴직했다. 그냥저냥 밥 굶지 않고 시간 보낼 수 있는 정도의 돈은 준비됐다. "그동안 열심히 일했으니 보상 받아야지, 부족하지만 돈도 웬만큼 있으니 편히 쉬어야지, 여행이나 다니면서 유유자적한 생활을 해야지!" 이렇게 중얼거리며 퇴식했다. 그런데 막상 퇴직하니 돈벌이 아니면 시간을 보낼 수가 없다. 시간이 무료하기 시작했다. 그래서 우선 임시방편으로 돈 안 들이며 공짜로 시간 보낼 수 있는 곳을 찾아보았다.

제일 먼저 생각난 곳이 주민센터 탁구 교실이다. 아침밥 먹고 탁구 교실 가서 탁구 치고 점심 먹고 탁구 회원들과 소주 한잔하면 하루 시간이 금방 갔다. 이들 회원들과 어울리면서 시간 보낼 수 있는 복지단체를 추가로 알게 되었다. 노인 복지관, 평생교육원 등. 은퇴 후 무료한 시간을 떨칠 수 있는 방법 하나가 이러한 복지 제도를 이용하는 것이다. 복지 프로그램은 대부분 무료거나 소액의 비용만 지출하면 된다.

이때 주의할 점은 꼭 자기 적성과 취향에 맞추려고만 하면 안 된다. 그런 프로그램은 극소수다. 그냥 시간 보내는 도구로 생각해야 많이 찾아진다. 복지 제도는 개인에게 선택권이 없다. 개인의 자율성과 고유의 취향과 적성을 무시한 공급자 위주의 프로그램이기 때문이다. 프로그램이 강요적이다. 본인 개인의 어떤 내면세계 없이 그냥 시간 보내는 도구일 뿐이다. 시간이 무료하지만 않다면 그만인 것이다.

복지 제도 이용하는 사람과 못하는 사람 Lifestyle 선택 도구

복지 제도 이용	은퇴 아버지	제도 이용 못 하는 사람들 Lifestyle		
		유형	시간 보내는 곳	종착지
노인 복지관	⇦ 복지 제도에 적응하여 이 용하는 사람	공간 표류 형	공원, 쇼핑센터, 극장, 도서관, 지하철, 온천, 산(등산), 무료 급식소 등	슬픈 100세
경로당				
주민센터	⇨ 복지 제도에 적응 못 해 이용 못 하 는 사람			
주변 생활 네트워크		소외 표류 형	손자 · 손녀 돌봄이, 경로 당, 황혼이혼 · 졸혼 · 새 혼 · 따혼으로 인한 홀로 시간 보내는 소외족 등	
가족				
그 밖에 각종 복지 제도				

때문에 이러한 복지 프로그램에 적응을 못 하거나 실망한 은퇴자들이 많다. 위 표와 같이 사람들은 산에 가거나, 당구장에 가거나, 극장에 가거나, 도서관 등 여기 왔다 저기 갔다 하면서 시간을 보낸다. 또한 집 밖의 특별한 사회적 관계 형성 없이 홀로 손자녀 돌보거나 경로당, 공원 등에서 무료한 시간을 보내거나 한다. 경로당과 공원에서 시간 보내는 수단이라야 고작 잡담과 화투 등뿐이다. 졸혼 등으로 심리적으로 위축되고 약해져 스스로 소외시키며 쓸쓸하게 무작정 시간을 보낸다. 마치 바다 위 난파선같이 집 밖의 공간에서 표류하는 인간 모습이다. 이들을 위 그림과 같이 "공간 표류형 인간 · 소외 표류형 인간 그리고 잡담성 인간"이라고 부른다. 당신은 어떤 형 인간인가?

여기서 고민할 게 있다. 내가 복지 제도를 선택해서 즐겁게 시간 보내는 것이 아니라 제도에 나를 맞춰 지내며 시간을 보낸다는 것이다. 그렇게 되면 복지 제도가 개인의 행위를 제약한다. 따라서 개인의 합리적 선택이 어

렵게 된다.

사람의 행위는 제도를 이용하는 맥락 속에서 형성된다고 했다. 행위의 결과는 사람의 계산이나 생각의 범위를 넘어서서 제도의 영향을 받아 형성된다. 사람이 선호하는 것과 의사결정은 제도 영향을 받아 나오는 산물 artifact이다. 따라서 제도적 규칙과 과정이 사람의 선호와 의사결정을 다양하게 변질 시키고 왜곡 시킨다.[1] 제도가 개인이 취할 수 있는 행위의 범위를 제약한다. 따라서 은퇴 아버지가 복지 제도에만 의존해서 시간을 보낸다면 그것은 '나'라는 사람은 없어진 상태에서 살아가는 것일 수 있다. 정체성 없이 살아간다는 말이다. 단순히 복지 제도 프로그램에 맞춰져 그 범위에서 생각과 행위가 형성되어 살아가는 사람일 뿐인 것이다. 이런 사람을 제도 의존형 Lifestyle 삶을 살아가는 사람이라고 한다.

"공간 표류형 인간, 소외 표류형 인간, 잡담성 인간"이 있다고 했다. 당신은 어떤 유형의 인간이 되어가고 있는가? 이런 유형 외에 다른 어떤 인간이 되려고 노력하고 있는가?

---

1   정용덕 외, 신제도주의 연구, 대영문화사, 1999.6. p. 12, 13, 153

11

아버지 기능 충실하니
후회 Lifestyle이 펼쳐진다

은퇴한 내 친구의 독백 같은 이야기를 그의 입장에서 정리해 보겠다.

나는 1959년생이다. 1986년도부터 건설회사, 식품회사, 전자회사, 가죽 제품 생산 공장을 다니며 홀어머니 모시고 아들 2명, 딸 1명을 학원 보내며 키웠다. 2018년 가죽제품 공장을 마지막으로 33년간 다니던 직장을 은퇴했다. 자발적 은퇴가 아니다. 더 일하고 싶었다. 계속할 수 있는 능력도 있었는데 나이가 찼다고 강제로 나가라 해서 은퇴했다. 남은 것은 집 한 채와 2021년 4월부터 국민연금 110만 원 받는 것뿐이다. 저축도 하지 못했다. 나는 이제 고개 숙인 아버지가 되었다. 나는 이제 암울한 아버지가 되었다. 한탄스럽다. 베이비붐 세대 76%가 노후 준비 제대로 못 했다고 하는데 나는 그 76%에 들어가 있다. 2018년 현재 65세 이상 노인 빈곤율이 43.4%라고 하는데 나는 여기에도 포함되어 있다.

은퇴 전 살았던 세상은 약육강식 생태계였다. 나보다 강한 놈이 나를 밟고 승진하는 바람에 나는 그에게 먹히면서 승진 못 했다. 그렇게 이리 치이고 저리 치이면서 평사원으로 지내다 퇴직했다. 나보다 강한 놈 밑에서 시키는 일만 하다 퇴직했다. 그러니 평사원 봉급으로 평생 회사를 다녔다. 승진 못 한 만큼 적게 받은 봉급액수만큼 내 처와 자식 인격도 거기에 맞춰 만들어졌다. 그렇게 작고 구질구질하게 맞춰진 인간으로 살았다. 옷도 신상품은 사지 못한다. 70% 세일 하는 이월상품만 구입해 입었다. 애들 4년간 대학등록금 중 2년 치는 자기들이 대출받아 다녔다. 지금 그 애들이 대출금 갚느라 허덕인다.

그러니 은퇴 후 내 목표는 또다시 돈벌이 하는 거다. 누가 그런다. 책에도 그렇게 나온다. "은퇴 후는 나를 위해서 사는 시기다. 가치 있게 살아야 한다. 즐겁게 살아라." 나에게는 강아지, 풀 뜯어 먹는 소리로 들린다. 나에게 가치, 즐거움, 윤리, 도덕 등은 없다. 오직 닥치는 대로 돈 벌어 먹고 사는 것 이외는 다른 거 생각할 겨를이 없다.

일자리 구하기 위해 여기저기 기웃거리기 시작했다. 취업했다. 대부분 회사에서 60세 이상은 뽑지 않는다. 첫 번째 직업을 구했다. 페인트칠 보조다. 2달 일하고 포기했다. 하루 일당이 4만 원이었다. 한 달 15일 정도 일했다. 60만 원 수입이다. 한 달 쉬다 도배일 하는 친구를 따라 다녔다. 도배 전 청소하고 먼지 앉지 않게 비닐 덮고 도배하는 사람 옆에 서 있으면서 잔심부름 하는 일이다. 친구라 그런지 하루 5만 원 일당이다. 3달 정도 따라 다니다 관뒀다. 허리가 아파 일할 수 없었다. 이후 집에서 빈둥빈둥 거리기 시작했다. 집에서 하는 일 없이 있으니 아내와 갈등이 시작됐다.

자식들은 돈 이야기는 아빠한테 하고 다른 이야기는 엄마한테 한다고 한다. 나는 애들한테 잘 해주려고 돈벌이했다. 그런데 애들은 만족하지 못하고 불평불만이다. 모든 사람이 은퇴 아버지에 대해 관심이 없다. 아버지 유일한 기능인 돈벌이가 사라졌기 때문이다. 아버지는 돈벌이 기능을 유지하려고 은퇴 전에는 밖으로만 나다녔다. 그러니 안에 있는 아내와 가족과의 관계는 소홀히 했다. 가정경제의 책임을 졌던 아버지 기능이 끝나니 가족 입장에서는 효용성이 없어진 것이다. 그러니 아내와 관계가 소원해진다. 자식들과의 관계 끈도 사라지면서 외톨이가 되는 것이다.

이것을 탈피하려면 또다시 돈벌이를 해야 한다. 그러나 그리 쉽게 돈벌이가 걸려들지 않는다. 은퇴는 특별한 경우를 빼고는 어제와 오늘이 늘 비슷하다. 생활이 단조롭다. 막막함 · 무료함 · 미래 불안함과 싸우면서 버티면서 세월이 흘러간다.

이런 세월을 보내다 보면 의욕이 떨어지고 다른 어떤 것을 하고 싶은 '마음 활력'이 옅어진다. 이러면서 '살아감'에 대한 견고했던 마음이 희미해지기 시작한다. 그러면 바쁜 것도 급한 것도 없어진다. 가족과 관계되는 것 이외는 모든 것에 무관심해진다. 살아감에 대한 적극적 마음이 무뎌지고 루즈lose해진다.

울적한 마음을 달래려 절에 갔는데 우연히 고등학교 후배를 만났다. 아파트 관리하는 용역회사 부사장이었다. 이런 저런 이야기하다 일자리 구한다는 것을 안 후배가 아파트 경비 자리를 소개해 줘 취업했다. 아! 이렇게 인연이 되어 일자리를 구하게 되는구나. 사람은 무조건 여기저기 돌아다녀야 하는구나. 그래야 무엇이든지 얻어 걸리는 거구나! 하는 생각이 들었다. 하는 일은 순찰, 쓰레기 수거, 청소, 화단 정리, 입주민 잔소리 듣기, 강아지 똥 치우기, 아파트 내 불법 주차 단속 등 온갖 궂은 일 다 한다. 이런 생활이 2년 되니 또다시 옛 직장생활 때 몸에 뱄던 노예근성이 생겨 다시 익숙해지기 시작했다. 또다시 "주민에게 노예, 아내에게 노예, 자식에게 노예"가 되었다. 그러다 아파트 경비원에서 해고당했다.

나는 생존 이익에 따라 살아온 기계 같은 사람으로만 살아 왔다. 아내와 자식들이 아버지에 대한 이익이 없어졌을 때 버림 받을까 봐, 떠나갈까 봐 겁이 나서 죽도록 일했다. 계속 쭉 일하고 싶다. 그러나 일거리가 없다. 어느 날 정신 차려 보니 공원에 앉아 있었다.

신채호[1] 선생은 3종류 인간이 있다고 했다. 이익에 따라 살아가는 사람, 명예에 따라 움직이는 사람, 참사람 형[2]을 말한다.《왜 일하는가?》저자 아나모리 가즈오도 세상에 3종류 사람이 있다고 했다. 주변 사람 영향을 받아야만 행동하는 '가연성 인간', 외부 자극 없이도 스스로 발현하는 '자연성 인간', 그리고 아무리 불을 붙여도 타오르지 않는 '불연성 인간'이다.

나는 돈벌이만 알았던 불연성 인간이었다. 이것이 굳어져서 나만의 다른 좋은 인생 방법이 불타오르지 않는다.

아버지가 엄마보다 고독사의 비율이 2배 많다고 한다. 실직→황혼이혼(또는 배우자 사망)→질병→고독사孤獨死의 단계를 거친다고 한다. 아버지

---

1 단재 신채호(차라리 괴물을 취하리라)
2 진짜로 살아가는 사람, 내 방식대로 살아가는 사람, 겉과 속이 일치하는 사람, 진심으로 살아가는 사람

기능이 끝나니 나타나는 현상이다. 후회된다. 타인을 위한 아버지 기능과 더불어서 온전히 나를 위한 나의 생존 기능을 만들지 못한 것이 후회된다.

가족 행복 조건인 '중산층 가정' 달성이 목표였었다. 그래서 열심히 일했다. 그러나 능력이 부족해 처·자식 인격도 적은 봉급에 맞춰 구질구질하게 살게 하고 옷도 70% 세일 하는 이월상품만 구입하게 했다. 참 미안하다. 능력 부족한 아버지 자신이 원망스럽다. 그런데 미안하기도 하지만, 아내와 자식들에게 '외톨이'가 된 느낌이 들면서 열심히만 산 것이 후회도 된다. 이제 쓸모없어진 은퇴 아버지는 후회 Lifestyle을 살고 있다. 인생의 바다 위에서 그저 떠나가는 배가 되어 봄날 꿈같이 따사로운 저 평화의 땅을 찾아 떠나고 싶다. 인간은 동시에 두 길을 선택해서 갈 수 없다고 상징적으로 묘사한 로버트 프로스트가 지은 시 〈가지 않은 길〉이 있다.

나는 '나를 위한 나의 길'보다 '충실한 아버지의 길'을 갔다. 동시에 두 길을 가지 못했다. 아버지의 길이 더 아름답다고 생각했기 때문이다. 그런데 '후회 Lifestyle' 삶이 되었다. 〈가지 않은 길〉 시만 계속 읊조려 본다.

가지 않은 길
-로버트 프로스트-

단풍 든 숲속에 두 갈래 길이 있었습니다.
몸이 하나니 두 길을 다 가지 못하는 것을 안타까워하며
한참을 서서 낮은 수풀로 굽어 꺾여 내려가는 한쪽 길을
멀리 끝까지 바라다보았습니다.

그리고 다른 길을 택했습니다. 똑같이 아름답게 걸어야 될 길이라고 생각했지요.
풀이 무성하고 발길을 부르는 듯했으니까요.
그 길도 이 길도 걷다 보면 지나간 자취가 거의 같도록 하겠지만요.

그날 아침 두 길은 똑같이 놓여 있었고
낙엽 위로는 아무런 발자국도 없었습니다.
아! 나는 한쪽 길은 훗날을 위해서 남겨 놓았습니다.
길이란 이어져 있어 계속 가야만 한다는 것과 다시 돌아올 수 없을 거라 생각하면서요.

오랜 세월이 지난 후 어디에선가
나는 한숨지으며 이야기할 것입니다.
숲속에 두 갈래 길이 있었고
나는 사람들이 적게 간 길을 택했다고
그리고 그것이 내 모든 것을 바꾸어 놓았다고.

출처 : 명시문학 전문학원 〈인생에 관한 외국 시 모음〉

사진은 2021년에 열렸던 도쿄 패럴림픽 탁구경기에서 이집트 선수 이브라힘 하마투 선수가 양팔이 없어 발로 공 띄워 입으로 라켓 물고 스매싱하는 장면이다.

조선일보 '21.8.27, a25

은퇴 아버지들이여! 양팔이 잘려나가 후회 Lifestyle을 살고 있지만 그래도 · 그래도 · 그래도… 하마투 선수같이 입으로 라켓을 물고 세상을 향해 힘껏 스매싱 해보자. 힘껏 · 힘껏 · 힘껏 스매싱해서 외부의 자극 없이도 스스로 발현하는 자연성 인간으로서의 은퇴 아버지가 되어보자. 참사람형 은퇴 아버지가 되어보자. 한번 해 보자.

chapter
04

은퇴 생활에 삶의 의미가
꼭 있을 필요는 없다
오감 Lifestyle로 살면 된다

오감(五感) 느낌이 이끄는 대로 살기

감정을 표현하는 단어들

"기쁘다 · 기분 좋다 · 반갑다 · 행복하다 · 흐뭇하다 · 즐겁다 · 사랑스럽다 · 자랑스럽다 · 뿌듯하다 · 황홀하다 · 벅차다 · 짜릿하다 · 뭉클하다 · 포근하다 · 푸근하다 · 시원하다 · 통쾌하다 · 감격스럽다 · 평화롭다 · 평안하다 · 위안되다 · 든든하다 · 만족한다 · 신바람 난다 · 근사하다 · 멋있다 · 상쾌하다 · 싱그럽다 · 재미있다

눈물겹다 · 울고 싶다 · 태연하다 · 아쉽다 · 담담하다 · 외롭다 · 서운하다 · 힘들다 · 지친다 · 포기한다 · 화난다 · 심심하다 · 허전하다"

네모 안을 보면 마음에 긍정적으로 다가오는 29개 강조체 단어가 있다. 즐거움과 행복 또는 만족감을 나타내는 것들이다. 또한 마음에 부정적으로 다가오는 13개 검은색 단어가 있다.

당신은 은퇴 전, 돈 버는 삶 과정에서 이러한 감정 단어 중 어떤 것을, 얼마만큼 하루에 몇 번 느끼며 살았는가? 그렇다면 은퇴한 지금은 어떤 것을, 얼마만큼 하루에 몇 번 정도 느끼며 살아가고 있는가? 혹시 "눈물겹다 · 울고 싶다 · 태연하다 · 아쉽다 · 담담하다 · 외롭다 · 서운하다 · 힘들다 · 지친다 · 포기한다 · 화난다 · 심심하다 · 허전하다"라는 부정적 감정을 더 많이 느끼면서 살고 있지는 않은가?

네모 안에 있는 말들은 우리말 '느낌(기분)'을 말하는데 한자로는 감정感情 또는 정서情緖와 관련된 말들이다. 느낌은 외부의 사물을 보고 일어나는 주관적인 마음의 상태를 말한다. 우리는 이 42개 느낌 단어들 범위 안에서 살고 있다.

인간은 오감을 통해 얻은 정보를 종합해 실시간으로 반응한다. 느낌은 '몸의 감각 즉 오감[1]'을 통해 얻은 정보를 마음으로 해석하고 깨달아[2] 아는 기운 그리고 말하는 사람의 본능적인 놀람이나 응답 따위'를 나타내는 말이다. 우리 자신의 깊은 내부에서 일어나는 내적 반응에 의해 무엇인가가 일어나고 있다는 것을 신호signal해 주는 것을 말한다. 예를 들면 "나는 행복하게 느낀다" 또는 "불행하게 느낀다"와 같은 표현으로 필요가 충족되고 있는지 아닌지를 알려주는 것이다.[3] 느낌의 표현인 감정은 신체적 · 생

---

1 감각은 "눈 · 코 · 귀 · 혀 · 살갗을 통하여 바깥의 어떤 자극을 알아차림"이라는 것으로 오감(五感: 시각, 청각, 미각, 후각, 촉각)이라고도 함.

2 마음으로 깨닫는 것은 뇌 과학적으로, '뇌가 정보처리를 해 해석한다'라는 뜻으로도 말할 수 있음.

3 허용, 느낌말 모음집, 한국지역사회교육협의회, 2003, pp. 10~11

리적 반응을 수반하지 않는 단순한 쾌 · 불쾌[4] 차원의 이분화된 흥분상태 행동으로 표현되기 전 상태를 말한다. 예를 들어서, 시원스럽게 한바탕 웃음을 터뜨리기 전에 우리의 마음속에 경쾌한 느낌이 꽉 차 있다. 화내기 전 마음속을 보면 기분 나쁜 감정이 꽉 찬 상태로 되어있다. "쟤 감정 건드리지 마. 폭발하면 큰일 나!" 이렇게 말하는 것을 들어 봤을 것이다. 폭발하기 전 상황이 감정 상태인 것이다. 이렇게 웃기 직전, 화내기 직전 마음속에 꽉 차 있는 것이 감정이다.

사람들이 살아가면서 느끼는 즐거움은, 이러한 감정에 의해 표현되는 것이다. 그것이 29개 강조체 단어들이다. 즐거움을 느끼는 것은, 이렇게 오감에 의해 "감정 만들기"를 얼마나 잘 하느냐에 달려 있고, 29개 강조체 단어 중 어떤 것을, 얼마만큼, 몇 번 느끼는가에 달려 있다. 당신의 행복은 이렇게 감정 만들기에 달려 있다.

은퇴 연령이 됐다는 것은 부모 역할, 남편 역할, 아내 역할, 종족 보존을 위한 생식 역할이 끝났다는 것을 의미한다고 앞서 말한 바 있다. 이때 자칫하면 자기가 게을러 변하지 못하고 나태하게 선택하게 되는 생활방식에 따라 "심심 · 무기력 · 무료함 · 외로움"이 생긴다. 그러나 어쩌랴! 이러한 은퇴 삶도 살아내야만 하는 "은퇴 생존 생활"이다.

은퇴 생존 생활은 "심심 · 무기력 · 무료함 · 외로움"을 없게 하거나 줄이기 위한 행위를 말한다. 심심 · 무기력 · 무료함 · 외로움은, 대부분 돈 되는 일거리만 찾다가 못 찾을 때 온다. 돈 되는 일 찾다 못 찾으면 그때

---

4 쾌(상쾌하고 즐거운 느낌), 불쾌(못마땅하여 기분이 좋지 아니함)

부터 세상에 더 이상 할 게 없다고 포기하는 마음이 든다. 이때 두 가지 Lifestyle이 찾아온다.

첫째가 앞서 말했던 심심·무기력·무료함·외로움 겪으며 사는 사람이다.

두 번째는 남편이나 아내 모두 각자 삶의 역할이 끝났으니 "이제는 복잡하지 않고 단순하게 그저 즐거우면 된다."라고 생각하며 사는 사람이다. 두 번째 사람들은 심심·무기력·무료함·외로움을 없애기 위해서, 긍정적 감정과 정서를 표현하는 29개 강조체 단어 중 한 개 이상을 느끼게 하는 "느낌 Lifestyle"을 만들거나 선택하여 시간을 채우는 사람들이다. 느낌 Lifestyle로 사는 사람들은 "아프지 않고, 맛있는 거 먹고 맛있네! 안 가본 데 가거나 안 봤던 거 보고 와우! 신기하네! 바닷가 가서 파도 보며 아! 속시원하다! 분위기 좋은 카페에서 친구 만나서 수다 떨고 나서 어! 벌써 시간이 이렇게 됐어? 오늘 즐거웠지! 이 이상 다른 즐거움이 또 뭐가 있겠어? 없어! 찾아도 없을 거야? 내 인생 낙樂은 거기까지뿐이야! 더 이상 욕심 없어!"라고 말하며 살아가고 있다.

이 Lifestyle은, 감각적이고 표피적 즐거움이 동반되는 삶이라고 할 수 있다. 오감을 활용하여 즐거움을 느끼면 그뿐이라는 삶이다. 어떤 의미 같은 것은 없어도 된다. 사람이 살아가는데 꼭 의미가 있을 필요는 없다는 삶이다. 의미는 오히려 사람을 복잡하게만 만들고 즐거움 느끼는 시간을 감소시킬 수 있다. 즐거움 가치와 의미 가치 중, 어느 것이 더 가치가 있는지에 대한 답은 없다. 사람마다 다르기 때문이다. 3항에서 다시 언급된다. 참고

하기 바란다.

오감을 통해 얻는 감각적 즐거움은 현재 일어나는 일에서 얻고, 직접적인 경험에서 얻고, 현재를 즐길 때 많이 얻는다. 이때 중요한 것은 심심 · 무기력 · 무료 · 외로움을 물리치는 데 방해가 되는 쓸데없는 자기 마음을 땅바닥에 버릴 수 있어야 한다. 그래야 29개 강조체 단어가 쉽게 찾아온다. 예를 들어, "내가 옛날에 교수 했으니, 구청장 했으니, 사장 했으니, 내가 옛날에 이런 사람이었는데… 이걸 어떻게 해!" 이런 쓸데없는 마음 상태를 버리라는 것이다. 버리지 않은 상태로 시간 보내는 것은 죽음의 시간을 보내는 것과 다름없다. 그러면 29개 강조체 단어가 잘 오지 않는다. 13개 검은색 단어만 느끼게 될지 모른다.

필자 친구 시골집에 가면 앞마당에 살구나무 한 그루가 있다. 여름에 그 무성하던 잎이 떨어져 마치 긴 머리 풀어헤친 여인의 머리처럼 땅바닥을 덮는다. 남은 것은 앙상한 가지뿐이다. 앙상한 가지를 보면서 인생도 그러하다는 생각을 한다.

잎이 떨어지는 것은 혹독한 겨울을 견디기 위해, 죽음을 피하기 위해, 또다시 움트기 위해 잎새를 남김없이 버리는 것이다. 살구나무가 생존하기 위한 비법이다.[5] 살구나무가 생존을 위해 잎새를 땅에 떨어뜨리는 것을 보라. 살구나무라고 땅에 떨어뜨리고 싶은가! 봄과 여름 다음에 가을이 왔기 때문이고 곧 올 겨울에 얼어 죽지 않기 위함이다.

현역 시절 구청장 · 사장은, 살구나무로 따지면 가을이 오기 전 봄과 여

---

5 김홍신, 《자박자박 걸어요》, 해냄, 2021, p. 53

름 나뭇가지에 달린 푸른 잎새에 비유할 수 있다. 인간이 심심 · 무기력 · 무료 · 외로움을 느낀다는 것은 가을이 됐음에도 푸른 잎새에 해당하는 구청장 · 사장 같은 과거 영화를 잊지 못하고 연연하여 낙엽 되기를 부인하면서 땅에 떨어뜨리지 못하기 때문이다. 이를 극복하고 은퇴 생존 생활을 하기 위해서는 "살구나무 이치"와 같이, 마음을 비우고 버리는 것 이외에는 다른 방도가 없다. 나이 들면 불가피하게 버릴 수밖에 없다. 안 버리면 어쩔 건데? 불가피하지만 자연현상임을 알아야 한다. 이러한 "마음 버림"이 있으면 그다음에 29개 강조체 단어 중 어떤 한 개가 쉽게 찾아온다.

즐거운 은퇴 생활은 이렇게 버리느냐 못 버리느냐 차이에서 온다. 그런데 말이 그렇지 이것을 실천하기란 참 어렵다. 그렇다고 '비움과 버림'이 어렵다고 가만히 있을 수 없다. 힘들더라도 오감 즉 시각, 청각, 미각, 후각, 촉각이든 어느 한 가지 이상을 활용하여 29개 강조체 감정 단어 중 하나 또는 그 이상을 느낄 수 있는 Lifestyle 선택을 위해 부단히 노력해야 한다. 앞서 이야기한 대로 굳이 삶의 의미 따위 따지지 말고 오감 느낌이 이끄는 대로 살면 된다.

그게 마음대로 됩니까? 하고 항의하지 마라. 즐거운 삶도, 즐거울 수 있는 방법을 공부하고 연습하고 노력해야 얻는 것이다. 정서는 태도를 변화시키고 태도는 행동을 변화시킨다. 그 답과 선택은 본인에게 있다. 그렇게 하지 않으면 미래에 공원에 앉아 있는 초라한 노인이 되어 있을 것이다.

그러면 방법 하나를 제시해 보겠다.

누구를 만나면 대화가 '차 한 잔'으로 시작한다. 나는 집에서 혼자 마신다 해도, 이왕이면 일회용 종이컵 말고 예쁜 그림이 그려져 있는 도자기로 된 찻잔에 마신다. 티백이 아닌 잎 차를 물에 띄워서 우려지는 것을 보며 마신다. 이렇게 하면 마음속에 다가오는 느낌이 다르다. 그런데 이때 찻잔에 물을 따를 때 더운물과 차가운 물소리가 다르다. 찬물은 경쾌한 소리가 들린다. 더운물은 뭉근한 소리가 난다. 장맛비 소리와 가을비 소리가 다르다. 이렇게 도자기로 차 마실 때, 잎 차 마실 때 느낌과 소리를 다르게 느낄 수 있는 마음의 수준이 생겼을 때 29개 강조체 단어 중 어떤 것이 다가온다. 이것이 즐거움이다. 소리가 다르다는 것을 느끼는 것은 오감 중 청각에서 한다. 청각에서 이러한 구분과 분리를 할 수 있다면 여기서 당신은 쾌감과 즐거움을 느낄 수 있다. 이처럼 당신 쾌감과 즐거움을 느끼는 것은 오감 활용을 통해 할 수 있다.

이것도 연습과 노력이 필요하다. 그러면 오감을 통해 29개 강조체 단어 중 어느 하나를 느끼는 생활을 할 수 있도록 연습해 보자. 차 한 잔 마셔도 종이컵보다 예쁜 도자기 컵에 마셔보자. 커피를 마셔도 단 맛, 쓴 맛, 신 맛, 쓴 맛 비율을 생각하면서 마셔보자. 느낌이 각각 다르게 다가온다. 이 다르게 다가오는 상태가 '즐거움'인 것이다. 행복도 방법을 알고 연습과 노력이 필요한 것이다. 그래서 즐거움과 행복은 연습과 노력의 결과물이다. 대부분의 사람은 일상생활 하면서 29개 강조체 단어 중 한 개 이상을 느끼고 있다. 그런데도 지금 즐거움을 많이 경험하지 못하는 것은, 무엇인가 느끼고 있지만 느끼고 있는 것을 의식하지 못하기 때문이다.[6] 연습

6 허용, 느낌말 모음집, 한국지역사회교육협의회, 2003, p. 37

을 하지 않았기 때문이다. 자기 노력과 연습으로 어느 순간에 어떤 감정이 발생했다는 것을 올바르게 인식하고 알아차리고 인성하는 능력이 생기면 "자기 자신의 즐거운 상태"를 깨닫게 된다. 앞서 말한 마음의 수준이 생긴 것이다. 그렇게 되면 현재 내가 즐겁게 사는 사람인지 아닌지 알 것이고, 자기 자신이 누구인지 아는 사람이다. 그렇지 못한 사람은 즐거운 인생인데 즐거운지 모르고, 그냥 의미 없이 무심코 살아가는 사람이다.

오감五感 느낌이 이끄는 대로 살아보자. 이것이 오감 Lifestyle이다. 그렇지 않으면 당신 생활에서 "눈물겹다 · 울고 싶다 · 태연하다 · 아쉽다 · 담담하다 · 외롭다 · 서운하다 · 힘들다 · 지친다 · 포기한다 · 화난다 · 심심하다 · 허전하다."라는 단어가 당신 마음을 지배할 것이다. 거듭 말하지만 즐겁게 느끼는 것도 방법을 알고 연습하고 노력해야 한다.

2

140만 원 행복 Lifestyle로 은퇴 생활하기, 서은국 방법으로 살면 된다

2020년 3월경 친구 김00와 술 한잔 한 적이 있다. 술잔이 몇 순배 돌아가더니 그가 불쑥, 올가을까지 '행복 연습' 하고 있다고 자랑스럽게 말한다. 뭐 행복 연습 하겠다고! 어떻게? 질문했다. 그는 무조건 하겠다고 하면서 종이에 적은 6가지 실천 리스트를 나에게 보여주었다.

김oo의 To Do List

미각 행복-내가 가지고 있는 옷 중에서 가장 비싼 옷 입고 가장 비싼 음식 먹기
시각 행복-스마트폰 끄고 태백산 정상에 가서 하늘 보고 바다같이 펼쳐진 산 경치 보기
미각 행복-진짜 맛있는 횡성 한우에 소주 실컷 먹고 술 취하기
촉각, 후각 행복-울진 죽변항 가서 회 한 그릇 먹고 사랑하는 사람 손잡고 항구 산
　　　　　　　책하며 짠 기운 느끼기
청각 행복-좋아하는 친구와 000에서 치킨과 캔 맥주 마시며 존 덴버의 Today 노래 듣기
오감 행복-봄이 되면 시골 산자락에 텐트 처놓고 냉이 캐서 가스버너로 된장국 끓여 먹기

김00의 To Do List를 실천한다고 한 데에는 곡절 과정이 있었다. 전해 들은 곡절 과정을 요약해 보겠다. 그 친구는 2021년 현재 63세 아서씨나. 공공기관에서 33년 근무 후 60세 정년퇴직으로 은퇴했다. 은퇴 전에는 상사들과 민원인들에게 온갖 구박에 시달리면서 참고 일했다. 과중한 업무도 굳건히 견뎌냈다. 돈 벌기 위해 정말 기를 쓰고 열심히 발버둥 치며 직장생활 했다. 가족부양이라는 책임감이 견디는 힘이었다. 임원승진이라는 목표를 달성하면 행복해지리라는 기대감이 위로가 되어 견딜 수 있었다. 겨우 승진했다. 그러나 행복은 승진하고 석 달뿐이었다. 승진 상태가 익숙해지니 행복감이 없어졌다고 한다. 직장생활 내내 이상하게도 오늘이 어제보다 더 행복하지는 않았다고 한다.

그는 은퇴 후 특별히 하는 일 없이 돈 되는 일거리가 걸리기를 기다리며 여기저기 기웃거리며 놀고 있다. 아침에 일어나 강아지 산책 시키고 아침 식사 후 월 3만 원 비용이 지출되는 탁구장에 가서 11시 30분까지 운동을 한다. 탁구 동료들과 점심을 먹고 카페 가서 커피 한잔한다. 2~3시쯤 된다. 커피 마시고 집에 오던지 개인 볼일 보던지 걷기 등의 운동을 다시 한다. 그리고 저녁 먹고 TV 보다 취침한다. 그저 시간 때우는 이러한 하루 일상을 매일 반복하고 있다.

틈틈이 유일한 취미인 사진 찍기를 주 1회 정도 주변 산과 강가를 중심으로 하고 있다. 이 사진 찍기도 집중해서 하지 않는다. 단순 '시간 때움' 용이기 때문이다. 그 외에는 특별히 하는 일이 없다. 은퇴 후 삶의 질은

Lifestyle 선택에 달려 있다고 했다.[1] 1장에서 설명한 것과 같이, Lifestyle이라는 것은 은퇴자 개인 스스로 자기만의 방법으로 살아가는 방법과 수단을 말한다. 혼자 놀 수 있는 도구를 말한다. Lifestyle 선택은 "나는 이런 것에 관심과 가치를 두고 살아가고 있어! 나는 이런 사람이야! 나는 이렇게 살아가고 있어! 나 아직 살아있어!" 하고 말하는 것이라고 했다.

김00는 그나마 '시간 때움'용이지만 사진 찍기 Lifestyle로 나는 이런 사람이야 하고 자신을 그나마 표현하고 있다. 어정쩡한 표현이다. 사진 찍기 이외 확실하게 자기를 표현하는 것이 없다. 그의 일상은 자기를 표현하는 것이 아니라 그저 반복되는 일상으로 시간을 때우는 모습일 뿐이다.

김00는 34평짜리 7층 아파트에 살고 월 국민연금 170만 원 나온다. 착실하게 준비한 개인연금과 기타 재산 등에서 80세까지 월 70만 원 정도 수입원을 만들어 놨다. 월 총 240만 원 정도 수입이다. 금융 재산은 딸 하나 아들 취업 시 거처할 전세 비용과 결혼 비용 등으로 모아놓은 1억 원과 용돈 및 비상금으로 쓸 현금 5천 만 원이 전 재산이다. 240만 원 중 암보험과 병원비 충당을 위한 실비보험이 매월 60만 원과 아파트 관리비, 자동차 보험료 등을 합하여 매월 고정비용으로 100만 원 정도 지출된다.

실 월 생활비는 140만 원 정도다. 월 150만 원 정도만 더 있으면 그런대로 괜찮을 거 같은데 부부 생활비로는 턱없이 부족하다. 일거리가 없으니 항상 노심초사하고 있다. 3년째 일거리를 찾고 있으나 못 찾았다. 초조하다. 부부갈등도 나타나기 시작했다. 어느 날 술 한 잔 먹는데 문득 "이렇게

---

1   정경희, 노인문화의 현황과 정책적 함의, 한국보건사회연구원, p. 83

계속 월 140만 원 가지고 살아야 하나, 어떻게 살아야 하지, 돈 버는 재주가 없는데 돈빌이만 계속 구해야 하나? 돈을 일마 더 벌어야 하지? 돈벌이가 계속 없으면 어떻게 하지?" 하는 생각이 머리를 아프게 했다.

고민이 된다. 돈 버는 일거리가 생기면 계속 돈 버는 일을 할 것이라고 하면서도 다른 한편으로는 죽을 때까지 또 일해야 하나? 하는 마음이 든다. 고민 끝에 타협적 결론을 내렸다. 현대 나이로 다지면 70세가 56세이므로 "돈 되는 일이 생기면 70세까지만 일하겠다. 만약 돈 되는 일이 없으면 별수 없이 140만 원에 맞춰 살아야지 뭐!?" 그런데 이때 불현듯 "또 돈 벌어야 하는 생활을 한다면 내 인생은 뭐고 내 행복은 뭐지? 140만 원짜리 생활은 불행인가? 140만 원 안에서는 행복을 느낄 수 없는 것인가? 140만 원짜리 행복이 과연 있을까? 월 140만 원짜리 행복을 어떻게how 만들지?" 라는 생각이 머리를 때렸다고 한다.

이러한 고민을 하던 중 우연히 서은국 교수[2] 《행복의 기원》이라는 책을 읽게 되었는데 큰 충격을 받았다. 왜냐하면 이 책을 통해 월 140만 원 가지고도 행복하게 살 수도 있겠구나 하는 마음을 먹는 계기가 되었고 그 길이 보였기 때문이다. 그래서 나온 것이 To Do List였고 이것을 실천해보기로 했던 것이다. 막상 실천해보니 참 이것이 행복이구나 하고 느끼고 있다고 한다.

그러면 이렇게 마음먹게 해준 '행복의 조건'이라는 책에서 주장하는 행복론을 소개해보겠다. 요점은 이렇다. 사람의 뇌에는 '쾌감센터'라는 것이

---

2 연세대 교수, 세계에서 가장 활발하게 인용되는 행복 심리학자 중 한 명, 행복에 대한 과학적 연구자

있다³. 이 쾌감센터가 인간의 쾌快 혹은 불쾌不快의 감정을 구분하여 만들어낸다. 행복은 쾌快라는 감정이 발생하여 생기는 경험이다. 쾌라는 감정은 행복감을 말한다. 그런데 이 쾌는 생존과 연결되어 있다. 즉 생존하기 위해 발생한다. 그렇다면 이 쾌라는 감정을 인간이 왜 느낄까? '쾌'라는 감정이 언제 발생하는가?

사람은 왜 쾌快 혹은 불쾌不快의 감정을 구분하여 만들어낼까? 생존과 밀접한 결정들을 효율적으로 처리하기 위해서다. 쾌와 불쾌 신호는 사람을 위험으로부터 보호하고 기회를 포착하도록 하기 위해 보내는 것이다. 예를 들어 뱀, 절벽, 사기꾼, 썩은 음식들은 위협 요소다. 이때 쾌감센터에서 두려움이나 역겨움 같은 불쾌의 감정을 유발하여 위험하니 피하라, 먹지 마라 하고 메시지를 전달하여 위험으로부터 벗어나게 하는 것이다. 심리학에서는 이 불쾌의 감정을 "부정적 정서"라고 한다. 그러나 위험을 피하는 것만으로는 장기적으로 생존할 수 없다. 비옥하지만 가보지 않은 낯선 땅, 짝짓기를 위한 매력적인 이성, 절벽에 붙어 있는 꿀이 가득한 벌집 등이 있다고 치자. 그런데 장기적 생존 차원에서 이러한 자원을 확보해야 한다. 이것은 엄청난 의욕과 에너지를 요구한다.

따라서 그 노력에 상응하는 강력한 보상이 필요하다. 쾌감을 유발하는 정서가 바로 이런 역할을 하는 것이다. 쾌감의 경험에 우리가 붙이는 명칭은 기쁘다 · 재미있다 · 통쾌하다 · 즐겁다 · 신난다 · 좋다 · 희열 · 성취감 · 뿌듯함 · 자신감 등이다. 이러한 경험을 한번 맛보면 또다시 경험하고

---

3 서은국,《행복의 기원》, 21세기북스, 2014, p. 68, 70, 74,~77.

싶어진다. 심리학에서는 이것을 "긍정적 정서"라고 한다. 이렇게 되면 장기적 생존 확률이 높아진다.

다시 말하면 쾌와 불쾌 감정은 나설 때와 물러설 때를 알려주는 '생존 신호등'인 것이다. 불쾌 감정은 해로운 것으로부터 우리를 보호하는 빨강 신호등이고, 쾌의 감정들은 '파랑 신호등'이고 행복은 이런 경험에 바탕을 두고 있다. 행복의 핵심은 부정적 정서에 비해 긍정적 정서 경험을 일상에서 더 자주 느끼는 것이다. 쾌락의 횟수 즉 빈도가 행복을 결정적으로 좌우한다. 다시 말하면 행복이라는 것은 쾌락의 횟수가 많이 발생한 상태를 말한다. 이것은, 주어진 140만 원 조건의 하루하루 일상에서, 소소한 행복을 만들어 자주 느끼면 그 범위 안에서도 행복한 생활을 할 수 있다는 것을 말해 준다.

선택의 여지가 없다. 또다시 돈 버는 일을 하지 않을 거면, 돈이 하늘에서 떨어지지 않는 한, 월 140만 원 범위 내에서 김00처럼 행복을 만들며 살면 된다. 김00는 57세에 임원승진 후 60세에 은퇴했다. 그 기간 행복했던 기억이 그리 많지 않았다. 겨우 3년 임원 생활 하려고 30년을 발버둥치며 생활했다. 그것도 3년 임원 생활 중 행복했던 시간은 승진 후 석 달뿐이었다. 석 달을 위해 32년 9개월을 희생하고 웬만한 것은 다 생략하고 살았던 것이다.

은퇴 후도 그렇게 살다 죽을 것인가? 은퇴 후의 생존은 외롭지 않고 무기력해지지 않고 우울증 걸리지 않고 건강하고 즐겁게 사는 것이다.

"100년을 살아보니 미래보다 하루하루가 중요합니다."라고 말한 2021

년 99세인 풍류 신학 개척자 유동식 박사[4] 말이 생각난다. 그러기 위해서는 김oo처럼 To Do List를 개발 · 실천하여 기쁘다 · 재미있다 · 통쾌하다 · 즐겁다 · 신난다 · 좋다 · 희열 · 성취감 · 뿌듯함 · 자신감 등으로 표현되는 쾌의 감정을 하루하루 경험하면서 사는 것이다. 6가지 To Do List는 140만 원 가지고 충분히 개발하여 실천할 수 있다. 돈이 많지 않아도 된다. 서은국 교수 말처럼 행복은 횟수 즉 빈도라고 했다. 이와 같은 쾌의 감정을 자주 경험하는 것이 행복해지는 지름길이다.

이외 다른 행복의 방법은 이 세상에 없다. 140만 원 범위 안에서도 얼마든지 행복을 만들 수 있다. 당신은 할 수 있다. 이것조차 못한다고 말하지 말라. 그러면 반복되는 일상으로 시간을 보내다 그냥 무의미하게 나이 먹는 사람일 뿐이다.

---

4 전 연세대 신학과 교수, 1922년~2021년 현재(99세), 풍류 신학 개척자

살아가는데 삶의 의미가
꼭 있을 필요는 없다.
화무십일홍(花無十日紅)
Lifestyle로 살아가면 된다

얼마 전까지만 해도 인생 후반전을 살아가는 장년층을 통칭하여 부르는 말이 있었다. 노인 세대, 노약자, 노인층, 고령자, 실버 세대, 청년 노인, 45세면 사실상 정년이라는 사오정, 56세까지 직장에 남아있으면 도둑이라는 오륙도, 62세까지 근무하면 오적五賊[1]이라는 육이오 등. 그러나 100세 시대의 2021년 장년층은 그때와 다르다. 우리나라 대부분의 부동산을 소유하고 있는 경제력, 이에 따른 소비력, 지적능력, 사회 활동력, 건강 조건을 갖춘 세대다. 이들을 뉴 실버, 뉴 그레이, 다이아몬드 세대, 뉴 시니어, 신 중년(55~75세),[2] 액티브 시니어, 앙코르 세대 등으로 부른다. 이를 통틀어 '신 인류 세대'라고 한다. 이들은 은퇴 후 시간과 경제적 여유를 바탕

---

1 구한말에 을사늑약 체결에 가담한 다섯 매국노. 외부대신 박제순, 내부대신 이지용, 군부대신 이근택, 학부대신 이완용, 농상공부대신 권중현을 이른다.

2 출처 : 파파홍, 원더풀 인생 후반전, 유튜브, 2021.3.18

으로 또 다른 삶에 대한 의욕, 꿈을 향한 도전, 자식으로부터 독립, 자기 계발, 의미와 가치 있는 삶, 여행 등의 삶을 추구하며 살아간다.

그러나 이들도 나이가 들고 눈이 나빠지고 몸과 마음이 잘 따르지 않기 시작한다. 생각하는 것도 귀찮아지고 느려진다. 이제는 어떤 꿈을 위해 쓸 힘이 약해진다. 그러면 육체적 도구를 활용한 삶이 점점 힘들거나 귀찮아진다. 이때 육체가 쇠약해져 활동에 제약을 받으면 어떤 Lifestyle로 시간 보내며 살아가야 하는가? 하는 고민을 하게 된다고 말한 적 있다. 그렇다면 은퇴 생활에서 가장 중요한 것은, 육체 활동이 없어지며 생기는 남아도는 시간을 대체해야 하는데 그것이 정신 활동 시간이고 감각 활동 시간이다. 아울러 개인적 삶 실현과 개인적 쾌락 실현을 위한 시기다.[3] 이 중 자기 처지에 맞는 삶의 Lifestyle을 선택하는 것이 필요하고 또한 중요하다.

각자 다르겠지만 나는 개인적 쾌락 실현을 위한 Lifestyle을 선택할 것이다. 이 시간은 그냥 개인 스스로 즐겁게 살아가야 하는 기간이라고 생각하기 때문이다. 왜냐하면 사람이 살아가는데 꼭 의미가 있는 것은 아니기 때문이다. 또한 꼭 의미가 있을 필요도 없기 때문이다. 그냥 복잡하지 않게 편안하고 단순하게 살아가는 것도 썩 괜찮다.

나는 매주 00요일에 만화가 허00가 진행하는 백반 기행 TV 프로를 꼭 챙겨 본다. 전국의 평범하지만 평범하지 않은 대부분 한식의 맛집을 찾아가는 프로그램이다. 이것만 보면 행복하다. 그래서 방영된 식당을 정리한 책도 샀다. 책을 들고 식당을 찾아다니며 음식을 먹는 식도락 여행 중이다. 그런데

3　마광수,《인간에 대하여》, 도서출판 어문학사, 2016. pp. 6~11~21

하루는 친구 배00에게 전화가 왔다. 식도락 여행을 같이 다니자는 것이다.

그는 대학 졸업 후 사법고시 공부를 10년 했다. 10년 동안 선국 합격 살되는 사찰이라는 사찰은 다 돌아다니면서 공부했다. 1차는 합격하는데 2차에서 꼭 불합격했다. 고시 공부를 포기한 그는 아쉬움을 뒤로 한 채 네덜란드가 본사인 I00라는 보험회사에 취직하여 영업 사원이 되었다. 그때 나이가 40살이었다. 늦은 나이라는 취약점 극복을 위해 정말 열심히 일했다. 그 결과 전국 영업 실적 3위를 하여 영업 사원으로서는 드물게 이사 자리까지 올랐다. 그러나 보험회사가 그렇듯 직원에게 돌아오는 개인 수익은 얼마 되지 않는다고 한다. 그는 이러한 구조적으로 불합리한 조직 생리에 더 이상 이용당하기 싫어 50살 되던 해에 사표를 냈다.

사표를 낸 더 큰 이유는 돈도 돈이지만 전국 영업 실적 3위를 했어도 행복하지 않았고 여기에서 자기 삶의 의미도 찾을 수 없기 때문이었다고 한다. 친구는 이렇게 말한다. "나는 사법고시 합격이 삶의 목표이고 의미인데 그렇지 못하고 대체재인 보험회사에서 오직 돈벌이만 하고 있다. 그런데 어~ 하다 보면 60살이 되고, 70살이 될 텐데 돈 번 기간이 자기 인생에서 무슨 의미인지 회의감이 들어! 아무런 의미를 느끼지 못하겠어!"라고 말한다.

그래서 같이 여행 다니면서 즐거움을 느끼고 싶다는 것이다. 그래서 지금은 이 친구와 함께 2주에 한 번 정도 전국 맛집 찾아다니며 식도락을 즐기고 있다. 시간이 즐겁게 지나간다. 옛날 직장 다닐 때 여행은 이런 즐거움이 없었다. 직장 다닐 때 여행이나 여가 활동은 단순하게 삶의 스트레스 해소 차원 그 이상도 이하도 아니었기 때문이다.

화무십일홍花無十日紅이라는 말이 있다고 하면서 배00가 이 말에 대해 설명한다. 열흘 동안 붉은 꽃은 없다는 뜻으로, 한 번 '성'한 것이 얼마 못 가서 반드시 '쇠'하여짐을 비유적으로 이르는 말이다. 인생도 무상하고 권력도 무상하다는 말이다. 화무십일홍 같은 인생 살아가는데 꼭 이유와 의미가 있을 필요는 없다.[4] 오감이 즐거우면 그뿐이다. 삶의 의미가 없어도 즐겁다. 즐거우면 되는 것이다. 필자가 1항에서 말한 적이 있다. 삶에 의미가 있다는 것은, 살아가는데 목적의식을 주기 위한 동기부여가 필요한데 이를 위한 도구일 뿐이다. 그러니 살아가는데 이유와 의미를 붙일 필요는 없는 것이다.

은퇴 후, 쓸데없는 목적의식으로 포장한 꿈은 없어도 좋다. 목적의식이 있으면 힘이 들어간다. 스트레스가 쌓인다. 그래서 목적의식은 없어도 좋다. 목적의식도 좋지만 힘들어하는 그 자체가 스트레스다. 오감이 즐거운데 꼭 목적의식 같은 의미를 부여할 필요는 없는 것이다. 오감五感(시각·청각·미각·후각·촉각)만으로 느껴도 가치 있고 즐거운 인생이다. 오감 Lifestyle 그 자체로 시간 보내는 것도 괜찮다.

"화무십일홍花無十日紅"같이 인생과 권력의 무상함을 묘사하는 말로 이보다 더 압축적인 말은 찾아보기 힘들 것이다. 새싹 나고 나뭇잎이 푸르고 장마가 되고 푸른 잎이 낙엽이 된다. 그 위에 눈이 내린다. 다시 새싹이 움튼다. 이처럼 사계절 변화하는 모습을 보면, 이 세상에 영원한 것은 없다는

---

4 출처 : 고미숙 교수 GMC 풀 강연: 삶에 꼭 이유가 있어야 하나 - 고미숙 작가 유튜브 강의

지극히 평범한 화무십일홍 의미가 더욱 실감 난다. 어느 누구도 끝 혹은 소멸을 피할 순 없다.

Frank Sinatra 〈My Way〉(1969) 노래가 있다. 미국 스탠더드 팝 음악의 아이콘 프랭크 시내트라가 쉰네 살이 되던 해인 1969년에 발표하여 아직도 노년의 장엄한 찬가로 남아있는 노래다. 노래에서 반복해서 강조하는 'My Way'라는 말은 '나만의 길' 즉 '나만의 방식'을 말한다.

> 내 목표는, 오감을 활용하여 내 인생을 나만의 방식으로 즐겁고 맛있게 사는 것이다. 나는 이런 삶의 길을 따라 조심스럽게 한 걸음씩 옮길 것이다.

나는 식도락 여행하면서 낚시도 같이 즐기고 있다. 고기를 낚으며 즐기는 짜릿한 손맛 때문이다. 이 '짜릿함'이 지금 이 순간 나에게 주는 최상위 즐거움이고 쾌감이다. 이것이 현재 나에게 주는 최고의 행복이다. 이 짜릿함 그 이상도 이하도 생각할 필요 없다. 삶의 역할이 없어진 은퇴 생활시간에 이러한 즐거움과 쾌감을 가져올 수 있는 다른 어떤 도구가 당신에게 있는가?

얼마 전 한 신문 기사에서 호주 · 미국 등에서 장애인 서핑 대회가 열리는데 시각장애인이 참석하여 대회를 무사히 마쳤다는 기사를 읽은 적이 있다. 내용의 핵심은 오감을 활용한 일상의 즐김이었다.

사진[5]은 국제서핑협회 장애인 서핑 대회에서 2018년 은메달을 딴 시각

---

5 출처 : 조선일보, 2020.2.28. A22면

장애인 '서퍼 링 파이' 씨가 미국 캘리포니아주州 샌디에이고 부근에서 파도타기를 즐기고 있는 모습이다. 세계적인 장애인 서퍼들은 파도가 근사한 바다에서 일상처럼 서핑을 즐긴다고 한다.

호주 출신 폼스톤이 강연한 내용을 인용해 보겠다. "눈이 안 보이면 파도의 본질을 더 잘 느낄 수 있어요. 파도는 '움직이는 물'이 아니에요. '물을 따라 움직이는 에너지'입니다. 귀와 발을 통해 전해지는 진동으로 그 존재를 선명히 감지할 수 있다는 뜻이지요. 못 믿겠다고요? 눈 감고 파도를 타보십시오. 새 세상이 열릴 겁니다."

시각만 제외한 모든 감각으로 파도를 느낀다는 것이다. 서핑을 즐기는 시각장애인 한혜경 씨의 말을 빌리면, 서핑할 때 안 보이면 파도가 더 잘 느껴진다고 한다. 서핑은 귀와 발의 진동을 느끼는 즐거움이기 때문이라고 한다. 삶을 즐기는데 오감 어느 것도 활용이 가능하다는 것을 보여준다. 시각장애인도 화장을 하고, 당구를 치고, 보드게임을 즐기고, 노래방에서 흥겹게 노래하고 춤추며 즐긴다. 누군가는 "시각장애인이 어떻게 서핑을 해?"라고 물을 수도 있겠다. 하지만 오감五感 중 시각을 뺀 나머지 4가지 감각을 활용해 서핑을 하는 것이다.

은퇴했다는 것은 어쩌면 '역할'로 상징되는 '시각'에 장애가 발생했다고 볼 수 있다. 사람은 저마다의 방법으로 인생을 즐겁게 살 수 있다고 생각한다. '서퍼 링 파이'같이 시각에 장애가 발생하면 나머지 4개 감각기관을 활용하여 즐기는 깃처럼, 은퇴자도 인식 전환을 하여 오감을 이용하거나 나름대로 방식만 달리하면 즐겁게 살아갈 수 있을 것이다.

예를 들어보자. '말 없는 예술'을 좋아하는 남성들이 늘어난다고 한다.[6] 동적動的이고 언어 중심으로 의미전달 하는 영화 · 가요 · 뮤지컬 · 연극보다 미술 · 무용 · 클래식 음악을 더 선호한다는 것이다. 미술 · 무용 · 클래식 음악 공통점은 '비非 언어 예술'이라는 것이다. 신경 써서 듣고 이해해야 하는 말과 글을 피해, 그냥 오감으로 즐기고 싶은 것이다.

은퇴 전 20~30년간 각종 말과 의미 속에서 살았다. 매일같이 한글과 영어로 회의하고 · 서류 검토하고 · 결재 올리고 · 혼나고 · 지시 받고 · 가르친답시고, 설명한답시고 하는 잔소리 들으며 생활했다. 평생 "언어에 의한 간섭 피로도" 속에서 살았던 것이다. 그러니 언어가 없는 클래식을 들을 때는, 가르치려 하지 않고 설명하지 않아서 좋고, 이 시간만큼은 "간섭 받지 않는 내 시간, 가만히 내버려 두는 내 시간"이고, 자유로워지는 내 시간이라는 것이다.

이렇게 다양한 자기 방식을 개발해 보자. 은퇴 아버지인 당신 오감 상태는 어떠한가? 상한 오감은 어떤 것이고 온전한 오감이 어떤 것인가? 활용 가능한 오감은 어떤 것인가? 당신은 활용 가능한 오감을 이용하여 즐길 준비를 하고 있는가? 역할이 없어진 상태에서 오감으로 즐기지 않고 다른 어떤 것으로 행복할 수 있는 방법이 있는가?

---

6 조선일보, 2019.12.19. A24. '말 없는 예술이 좋다, 발레, 전시에 빠진 남성들'

마광수에게 배우자,
'독락당獨樂堂 문화적 인간'이 되어
시간 무료하지 않게 보내기

은퇴는 생존 시장에서 퇴출당한 것이다. 그래서 은퇴 후는 문화적인 인간이 될 수 있는 절호의 기회다. 은퇴는 문화적 인간이 되게끔 시간이 주어지는 것이다. 왜냐하면 생존 시장에서 벗어나면 생존에 쏟았던 지향점과 시간이 줄어든다. 그만큼 빈 시간이 생긴다. 은퇴 생활은 이 빈 시간을 채우는 행위다. 이때 빈 시간을 채우는데 가장 좋은 도구가 '문화'다. 그럼 문화란 무엇인가?

마광수 교수가 주장한 문화의 기원[1]을 살펴보겠다. 그 옛날 인간은 걷기 행위가 시작되면서 집단으로 땅에 정착하게 되었다. 이후 인간이 생각을 하게 되는데 이때 멀리 가보고 싶은 '이동 충동'과 혼자서 자유롭고 싶은 '개인주의적 의지'가 다른 것보다 더 발달하게 됐다. 이 개인주의적 의지

---

[1] 출처: 마광수, 《인간에 대하여》, 도서출판 어문학사, 2016. p. 18, 20.

에 의해 인간은 집단사회로부터 격리되어 혼자되고 싶은 충동 때문에 이른바 '문화'라는 것을 만들이냈다는 것이다. 문화는 사회적 제약과 구속으로부터 일시적으로나마 모면하고 싶어 하는 인간의 잠재적 욕구 소산이었다. 문화는 한 마디로 백일몽적 도피요, 카타르시스[2]이기 때문이다. 문화의 정수라고 할 수 있는 '예술'을 생각해 보면 더욱 그렇다. 예술은 개인적 창의성 발현이지 '집단적 합의'나 '집단적 노력'의 소산이 아니다.

인류 최초의 문화인 또는 예술인들은 집단으로부터 소외된 소수의 병자病者들이거나 허약자들이었다. 그들은 몸이 약해 사냥을 할 수 없었고 싸움을 할 수 없었다. 그래서 동료들의 천대를 받으며 낮에는 동굴에 남아 심심풀이로 벽화를 그리고 밤에는 동료들에게 노래를 들려주면서 음식을 얻어먹었다. 이런 형태가 발전되어 미술이 되고 시가 되고 음악이 되었다.

말하자면 '사회적 동물 또는 집단적 동물'이 아닌 '개인적 동물'로서의 인간이 문화를 만들어 낸 것이다. 따라서 생물학적으로도, 인간 욕구 측면에서도 문화는 은퇴 후 빈 시간을 채우는 데 있어서 가장 적절하고 필요한 삶의 도구다. 그러므로 은퇴 후는 개인적 동물로서의 문화 시간이 부여되는 기간이고, 문화적 인간이 되는 시기이고, 문화적 생활을 하는 시기라고 할 수 있다. 또 그럴 수밖에 없다.

생존 시장에서 퇴출당한 아버지는 사회집단에서 방출되어 소외된 인간이 되었다. 이제 무료함과 외로움이라는 병자病者거나 허약자가 되었다.

---

2 마음에 쌓여 있던 우울함, 불안감, 긴장감 따위가 해소되고 마음이 정화되는 일. 마음속에 억압된 감정의 응어리를 언어나 행동을 통하여 외부에 표출함으로써 정신의 안정을 찾는 일.

말 그대로 이제 혼자다. 그렇기에 몸과 마음이 약해 더 이상 생존 시장에서 사냥을 할 수 없고 싸움을 하기가 버겁다. 그러므로 혼자 '개인적 동물'로 살아가야 한다. 그 도구가 '문화'다. 이것이 현명한 은퇴 생활 수단이다. 은퇴하면 어쩔 수 없이 하던 일을 빼앗긴다. 그 시간이 처음에는 풍요하다고 느껴지지만 시간이 지나면 지루해진다. 그렇게 되면 여가를 즐기는 삶을 찾아 나선다. 그러나 대부분 은퇴가 주는 시간만큼 행복이 찾아지지 않는다.

은퇴 후 6개월에서 1년 정도 지나면 지루해지기 시작한다. 지루해지니 다시 일터로 직장으로 복귀하고 싶어 한다. 어쩔 수 없이 복귀하고 싶은 것이다. 마음이 참 지저분한 상태가 된 것이다. 다시 복귀하고 싶은 것은 은퇴 후 생긴 자유 시간을 보내는 방법이 어설프거나 시간 보내고 난 다음 느끼는 마음 울림이 적기 때문이다. 아주 만족스럽고 보람된 경험이 아니기 때문이다. 그냥 시간 때우려고 했던 행위였기 때문이다.

앞에서 "개인적 동물로 살아가야 한다. 그 도구가 '문화'이고 이것이 현명한 은퇴 생활 수단이다."라고 했다. 그 방법의 하나가 독락당獨樂堂[3]에 거처하는 것이다. 건국대 석좌교수 조용헌 교수 말이다.[4] '독락당'은 조선 중기 문신 이언적이 벼슬을 버리고 초야草野에 묻혀 거처했던 건물이다. 독락당은 자기 문화를 만들어 이곳에서 '자기 스스로 자신을 즐겁게 살았다'라는 깃을 의미한다. 학교 다닐 때는 국·영·수가 중요하고, 나이 오십 대

---

3 경북 경주시 안강읍 옥산리에 있는, 조선 중기 문신 이언적이 벼슬을 버리고 초야(草野)에 묻혀 거처하던 목조건물이다. 정식 명칭은 '경주 독락당'이다. 보물 제413호

4 조선일보, '17.11.20. a33. 조용헌 살롱

중반 넘어서는 음音 · 체體 · 미美가 중요하다고 한다. 다른 사람이 자기를 즐겁게 헤 주기를 기대하지 말고, 자기 스스로 자신을 즐겁게 해야 한다는 것이다. 은퇴는 개인적 생활이기 때문이다. 이것을 독락당에 거처한다고 표현한 것이다. 그러자면 그 도구로서 음악, 체육, 미술 등의 문화예술이 필요한 것이다.

은퇴하면 즐거움을 추구하는 삶의 방식 선택 기회가 주변에 많이 존재한 다. 그러나 이러한 존재들이 있음에도, 이것을 활용하거나 즐겁게 시간 보 내는 도구로 선택하지 못하여 시간이 무료하다고 한다. 본인이 무지하거나 게을러서다. 남 탓할 일이 아니다. 그렇다면 어떻게 시간의 무료함에서 벗 어날 수 있을까? 그것은 문화 그리고 여가 활동의 성격에 의해 결정된다.

소파와 냉장고에서 벗어나지 못하고, TV에서 어설픈 즐거움을 느끼면 삶을 무력화 시키는 지름길이 된다. 나만의 꿈을 만들고 행동으로 옮겨야 한다. 이 행동 결과 "얼마나 편안했는지, 얼마나 자주 웃었는지, 얼마나 즐 겼는지"를 기준으로 좋은 평가가 나오면 최고의 은퇴 삶이다. 은퇴한 사람 중 무료함과 건강 문제, 목적의식 결여, 무료함으로 인한 정신 피폐 등이 하나도 일어나지 않은 사람들이 많다. 왜냐하면 은퇴 전에 편안하고, 자주 웃고, 즐거움 주고, 경쾌하고 걱정 없는 '자기만의 문화 Lifestyle'을 만들어 행동으로 옮겨 습관화 된 것이 은퇴 후에도 관성적으로 지속되고 있기 때 문이다.

은퇴를 통해 당신은 무엇을 얻고 싶은가? 창조적이고 건설적으로 시간 을 보낸다면 직장생활에서 느꼈던 만큼의 기쁨과 흥미를 누릴 수 있다. 은퇴 전 당신이 얼마나 만족스러운 생활을 했는가는 전혀 관계없다. 시간의 무료함을 이기려고 스스로 노력하지 않으면 은퇴는 결국 공원으로 가는 나그네가 되는 것이다.

무료하다는 것은 자기 자신에 대한 모독이다.[5] 무료함을 이기려고 무언가 추구하는 당신은 결코 건조한 사람이 아닌 스스로 만족감을 느끼고 웃는 존재로 거듭날 것이다. 인생의 또 다른 기회를 포착하여 또 다른 기쁨을 만끽하는 사람이 될 것이다. 자 지금부터 그림이든 뭐든 시작하자. 재능과 상관없다. 시작이 중요하다.

---

5 어니 J. 젤린스키/김상우 옮김,《은퇴 생활백서》, 와이즈북, p. 125, 127~130.

5

몸으로 하는 마음 관리
마음으로 하는 몸 관리 Lifestyle

은퇴하면 돈 버는 일거리 찾기가 만만치 않다. 돈 잘 벌기는 틀렸다. 즐겁게 시간 보내지도 못한다. 이렇게 지내다 보면 행복이 무엇인지 무감각하게 된다. 세상이 무감각하게 된다. "무료한 시간을 어떻게 보내지?"만 되풀이한다. 일거리 없으면 없는 대로 행복을 만들며 살아가야 하는데 그렇지도 못하다. 대부분 은퇴 아버지가 이렇다. 앞서 누차 말한 바 있다. 이런 상태가 지속되면 불행의 가장 큰 원인인 우울증[1]이 제일 먼저 찾아온다.

퇴직자 A 씨 하루 일상을 보자. 오전 6시에 기상 후 강아지 데리고 30분 정도 산책하거나 TV를 본다. 아침 식사 후 9시에 집에서 자동차로 15분 거리에 있는 우0산으로 등산을 위해 자동차로 이동한다. 하는 일 없는 사람이 복잡한 출근 시간에 피해 주기 싫어 9시에 출발한다. 등산 후 하산하

---

1 심리 기분이 언짢아 명랑하지 아니한 심리상태. 고민, 무능, 비관, 염세, 허무 관념 따위에 사로잡힌다.

면 12시 정도다. 집에 와 샤워하고 식사하면 13시 30분이다. 이 생활이 계속 반복된다. 이때부터 19시까지가 문제다. 갈 곳 없고 할 일 없으니 시간이 무료하다. 무료함이 또 무료하니 사람이 피폐해지며 건강도 나빠진다. 그런데 이상하게도 해가 지면 지루하지 않다. TV로 시간 보내면 곧, 잘 시간이 다가오기 때문이다. "해가 지면 지루하지 않다"라고 생각한다는 자체는, "무료함에 살인 당해 죽어버린 시간"을 살아가는 것과 같은 것이다.

은퇴하면 사회와 동떨어져 지내는 시간이 길어지면서 다양한 경험과 신체 활동이 적어진다. 자연적으로 뇌 자극도 줄어든다. 이렇게 나이가 들어감에 따라 정신적으로 노쇠가 급격히 일어나 치매 등 건강 위험이 높아지는 것이다. 따라서 뇌 자극을 위해 마음훈련 등을 해야 한다. 그러나 마음훈련은 사색과 생각을 하고 독서하고 글을 쓰는 등 무언가 정신 활동을 통해 해야 하는데 사람들 대부분 어려워하거나 하지 못한다. 아니 싫어한다. 가장 큰 이유는 "그건 소질이 있어야 하는 거 아닌가요? 돈 되는 일이 아니잖아요?"라고 말한다.

그렇다면 "별도로 정신 활동을 하지 않고 다른 방법으로 뇌 자극을 통한 정신 활동 효과를 낼 수는 없을까?" 그 방법은 김재권 박사의 '수반隨伴이론'[2]에서 찾을 수 있다. 사람의 육체와 정신은 하나로 통한다고 보는 것이

---

2 김재권(1934~2019, 세계적 분석철학자, 미국 브라운대 교수 역임, 저서(심리철학, 과학철학)), 인간의 육체가 복제된다면 의식도 함께 복제된다는 '수반(隨伴) 이론' 창시, 물실과 정신 분리해서 봐야 한다는 전통적 서양 근대 철학의 흐름과는 달리, 물질과 정신이 하나로 통한다고 보는 심신일원론(心身一元論)을 내세웠다. "우리가 사는 현실 세계는 물질로 이뤄져 있어 모든 게 물리적 법칙에 따라 움직이며, 인간도 예외가 아니다"라는 물리주의(物理主義)를 바탕으로 한다. 자랑스러운 서울대인상 수상.

수반이론이다. "우리가 사는 현실 세계는 물질로 이뤄져 있어 모든 게 물리적 법칙에 따라 움직이며 인간도 예외가 아니다. 인간의 육체가 복제된다면 의식도 함께 복제된다."라는 내용이다.

김재권(1934~2019)

육체와 정신이 서로 연동되어 있기 때문에 육체적 건강이 나빠지면 심리적 건강도 나빠지고 육체적 건강이 좋아지면 심리적 건강도 좋아진다는 것이다. 육체와 정신이 긴밀히 연결되어 있어 서로 영향을 준다는 이론이다.

《염증에 걸린 마음》이라는 책이 있다. 이 책 저자 볼모어[3]에 의하면, 정신적 측면의 우울증 일부는 육체에서 발생하는 '염증성 우울증'이라 한다. 염증 자체가 우울의 원인이 될 수 있다는 것이다. 예를 들어 심장에 영양을 공급하는 관상동맥에 염증이 생기면 이후 몇 주 동안 우울 증상이 나타날 위험이 50%, 우울 장애를 겪을 확률도 20%나 된다. 염증 자체가 우울의 원인이 된다는 것이다. 이것은 염증 물질이 혈관을 타고 뇌에 영향을 미쳐 신경세포 기능에 문제를 일으키기 때문이라는 것이다. 그런데 염증이 우울을 만들기도 하지만 반대로 우울이 몸에 염증을 일으킬 수도 있다고 한다. 경제적 문제나 사회적 고립 같은 스트레스를 받으면 몸에 염증 발생이 증가한다고 한다. 이것은 우울과 염증이 서로 치고받으며 순환 사

---

3 세계적 신경과학자, 케임브리지대학교 정신의학과 교수, 면역정신의학자. MRI 연구 선구자, 인간 뇌 지도 제작자로 세계적 명성, 신경과학과 정신의학연구 분야에서 가장 많이 인용되는 과학자 중 한 사람.

슬로 연결되어 있기 때문이다.[4] 수반이론을 뒷받침하는 내용이다.

수반이론은 뇌 과학 이론과도 일치한다. 독일 막스 플랑크 신경과학 연구소에서 운동과 학습 능력의 연관성을 탐구해온 뇌과학자 마누엘라 마케도니아가 쓴,《유쾌한 운동의 뇌 과학》(해리북스) 책에 의하면, 운동을 하면 뇌에 어떤 변화가 일어난다고 말했다. 기억과 학습을 관장하는 뇌 부위인 해마는 약 20세 이후부터 매년 꾸준히 1~2%씩 쪼그라든다. 40대 중반 이후에는 해마의 크기가 20% 이상 작아지는데, 신경세포가 충분한 에너지를 공급받지 못해 꾸준히 사멸하기 때문이다. 운동하면 시냅스와 혈관의 생성을 촉진해서 해마와 전두피질의 수축 속도를 감소시킨다는 것이다. 따라서 은퇴 후는 육체적 건강관리에 신경 쓰는 것이 제1원칙 노후 생활 Lifestyle인 것이다. 그러니 정신 활동을 하지 못하거나 하기 싫다면 신체 활동과 운동을 적극적으로 해라. 운동으로 정신 문제를 극복할 수 있다.

그러므로 은퇴 후에도 신체 활동[5]을 꾸준히 지속해야 한다. 신체 활동을 통해 건강 생활을 높이는 사례는 많다. 어떤 사람은 당구, 탁구, 배드민턴, 등산 등 취미 활동하고, 어떤 사람은 동네나 노인 복지관 사찰이나 교회에 나가 자원봉사를 한다고 가정을 해 보자. 비슷한 나이와 체력이라면 누가 더 나중에 건강할까? 일본에서 조사된 고령자 생활 연구에 따르면, 월 1회

---

4 출처:조선일보, 2020.5.26. a29. 윤대현의 마음속 세상 풍경. 윤대현(서울대병원 정신건강의학과 교수)

5 일상생활에서 하는 걷기, 계단 오르기, 정원 가꾸기, 가사, 직업 활동, 육아 따위의 일반적인 활동. 건강관리를 위한 운동 활동, 체력 증진을 위해 특별한 목적으로 계획된 신체 활동 프로그램에 참여하는 일.

자원봉사를 한 사람이 아무것도 안 한 사람보다 건강 생활을 지속할 수 있는 확률이 3.9배 높았다. 취미나 학습 활동을 한 사람은 1.6배 높았다.

고령자 자원봉사는 신체 활동을 늘리고, 우울증을 줄이고, 인지 기능을 키우고, 타인을 위해 뭔가를 하는 생각에 주관적 행복감을 높이는 것으로 조사됐다.[6] 효율적 건강 생활 확보를 위해서는 취미나 학습 활동보다 자원봉사가 훨씬 효율적이다. 대부분 운동과 정신이 연결된다는 것을 간과한 채 운동하면 "체력이 증진된다"까지만 생각한다.

자! 지금부터는 육체적 건강이 나빠지면 심리적 건강도 나빠지고 육체적 건강이 좋아지면 심리적 건강도 좋아진다는 점을 확실하게 인식하고 신체 활동과 운동을 적극적으로 하자.

마음은 몸과 분리되어 있지 않다고 했다. 마음 관리를 위한 몸 관리 Lifestyle을 만들어 실천하자.

---

6 출처: 조선일보, 2021.07.01. a27(헬스 에디터의 건강 노트, 김철중 의학 전문기자)

6

은퇴 생활방식은, 스트레스 안 쌓이는 Lifestyle을 우선 선택하는 것
: 측정 도구를 이용한 자기 '은퇴 스트레스' 수준 진단해 보기 설문조사

은퇴 전 생활을 한마디로 표현하는 말이 무엇인지 물어보면 대부분 "스트레스"라고 대답한다. 은퇴 전에는 사회가 요구하는 윤리적 · 도덕적 · 사회규칙 틀에 맞춰 사는 생활이었다. 생존 생활에 초점이 맞춰진 생활이었다. 앞서 누차 말했지만 대부분 사람들은 이 생활 상태가 습관화되고 관성이 되어 환경이 바뀐 은퇴 후도 계속된다. 습관이라는 것은 "예전에는 그렇게 하는 게 정답인데, 지금은 그렇게 안 하는 것이 정답이라는 것을 모르는 상태"를 말한다. 이 상태에서 은퇴 후 새로운 사회환경에 적응하다 보니 육체적 · 정신적으로 질병이 생길 정도로 생활 스트레스가 쌓인다. 은퇴 후는 이렇게 은퇴 전과는 또 다른 이유로 스트레스가 쌓인다. 스트레스가 쌓인다는 것은, 내 주변에서 진행되고 있는 생활이 나와 맞지 않는다는 것 · 나에게 도움 되는 생활 조건이 아님에도 억지로 지속하고 있는 것 · 삶에 여유가 없다는 것을 말한다.

은퇴하면 그동안 지켜왔던 사고방식 · 윤리 · 도덕 · 각종 규칙들이 오히려 생활하는데 스트레스를 주는 원인이 되는 경우가 많다. 그렇다면 스트레스 주는 것을 조절하거나 줄이거나 해야 한다. 행복은 스트레스 가능성을 하나씩 줄여가는 것이다. 은퇴 후 건강을 갉아 먹고 질병을 일으키는 가장 큰 원인이 이러한 스트레스다. 그렇다면 이 스트레스가 내 건강에 얼마나 심각한지 측정해 보자. 그러면 지금 나 자신이 받는 스트레스로 인해 질병에 걸릴 확률이 몇%인지 알 수 있다.

측정 방법은 2가지다. 사회 생활하는 데 발생하는 변화와 여기에 적응하면서 받는 스트레스 심각도 또는 충격 정도를 측정하는 도구로 "사회 재적응 평가척도SRS"[1]가 있다. 다음은 자신의 신체상태 · 심리상태 · 행동으로 살펴보는, 일상생활 스트레스를 측정하는 도구로 "일상생활 스트레스 평가척도K-DSI"가 있다.

사회 재적응 평가척도 도구를 이용해 측정한 결과 300점 이상이면 심질환, 골절, 당뇨병, 다발성 경화증, 결핵, 임신과 출산의 합병증 등 질병에 걸릴 확률이 80% 정도 된다. 150-299점이면 50% 정도, 150점 이하면 30% 정도 된다. 또 일상생활 스트레스 평가척도 도구를 이용해 측정결과, 신체상의 징조, 행동상의 징조, 심리상의 징조 설문에서 4개 이상이 체크되면 스트레스 수준이 심각한 것이다. 이 두 가지 도구를 이용해 현재 자신의 스트레스 정도 그리고 스트레스에 의한 건강이 어떤 상태인지 측정해 보자. 측정된 이 스트레스가 당신의 '은퇴 스트레스'다. 측정해 보면 은퇴한 나는 지금 질병에 걸릴 확률이 몇 %인지 알 수 있다. 그러면 향후 내 인생을 어떻게 디자인해야 하는지 고민이 될 것이다. 은퇴하면 시간 보내는 것 때문에 스트레스가 생긴다. '심리적 자유'가 필요한데 오히려 심리적으로

---

1 (인용) Holmes TH, Rahe RH. The Social Readjustment Rating Scale. J Psychosom Res. 1967;
   11(2): 213-8.

자유가 박탈되어 간다. '심리적 자유감'은 행복 요인 중에 가장 중요한데 여기에는 개인주의적 성향이 긍정적으로 영향을 끼친다.[2] 예를 들면 평소에 어려워하는 사람이나 싫은 사람이 '오늘 시간 있나'라는 말에 '선약이 있다'고 편히 말할 수 있는 것이 개인주의가 주는 심리적 자유다.

1장 2항에서 말한 것처럼 은퇴! 이제는 내 인생 개인주의 시대다. 나 자신 우선 시대다. 스트레스 쌓이는 원인을 과감하게 정리하거나 배척하는 시기다. 스트레스 쌓이게 하는 친구가 있다면 과감하게 정리하고 손절해야 한다. 너무 잘하려고 하지 말자. 잘해서 뭐 할 건데. 남한테 맞추려 하지 말자. 그러다 보면 내 인생은 없어지고 스트레스만 쌓인다. 내 능력 범위 안에서 편하게 생각하고 행동하면 된다. 장담하건대, 내 능력 범위 벗어난 행동은 스트레스 100% 인생이다.

스트레스 쌓이지 않는 마음 상태를 유지하자. 예를 들어 나에게 스스로, '가을의 파란 하늘이 눈에 들어오나요?'라는 질문을 해본다. 눈에 들어오지 않으면, 마음이 지치고 여유가 없다는 증거다. 그런데 여유가 있으면 눈에 들어온다. 이런 눈에 들어오는 모습이 스트레스 쌓이지 않는 마음 상태다. '심리적 자유감'을 느끼려고 노력해 보자. '여유'를 가지려고 노력해 보자.

자 언급한 대로 "사회 재적응 평가척도SRS"와 "일상생활 스트레스 평가척도K-DSI"를 이용해 자기 스트레스 수준을 진단해 보자. 그리고 진단결과를 가지고 곰곰이 생각해 보자. 내 삶의 모습에서 무엇을 고치고 개선하고 마음을 어떻게 새롭게 하고 어떤 Lifestyle을 선택해서 살아야 하는지 디짐혜 보자. 과감하게 스트레스 안 쌓이는 Lifestyle로 바꾸도록 공부하고 훈련해 보자.

---

2 윤대현 서울대병원 정신건강의학과 교수

사회 재적응 평가척도

항목	점수	항목	점수
배우자(사랑하는 사람) 죽음	100	일에서의 책임 변화	29
이혼	73	자식의 분가	29
별거	65	시댁 문제	29
감옥	63	탁월한 개인 성취	28
가까운 가족의 죽음	63	배우자가 일을 시작하거나 멈춤	26
신체 상해 또는 질병	53	학교생활의 시작 또는 끝	26
결혼	50	생활환경의 변화	25
직장에서 해고	47	개인 습관 교정	24
결혼 조정	45	직장상사와의 문제	23
은퇴	45	근무 시간 또는 환경 변화	20
가족의 건강 상태 변화	44	거주지 변경	20
임신	40	전학	20
성관계의 어려움	39	휴식의 변화	19
새로운 가족 구성원의 발생	39	교회 활동의 변화	19
사업 재조정	39	사회 활동의 변화	18
재정상태 변화	38	담보, 대출 10만 불 이하	17
친한 친구의 죽음	37	수면 습관의 변화	16
작업요건 변경	36	가족 모임 수의 변화	15
배우자와의 논쟁 횟수 변화	35	식습관 변화	15
주택담보대출 10만 불 이상	31	독신 자기 책정	자기 책정
담보, 융자, 대출 등	30	기타 항목	자기 책정
합계			

측정 방법	- 1년간 경험한 각 항목 점수를 합한 결과, 점수가 높을수록 스트레스 강도가 큰 것임. - 300점 이상이면 질병(심질환, 골절, 당뇨병, 다발성 경화증, 결핵, 임신과 출산의 병증, 학업 성취도 저하, 결석 및 기타 어려움)에 걸릴 확률이 80% 정도임. - 150-299점이면 50% 정도, 150점 이하면 30% 정도가 질병에 걸릴 확률임. - 만약 1년 내에 똑같은 경험이 한 번 이상 일어난 경우는 발생 횟수×점수로 계산

출처: 홈즈와 레이(Holmes & Rahe, 1976)가 개발한 사회 재적응 평가척도(the Social Readjustment Scale : SRS)

일상생활 스트레스 척도

분야 및 측정 방법	항목
신체상의 징조 4개 이상이면 스트레스 수준이 심각하다.	숨이 막힌다.
	목이나 입이 마른다.
	불면증이 있다.
	편두통이 있다.
	눈이 쉽게 피로해진다.
	목이나 어깨가 자주 결린다.
	가슴이 답답해 토할 기분이다.
	식욕이 떨어진다.
	변비나 설사가 있다.
	신체가 나른하고 쉽게 피로를 느낀다.
행동상의 징조 4개 이상이면 스트레스 수준이 심각하다.	반론이나 불평, 말대답이 많아진다.
	일의 실수가 증가한다.
	주량이 증가한다.
	필요 이상으로 일에 몰입한다.
	말수가 적어지고 생각에 깊이 잠긴다.
	말수가 많고, 말도 되지 않는 주장을 펼칠 때가 있다.
	사소한 일에도 화를 잘 낸다.
	화장이나 복장에 관심이 없어진다.
	사무실에서 개인적인 전화를 하거나 화장실에 가는 횟수가 증가한다.
	결근, 지각, 조퇴가 증가한다.
심리, 감정상의 징조 4개 이상이면 스트레스 수준이 신각하다.	언제나 초조해 하는 편이다.
	쉽게 흥분하거나 화를 잘 낸다.
	집중력이 저하되고 인내력이 없어진다.
	건망증이 심하다.
	우울하고 쉽게 침울해진다.
	뭔가를 하는 것이 귀찮다.
	매사에 의심이 많고 망설이는 편이다.
	하는 일에 자신이 없고 쉽게 포기하곤 한다.
	무언가 하지 않으면 진정할 수가 없다.
	성급한 판단을 내리는 경우가 많다.

출처: 홈즈와 레이(Holmes & Rahe, 1976)가 개발한 "일상생활 스트레스 척도(K-DSI)"

가지고 있는 지식만큼, 용량만큼,
소화가 가능한 범위 내에서 살아가기

사람은 각자 자신이 지금 활동하고 있는 것이 사리에 맞는 건지 분별력 있는 건지 판단하며 살아간다. 그런데 1장 7항에서 잠깐 언급한 바와 같이 사람은 지식과 능력 그리고 정보가 제한되어 있고 그 폭과 범위가 정해져 있다. 따라서 이러한 판단은 제한된 범위 내에서 한다. 그러므로 살아가면서 자신의 제한된 지식과 능력 그리고 정보 범위 안에서 판단하고 행동한다. 다시 말하면 주어진 조건과 제약 요인의 한계 안에서 주어진 목표 성취에 적합한 행동을 한다는 것이다.[1] 황00이라는 은퇴자가 있다. 65세다. 그는 아침에 일어나 식사 후 부부가 함께 탁구 치며 오전 시간을 보낸다.

---

[1] 이상의 내용을 학술 용어로 '제한된 합리성'이라 하는데, "인간은 인지적 능력, 경험, 지식의 폭과 깊이가 제한되어 있으므로 여기를 벗어나는 생각과 행동을 할 수 없다"라는 것임. 이 이론을 만든 '사이먼(Herbert Alexander Simon)'은 노벨경제학상을 받았다(정철현, 행정이론의 발전, 다산 출판사, p. 143, 145~152)

점심은 집 근처에서 맛집 찾아다니며 해결한다. 식사 후 근처 평생교육원에서 서예 공부를 하고 있다. 월 1회 또는 두 달에 1회 정도는 전국 여행을 한다. 전국 맛집 찾아다니기와 둘레길 걷기 여행을 주로 한다. 그리고 주말에는 딸이 쉬도록 외손녀를 데려다 봐준다고 한다. 이 생활을 매일 똑같이 5년째 반복하며 지내고 있다.

그는 무척 행복하다고 한다. 지루하지 않다고 한다. 그는 말한다. "이제 어디 구속당하기 싫다 · 자유롭고 싶다 · 평생 월급쟁이 진력난다. 그래서 어디 취업해서 또다시 남 밑에 가기 싫다. 돈 있는 범위 내에서 마음을 잘 디자인해서 살 것이다. 이대로 그냥 살 것이다."

그런데 문제는 아무리 좋고 신이 나도 그것이 자기 생활권 테두리 안에서 반복되고 익숙해지면 지루하고 무료해지기 시작하는 법이다. 이것을 "생활권의 부정적 익숙함"이라 한다. 그래서 주변 사람들은 똑같은 일상 반복의 즐거움이 언제까지 유지될까 궁금해 한다. 조금 더 지나면 그렇지 않을 거라고 시기 질투 조로 말을 한다. 지루할 때쯤 되면 변화 주는 지혜가 필요하다고 말을 한다.

황00는 생활이 지루하지도 무료하지도 않은 노하우가 있었다. 그는 "일상을 반복하다 보면 몸과 마음이 나른해지고 무감각하고 지루함이 느껴질 때가 있는데 이때 자기 생활권을 벗어나 전국 맛집 찾아다니기와 둘레길 걷기 여행을 한다."라고 한다. 서방이 생활권 빗어나는 것이다. 이렇게 Lifestyle을 가져가니 지루하지 않게 지낸다고 한다. "생활권 변화 기술"이다. 황00는 이렇게 시간 보내면서 100세를 맞이하는 인생관을 가지고 있는 것이다. 누가 뭐라고 하겠는가! 본인이 행복한데!

우리가 어떤 것을 판단할 때 뇌가 외부 자극을 흡수하고Input, 정보와 지식을 소화하고Processing, 그 결과로 판단을 내리는Output 세 가지 과정을 거치며 반복한다. 여기에 가장 영향을 끼치는 것이 자기가 가지고 있는 지식이다.

은퇴 후는 이 지식을 굳이 늘릴 필요가 없다. 노력해 봤자 결과가 그게 그거다. 괜히 힘만 든다. 쓸모없을 확률이 높다. 은퇴할 때 가지고 있던 지식만큼, 자기 용량만큼 소화가 가능한 범위 내에서 외부 자극을 흡수하고 Input, 정보와 지식을 소화하고Processing, 그 결과로 판단을 내리는Output 삶을 살면 된다.

인생은 원래 불합리하다. 앞서 "살아가는데 삶의 의미가 꼭 있을 필요는 없다."라고 했다. 그러므로 보다 나은 생활과 의미를 만들기 위해 또 스트레스 쌓이며 용쓰고 노력하기보다, 비 건설적으로 그냥 사는 게 낫다[2]라고 말하는 사람도 있다. 내 능력 범위 벗어나 부작용 만들지 말고 이제는 그냥 느긋하게 살아도 된다는 것이다. 의미 없는 것도 그것이 내가 좋으면 되는 것이다.

인생의미는 무엇이고 과연 의미를 가지고 있는가? 인생의미라는 것은, 어떤 것을 진행해서 스스로 힘으로 성취하면 이때 성취감을 느끼는 것을 말한다. 이 느낌을 "의미가 있었다."라고 표현한다. 그런데 이 표현이 자신을 만족시키는 중요한 역할을 한다. 이런 절차를 거쳐 만족감이 오면 이

---

2   최성재,《사회복지행정론》, 나남, pp. 37-38

상태를 "인생에 의미가 있다."라고 말한다. 그러나 굳이 "이렇게 복잡하게 살아야 하나?"라는 생각이 든다. 나이 먹으니 이제 단순하게 살고 싶은 마음이 더 크다. 따라서 스스로 힘으로 성취하지 못할 것 같으면 굳이 그것을 추구할 필요 없다. 그냥 자기가 가지고 있는 지식만큼 또한 소화가 가능한 범위 내에서 흡수하고Input, 정보와 지식을 소화하고Processing, 그 결과로 판단을 내리며Output 심플하고 편하게 살아가면 되는 것이다.

더 이상 욕심 부릴 필요 없다. 단순하게 자기가 사는 지역 내에서 보이는 것, 보고 싶은 것만 보면서 즐기면 된다. 이것이 자기에게 주어진 편안한 삶이다. 친구가 "직장 다닐 때는 집이 충전소였지만, 퇴직하니 갈 데가 없어 집에만 있으니 폐기 처분된 기분이다. 여행도 가고 만나고 싶은 사람 만나고 할 땐 시간이 잘 가는데 그도 1, 2년이다. 집에만 있으니 할 일 없는 나날만 계속되니 우울증 직전이다."라고 말하면서 필자한테 질문한다.

"너는 글 쓰며 생활하니 지루하지 않겠다" 한다. 그렇지 않다. 무엇이든지 계속되면 익숙해진다. 그러면 지루해진다. 그래서 필자는 글쓰기 중간중간에 색소폰 학원과 노래 교실 다니고 그림공부하며 기분 전환한다. 어느 정도 수준이 올라가면, 송년회나 모임 할 때 한 곡 연주나 노래를 불러달라고 주문 받는 생각을 상상하니 기분이 절로 좋아진다. 이러면 된 것이다. 이것이 인생 최고 순간이다. 필자는 그래서 항상 혼자 즐겁다.

필자는 비록 초보 작가지만 이제 평생 글 쓰는 현직이다. 즐기면서 열심히 쓸 것이다. 베스트셀러작가 상상을 한다. 책이 많이 팔리면 손자 손녀 옷도 사주고 어려운 사람 도와주는 상상을 한다. 김칫국 마시지 말라 하면서 푼수라 한다. 푼수면 어때, 즐거우면 됐지.

　아내와 짬짬이 텃밭에 자라는 잡풀도 미운 사람 머리카락 쥐어뜯듯이 뜯고, 자라난 상추와 고추장에 밥 한 쌈 싸서 얼굴 양 볼이 툭 튀어나오게 입에 넣어 먹을 것이다. 친구들이 우울증 직전이라고 말하는 것은 생활권과 일상에 대해 변화를 주지 않았기 때문이다. 기분 전환을 위한 어떤 자기 인생 프로그램을 만들어 놓지 않았기 때문이다.

　앞에서 "사람은 지식과 능력 그리고 정보가 제한되어 있고 그 폭과 범위가 정해져 있다."라고 말했었다. 이 범위에서 자기 인생 프로그램을 만들려고 하면 만들 수 있을 것이다. 시도조차 해보지 않는다면 그것은 마음이 게으른 사람이다.

8

은퇴한 인셀 아버지의 불가피한
'논 바이너리 · 양성구유 Lifestyle'
: 공평한 부부관계를 위한
'가사분담 상태 진단' 설문실시

은퇴 아버지인 나는 퇴직 이후부터 앉아서 소변을 보며 생활한다. 은퇴한 나는 아내가 있지만 '인셀 남편', '논 바이너리 남편', '양성구유 남편'이 되었다. '논 바이너리와 양성구유적 Lifestyle 삶'을 살아가고 있는 남편이 되었다. 인셀incel[1]은 '비자발적 독신남involuntary celibate'의 약자로 본인은 여성과 성관계를 맺고 싶지만 그러지 못하는 남성을 뜻한다. 논 바이너리 non-binary는 남성과 여성의 이분법적 성별을 벗어난 사람을 말한다. 양성구유兩性具有[2]는 남성과 여성 모습을 모두 가진 사람을 말한다. 심리학자 카를 구스타프 융과 신화학자 카를 케레니는 공저《신화학 입문》에서 고대

---

1 involuntary celibate(비자발적 독신남)의 약자로, 여성과 성관계를 원하지만 그런 관계를 제대로 가져보지 못한 남성을 뜻함.

2 남성과 여성의 생식기를 불완전하게 가지고 있는 것, 즉 양성의 신체적 특징을 불완전하게 함께 가지고 있는 것을 말한다. 성별을 구별하기 어려운 상태라 양쪽성의 중간성이라고 하여 한자는 중성, 간성(間性)이라고 한다.

부터 남성과 여성 모습을 모두 가진 양성구유를 완전성의 상징으로 여겼다고 했다.

얼마 전 "여자와 자본 적 없는 독신남 '인셀'…新 테러리스트 되고 있다"라는 제목으로 기사가 난 적이 있다.[3] 이런 내용이다. "인셀 그룹에 의한 신종 테러가 위협으로 떠오르고 있다. 2021년 8월 13일 영국에서 자신의 어머니를 포함해 5명을 총기로 살해하고 스스로 목숨을 끊은 제이크 데이비슨(22)이 '인셀'인 것으로 밝혀졌다."라고 보도했다. 충격적이다. 인셀 그룹이라는 것이 있다. 1990년대 연애 시장에서 낙오된 젊은 남성들이 인터넷 커뮤니티 등에 모여 그들의 처지를 비관하면서 등장하기 시작했다. 여성과 관계를 맺지 못하는 데서 오는 자기 혐오와 좌절·분노가 맹목적이고 잘못되게 표출된 것이다. 인셀 커뮤니티는 영국에만 1만여 개 존재하고, 전 세계적으로는 수십만 개에 달한다고 한다.

결혼은 남자와 여자의 생식 관계 유지를 위한 장치다. 이 관계를 연결하는 매개체가 도파민 등 화학적 호르몬이었다. 이 매개체가 남·여 만남을 유도한다. "첫 만남에 눈빛만 보고 사랑에 빠졌다, 상대방 얼굴에서 광채가 난다, 눈에 콩깍지가 껴서 결혼했다."와 같은 말은 호르몬 작용 때문이다. 내 결혼은 이러한 '도파민'[4]이라는 호르몬 작용 때문에 만난 지 3개월 만에 결혼했다. 그렇게 나는 남편이 되고 아버지가 되었다. 도파민과 관련해서는 5장 5항에서 다시 설명된다.

---

3 조선일보, 2021-08-16, a12

4 신경전달 물질로서, 연인이 사랑을 하면서 느끼는 설렘, 기쁨, 즐거움, 호감도 급증 같은 기분들이 도파민 분비로 인해 생긴다. 그래서 사랑의 묘약이라고도 한다.

2021년 현재 결혼 34년 됐다. 나이는 63세다. 은퇴한 지 3년 됐다. 아내는 61세다. 은퇴했지만 부부 사이가 그런대로 아직은 원만하다. 나는 지금도 새벽만 되면 성적 욕구가 불끈 생긴다. 아직도 일주일에 한 번 정도 성생활이 가능하다. 그런데 아내는 폐경이 되면서 성적 욕구가 급격하게 떨어져서 그런지 성관계를 거부한다. 이렇게 은퇴한 남편인 나는 어쩔 수 없이 "인셀 남편"이 되었다. 이유는 남자와 여자의 생물학적 차이다. 이 차이가 은퇴 남편이지만 인간으로서의 남자를 곤혹스럽게 한다. 그렇다고 영국의 '인셀'같이 자기 혐오와 좌절과 분노를 엉뚱하게 표출할 수도 없는 노릇이다.

아내가 성교를 거부하는 가장 큰 이유는 관계 시 통증 때문이다. 질 벽이 얇아지고 질 윤활액이 줄었기 때문이다. 이제 생물학적으로 생식 관계가 끝났기 때문에 결혼 의미가 없어진 것인가? 생물학적 이혼인가? 또한 자식들도 독립해 엄마 역할이 끝났기 때문에 사회적 계약인 결혼 생활도 만료된 것인가? 그런데 문제는 남편인 나는 아직도 성욕이 왕성하다는 것이다. 그렇다면 생물학적으로 아내 입장에서는 이혼상태고, 남편 입장에서는 이혼이 아닌 상태일 것이다. 사람은 다양한 이유로 솔로가 된다. 생물학적으로 섹스를 하지 못하면 솔로다. 그래서 인셀 남편이다. 그러나 남편은 이런 상태지만 '오감 행복을 즐기고 싶고, 성적 욕구가 왕성한데 어떻게 하지?'라는 "님싱이라는 사아"가 대두된다. 본능과 이성이 충돌하기 시작한다. 은퇴 아버지는 이제 어떻게 해야 하나? 나는 어떻게 해결하지? 그렇다고 아내를 무시하고 바람피울 수 없다.

그럼 나는 아내에게 좋은 남편이 되기 위해 어떤 Lifestyle을 선택해야 하나? 방법은 인셀 남편이 되어 "논 바이너리와 양성구유적 Lifestyle"을 만들어 살아가는 것이다. 인셀 남편이 됐다는 것은 자연법칙 입장에서 강제적이고 비자발적이다. 강제적이라는 것은 운명적이라는 것이다. 이 운명은 거스를 수 없다. 거스를 수 없는 "성교 욕구 참음" 인생이 된 것이다. 어쩔 수 없다. 이것은 욕구를 참고 감옥에 갇혀 살고 있는 사람과 같다. 그래서 은퇴 남편이 된다는 것은, 욕구를 참고, '논 바이너리'가 되고 '양성구유' 사람이 되는 과정이다. 따라서 은퇴 남편 삶은 논바이너리·양성구유 Lifestyle을 만들어 가며 살아가는 사람이다.

이러한 은퇴 남편으로 살아가자면 첫째 아내와 공동체 관계, 우정과 의리 그리고 동반자 관계라는 새로운 관계 질서를 만드는 것이다. 폐경 이후의 부부관계는 새로운 공동체 관계다. 여자는 폐경되면 섹스에 둔감해지고, 이때 사랑이라는 감정이 우정·의리·동반자 관계로 이동하기 때문이다.

인류가 진화 과정에서 공동체에 필요한 도덕을 만들었듯이 100세 시대 아내의 폐경 이후의 부부관계도 새로운 공동체적인 도덕적 질서가 필요하다. 그래서 새로운 공동체 관계에 맞는 서로의 다양한 문화를 어떻게 접목해 만드느냐가 은퇴 부부관계의 지속 여부를 결정한다. 이 질서는 각 가정마다 사정이 각각 다르다. 따라서 각자 가정 문화에 맞는 질서를 만들면 된다. 이 질서 중 하나가 남녀 평등의식이다.

둘째 가부장 사고방식 버리기다. 2021년, 한국사회에서 태어나 가장 많이 참고·일하고·배우고·무엇이든 헤쳐 나가고 있는 사람 중 하나가

1950~1960년대 태어난 '엄마와 아내'다. 이들은 남성 위주의 가부장제도 체제에서 살아낸 사람들이다. 한국 산업 부흥 현장에서 '공순이'라는 이름으로 하루 12시간 이상 일하며 가사를 책임진 사람들이다. 12시간 일하면서 밥하고 빨래하고 애 키우고 시부모 모신 세대다. '이 악물고 남녀 불평등을 버텨낸 세대'다. 때문에 가부장적 사고를 버리고 인셀 남편·논 바이너리 남편·양성구유적 남편이 돼야 한다. 그런 다음 제일 먼저 실천할 일이 가사분담 5:5를 통해 그들의 '힘듦'을 덜어줘야 한다. 필자가 가부장 사고방식 버리기 행동에서 우선 한 일이 앉아서 소변 보는 것이었다. 필자 같은 경우 30년 동안 싸웠다. 아내는 앉아서 소변 보라 하는데 그렇게 되면 나는 남자 정체성이 없어지는 거 같아 거부했다. 쓸데없는 자존심이었다. 그래서 앉아서 소변을 보기 시작한 것이다.

셋째, 은퇴 생활에서 가장 중요한 부분이다. 부부관계와 집안일에 대해 남녀 구분을 두지 않는, 논 바이너리와 양성구유적 사람이 되는 것이다. 그동안 당신은 아마도 아침에 일어나 신문을 보고 거실을 왔다 갔다 하는 빈둥빈둥 Lifestyle로 살고 있었을 것이다. 집안일에 남녀 구분이라는 생각이 지배하여 가사분담에 소홀했을 것이다. 은퇴 후 방 청소나 설거지 문제로 티격태격하다 끝내 이혼까지 한 사람이 있다. 여기서 중요한 것은 "가사분담과 누가 무슨 일을 해야 하는가?"에 대한 의견 충돌이다. 그런데 그 충돌이 은퇴 전에는 없었는데 은퇴 후 생기는 것이, 은퇴 후 달라진 아내 반응 때문에 그런 것인지 아닌지?'를 잘 살펴보는 것이 중요하다.

집안일이라는 주제는 사소해 보일 수 있다. 식료품 구입, 설거지, 세탁,

청소, 변기 청결 문제, 식사 준비 등은 한 가정이 제대로 굴러가기 위해 매일 일상으로 하는 일이다. 그러나 은퇴한 후에는, 일상적인 집안일이 그 이상의 어떤 의미를 갖는다. 그것은 '배려'다. 은퇴한 남편이 정성이 담긴 요리 한 접시를 배우자에게 대접했을 때 이런 뜻이 담겨 있다. "당신은 내게 중요한 사람이야."라는 배려가 숨어 있는 것이다. 집안일은 통제력[5]을 표현한다. 예를 들어 아내는 식사를 하자마자 바로 설거지하기를 바라는데 남편은 그러지 않는다. 당장 해야 할 급한 일도 없고, 빨리 설거지하라는 배우자가 화낼 거라는 것도 알지만 하지 않는다. 이런 상황에서 갈등을 줄이기 위해서는 배우자 요구에 자기 생각을 통제하고 조절해서 맞춰줘야 한다. 이것이 "집안일 통제력"이다.

남편들 중 집안일을 꼭 아내가 시켜야 하는 사람이 있다. 자발적으로 하지 않는다. 이런 것은 집안일에 동참하려는 자세가 되어있지 않은 것이다. 이처럼 집안일에는 "배려, 통제, 동참"의 상징성이라는 대전제가 숨어 있다. 집안일 하는 과정에 이 상징성이 없거나 무시될 때 부부싸움이 끊임없이 일어나는 것이다.[6] 이처럼 은퇴하면 집안일에 대한 남편과 아내의 배려, 통제, 동참에 대한 생각 차이, 아내의 기대와 달리 남편이 집안일을 도와주지 않는 데서 대부분 갈등이 생긴다. 그런데 언제, 어떤 일을, 누가 하느냐가 부부싸움 본질이 아니라는 것이다. 예를 들어 어떤 영화를 보러 가고 어떤 식당에 가는 것에 대한 갈등이 아니다. 부부 모두 자신들이 중요

---

5 일정한 방침이나 목적에 따라 행위를 제약, 자제, 조절하는 힘
6 세라 요게브/노지양 역, 《행복한 은퇴》, 이름북, 2015, p. 187

한 사람, 배려 받는 사람, 존중 받는 사람으로 느껴지길 원하는데 그렇지 않을 때다.

언제 어떻게 식탁을 치우는지 문제로 싸우는 것은 배려 · 통제 · 동참하는데, 겸연쩍하거나 곤란해 하는 성격적 단점으로 인한 부부관계가 어떤 위치에 있는지를 나타낸다. 설거지가 너무 느리다거나 대충대충 한다거나 물기를 제대로 씻지 않았다거나 씻은 그릇을 제 위치에 놓지 못한다고 싸우는데 그 이면에는 배우자의 이러한 "성격적 단점"에 대한 불만이 숨겨져 있는 것이다. 결국 부부싸움은 단점으로 되어있는 '성격' 지적인 셈이다. 숨어 있는 감정 표출인 셈이다. 이렇게 지적을 당하면 기분이 상하게 되고 이것이 큰 부부갈등으로 연결된다.

아내는 남편의 집안일 참여를 사랑, 지지, 감사 표현으로 받아들인다. 반대로 남편이 가사를 분담하지 않을 때 아내는 남편이 자신을 지지해 주지 않으며 자신의 시간과 에너지가 착취당한다고 생각한다. 은퇴 남편은 집안일을 하지 않았던 굳어진 은퇴 전 습관을 계속 따른다. 베이비부머 세대 사고방식이 대개 이렇다. 아내의 큰 불만 중 하나다. 아내는 남편이 집에만 있으면 식사 준비와 뒷정리 등 가사가 늘어났다고 불평한다. 은퇴하면 아내는 자유 시간이 비슷해졌으니 공평하게 가사분담을 하길 바란다. 따라서 결혼 불만족도가 높아진다. 이런 행동은 남편과 아내 역할에 대한 개인의 가치관에 기인한다. 즉 "성 역할 인식에 따라 누가, 어떤 일을, 얼마나 할 것인가"에 대한 의견 차이를 말한다. 이처럼 은퇴하면 집안일에 대한 남편과 아내의 생각 차이 그리고 아내의 기대와 달리 남편이 집안일을 도와주지 않는 데서 대부분 갈등이 생긴다. 따라서 공평한 가사분담 합의가 있어야 갈등을 예방할 수 있다.

긍정적인 은퇴 생활을 위해서 가장 중요한 것이 부부간 서로 공평한 가사분담이다. 공평한 가사분담을 위해서는 전제가 있다. "나는 남자다. 남자 역할이 따로 있다."라는 고정관념을 버리는 것이다. 그래야 '공평'이라는 명분을 불만 없고 기분 좋게 받아들일 수 있다. 이러기 위해서는 철저한 "논 바이너리와 양성구유적" 사람이 되는 것이다. 가사분담 비율을 보면 논 바이너리와 양성구유적 사람인지 아닌지를 가늠할 수 있다.

그러면 현재 당신 부부 가사분담 상태를 다음 설문지[7]를 이용해 진단해 볼 것이다. 진단결과를 보면 당신이 논 바이너리와 양성구유적 사람인지 알 것이다. 그 결과를 가지고 가사분담이 부족하면 서로 공평한 방향으로 합의해 보는 노력을 기울여야 한다. 이 공평성 있는 합의가 은퇴 생활 질을 결정한다.

은퇴 아버지여! 당신은 어쩔 수 없이 인셀 남편이 되었다. 자연현상이라고 했다. 불가피한 것이다, 남편들이여, 은퇴한 당신은 어쩔 수 없이 논 바이너리와 양성구유적 Lifestyle을 만들어 살아가는 사람일 수 있다. 선택의 여지가 없다. 처음에는 마음이 상할 것이다. 그런데 습관화 되면 괜찮다. 습관화 돼도 괜찮은 이유는 그렇게 살면 부부관계가 편해지고 즐거워지기 때문이다.

---

7 출처: 세라 요게브, 노지양 역, 《행복한 은퇴》, 이룸북, 2015, p. 201, '자가진단' 설문지를 인용함.

가사분담 상태 확인하기

- 가사분담 문제 해결에 앞서 진짜 문제가 무엇인지 이해해야 공정한 합의에 이를 수 있다.
- 다음 문항에 답을 하기 전에 먼저 사람들은 자기가 한 일은 과대평가하고 배우자의 일은 과소평가한다는 점을 기억하자.
- 배우자와 따로 답을 작성하고 끝낸 다음 비교해 보자.

일반적인 가사분담

1. 일주일에 집안일을 평균 몇 시간이나 하는가?
2. 배우자는 일주일에 집안일을 평균 몇 시간이나 하는가?
3. 어떤 기분이 드는가? 가사분담이 공평하다고 생각하는가?
4. 가사분담에서 마음에 드는 부분은 어디고, 어느 부분을 바꾸고 싶은가?
5. 당신의 수고에 가족이 고마워하는가? 아니면 당연하게 여긴다고 생각하는가?
6. 배우자의 가사분담에 고마워하는가? 그렇다면 그 마음을 표현하는가?
7. 배우자에게 살림을 못한다는 지적을 받는다고 생각하는가? 그때의 기분은 어떠한가?
8. 배우자가 살림하는 방식이 마음에 안 들 때가 있는가? 그럴 때 말이나 행동으로 표현했는가?
9. 배우자에게 애정을 보여주기 위해 집안일을 돕는가? 그렇다면 어떻게 돕는가?
10. 집안일에 대해서 나는 이렇게 느낀다 (해당하는 것에 다 체크한다).

    □인정받고 있다.   □잘해 내는 편이다.
    □해도 해도 끝나지 않는 반복적인 일이 지겹다.
    □가족이 나를 당연하게 여긴다.   □생산적이다.   □빠르게 잘하는 편이다.
    □창의적이고 도전적이다.   □공평하게 분담할 의사가 있다.
    □괴롭고 억울하다.   □이용당하고 착취당하는 기분이다.
    □살림 요령을 배우고 싶다.   □시간과 에너지의 낭비다.

은퇴 후의 가사분담 변화

- 다음은 은퇴 후 집안일 분담의 갈등, 차이점 해결, 공평한 분배에 대해 알아보기 위한 문항이다.

1. 은퇴 후 가사분담에 변화가 있는가?
  ■ 그렇다면 어떤 변화인가?
  ■ 왜 변화가 일어났다고 생각하는가?
  ■ 어떤 기분이 드는가?

2. 집안일 때문에 생긴 갈등이나 화는 '그 순간'에 신경질적으로 풀지 말고 시간을 정해 의논하는 것이 좋다. 지금 상태에 변화를 주고 싶다면 어떤 구체적인 변화를 원하는지 한 문단으로 정리해 보자. 진정한 변화를 원한다면 당신의 감정을 잘 설명해야 한다.

    → 이런 예가 있을 수 있다. "같이 마트에 가서 장을 보면 좋겠어. 그래야 시간도 절약하고 덜 지루하니까. 나는 가사분담이 공평하지 않다고 생각해. 당신이 해야 할 몫을 제대로 하지 않고 있다는 생각이 들어. 이제 시간이 있으니 좀 더 도와주면 좋겠어."

3. 다음 네 가지로 분류된 집안일에 각각 점수를 매겨보자.
  ■ 성 역할 관련 : 남성적 일(M), 여성적 일(F), 중성적(남·여 구분 없음)(A)
  ■ 선호도 관련 : 1~5까지(1=매우 좋아함 2=좋아함 3=보통 4=싫어함 5=매우 싫어함)
  ■ 능력 수준 : 잘 한다(C) / 편하다 또는 못 한다(I) / 불편하다(D)
  ■ 당신이나 배우자가 꼭 해야 하는가, 다른 사람을 고용해도 되는가?
    (가족이면 F, 고용해도 되면 H)

일의 종류	성 역할 M, F, A	선호도 1~5	능력 C, I, D	가족/고용 F, H
식사 후 치우기				
설거지				
부엌 정리				
청소기 돌리기				
바닥 청소				
정리정돈				
화장실 청소				
먼지 털기와 닦기				
장보기				
빨래				
다림질				
옷 수선				
마당 관리				
집 밖에서 하는 일 & 수리나 보수				
집수리				
자동차 관리				
고지서 납부				
가계부 쓰기				
주차장 정리				
감사 편지 쓰기				
가족이나 친구들 선물사기				

- 어떤 일을 남성의 일과 여성의 일로 나누는지와 어떤 일을 못한다고 생각하는지를 알면 배우자에게 왜 그 일을 하고 싶지 않은지 설명할 수 있다.

4. 위에 열거한 집안일 중에서 은퇴 후 변화가 일어난 분야가 있다면? 당신이나 배우자가 상대방의 그 책임을 이어받았는가? 그 일 때문에 다툼이 생기는가? 그렇다면 싸움의 진짜 원인이 무엇인지 밝힐 수 있는가? 스스로 대답해 보자.
(그 싸움이 상징하는 것이 무엇인가?)

※배우자와 답변을 비교해 보고 다음과 같이 해보자.
- 바꾸기 : 배우자가 가장 싫어하는 일과 당신이 가장 싫어하는 일을 바꾼다.
  (서로 못한다고 생각하는 일도 바꾼다).
- 둘 다 하고 싶지 않은 일이 있다면 이 일을 해줄 다른 사람을 고용할 것인지 의논한다.
- 둘이 같이하면 더 재미있을 것 같은 일이 무엇인지 찾아보고 그 생각을 말하자.

chapter
05

—

정신으로 생존하는 가치 있는
은퇴 Lifestyle

1

은퇴는 생식 시대에서 해방된
의미 있는 자유 시대다

델 콘테가 1535년께 그린 '늙은
미켈란젤로

퇴직했다. 계속 일하고 싶은데 제도적·강제적으로 일터로부터 분리되어 노년기로 진입한 것이다. 물질취득 능력이 있는 경우 또다시 생존 시대를 계속 이어 살아가거나 부족하면 그냥 시간 보내며 살아간다. 또한 물질취득 능력이 있거나 없거나 상관없이 자기 인생 관점에 따라 물질취득 생존에서 벗어나 정신 만족으로 생존시간을 채워가며 살아간다.

몽테뉴[1]는 '늙음은 우리를 매일 조금씩 소멸시켜 가는 것'이라 했다. 김

---

1   프랑스 사상가(1533~1592). 대표적 도덕주의자, 프랑스에 모럴리스트 전통을 구축하고 17세기 이후 프랑스, 유럽 문학에 큰 영향을 주었다. 저서에 《수상록》 등이 있다.

대식 교수 칼럼[2] '노화란 무엇인가?'를 아주 감명 깊게 읽었다. 왜냐하면 은퇴 후에 무엇을 어떻게 해야 하는지에 대해 시사점을 줬기 때문이다. 이 칼럼에서 '노인의 삶은 진화적으론 무의미하다'라고 주장한다. 1장 2항에서 이야기한 것처럼 그것은 번식과 적자생존 법칙의 자연 관점에서 보면 번식을 끝낸 인간은 더 이상 쓸모가 없기 때문이다. 번식을 위한 생존 시대가 끝난 것이다. 그러나 다르게 생각해 보면 자연법칙에서 벗어난 상태가 된 것으로 생각할 수 있다. 속박에서 해방된 것이다. 그래서 은퇴는 생식 시대에서 해방된 '자유 시대' 시간을 살아가는 것이라고 한 바 있다. 이것은 자기 의도대로 살아갈 시기를 취득한 것이라고 할 수 있다. 그러면 무엇을 어떻게 해야 할까?

1장 2항에서 이야기한 김대식 교수 칼럼을 추가로 덧붙여 다시 설명해 보겠다. 성장 반대가 노화다. 대부분 노화는 20대 후반 또는 30대부터 서서히 시작된다. 그러나 번식은 10~12세만 돼도 가능하다. 문명을 유지하기 위해선 인류의 수명이 25~30세 정도만 돼도 큰 문제 없다. 번식이 가능하기 때문이다. 평균 수명이 30세뿐인 뉴기니의 많은 부족도 조상으로부터 배운 전통과 문명을 다음 세대에 성공적으로 물려준다. 어린 나이에 치명적 질환을 만들어내는 특정 유전자가 돌연변이로 만들어졌을 경우 다음 세대로 전달될 확률은 매우 낮다. 이러한 유전자를 가진 자는 대부분 번식하기 전에 죽기 때문이다. 하지만 치매 같은 노인성 질환을 만들어내

---

2 독일 막스-플랑크 뇌과학연구소 박사, 보스턴대 부교수, KAIST 전기 및 전자과 교수 재직 중, 중앙 선데이, 2013.10.20. 345호 25면

는 유전은 다르다. 번식이 끝난 후에야 영향을 주는 병이기 때문이다. 노인성 질병이 있건 없건 번식확률에 영향을 주지 않기 때문이다.

이처럼 노화는 불가피한 진화 때문에 생기는 현상이 아니라 '자연의 무관심'이 만들어내는 결과물일 뿐이다. 자연의 법칙은 번식과 적자생존의 세상일 뿐이다. 따라서 자연 관점에서 보면 번식을 끝낸 노화된 나이의 인간은 더 이상 역할이 없어 의미가 없는 것이다. 즉 번식하여 아이들을 성인으로 성장시켜 출가 시키면 자연에서의 인간 역할은 끝난 것이다. 그래서 역할이 없어진 은퇴 시대는 의미가 없다는 것이다. 노화는 근본적으로 진화 때문에 생기는 현상이 아니다. 단순히 번식이 끝나면 버려지는 과정일 뿐이다. '자연의 무관심'이 만들어내는 결과물일 뿐이다. 이것이 진화적 관점에서 노화라는 것이다.

칼슘을 생각해 보자. 성장기에 칼슘은 중요하다. 튼튼한 뼈를 가져야 생존과 번식확률이 높다. 하지만 많은 칼슘은 노인성 관절염의 원인이기도 하다. 동일한 원인이 정반대의 결과를 낼 수 있는 것이다. 튼튼한 뼈를 가진 어린이와 관절염으로 고생하는 노인의 칼슘용도 의미를 생각해 보면 어린아이의 발달은 진화적으로 의미 있지만, 노인의 삶은 진화적으론 무의미하다는 것을 말해 준다. 번식을 끝낸 나이의 인간은 자연 입장에서 더 이상 의미가 없다는 것이다.

자연은 인간의 성장에는 관심 있고 노화에는 무관심하다. 이처럼 인간의 노화는 '관심과 무관심'이라는 두 얼굴을 가진 자연의 결과물이다. 그러나 이렇게 생식시대에서 해방되어 취득한 자유시대가 오히려 은퇴한 인간에게는 기회가 될 수 있다. 사람의 몸은 수십조 개의 세포들로 구성되어 있다. 그런 세포들은 주기적으로 만들어지고 분열하고 죽는다. 허파 세포는 2~3주마다, 간세포는 5개월에 한 번씩 만들어진다. 창자 세포들이 교환되는 데는 2~3일이 걸리고, 피부 세포들은 시간당 3만~4만 개씩 죽어 매년 3.6kg이나 되는 세포들이 몸에서 떨어져 나간다. 우리는 날마다 조금씩 변신하고 있다는 말이다.

이렇게 신체는 날마다 변하지만 그 위에 존재하는 "내 생각과 정신, 변하지 않는 듯한 나"라는 그 정체성이 유지되는 근거는 과연 무엇일까? 피부나 간세포와 달리 대부분 대뇌피질 신경세포들은 더 이상 만들어지지도, 분열하지도 않는다. 덕분에 우리는 오래전 유치원에서 들었던 노래를 아직도 기억하여 부를 수 있는 것이고, 내 생각과 정신이 유지되고 있는 것이다. 데카르트의 '생각한다 고로 존재한다'라는 말이 이해가 간다. 이처럼 "늙음 그리고 은퇴"는 육체와 달리 내 생각과 정신만 남는 것이다. 그러므로 은퇴는 생식 즉 자연법칙에서 벗어난 상태로서 정신적으로 자유 시대를 살아가는 기간이다. 다시 말해 "정신생존 시대"가 시작되는 것이다.

사회적으로도 그렇다. 은퇴는 정년퇴직이라는 제도에 의해 물질취득 욕구를 강제적으로 박탈당한 것이다. 따라서 은퇴 후 생존방식은, 박탈당한 물질취득 욕구 자리를 차지하고 있는 빈 시간을, 비물질적인 것으로 채우는 것이다. 아니 그럴 수밖에 없다. 이것이 은퇴 후 생존방식이다. 정신은 세상과 자신 그 자체를 인식하는 능력이다. 지금 이 순간 느끼는 행복 · 불행 · 희망 · 좌절은 모두 정신이 있어야 가능하다. 세상을 알아보고, 느낄 수 있는 것이 정신이다. 은퇴하면 점점 육체가 말을 듣지 않게 된다. 그렇게 되면 육체 활동으로 보냈던 시간을 어떻게 할 것인가? 정신 활동으로 채울 수밖에 없다.

어찌 생각하면 번식이 끝나면 세월 따라 그냥 늙어 가는 것이라고만 생각할 수 있다. 대부분 노인들이 은퇴 후 이렇게 그냥 늙어 간다. 그런데 몇백 년 전까지만 해도 인류의 평균 수명은 30세를 넘지 못했었다. 하지만 지금은 100세 시대에 진입했다. '자연적'이라면 30세에 죽었어야 할 우리가 과학과 기술 덕분에 70년을 더 살 수 있게 됐다.

버려진 카드인 70년 세월을 그럼 그냥 늙어만 갈 것인가? 어떻게 할 것인가? 자연의 입장에서는 '노년'이라는 프로그램은 존재하지 않는다. 노년엔 자연이 요구하는 번식 등의 숙제가 더 이상 없기 때문이다. 역으로 생각하면 자연으로부터 해방되는 것이다. 자연 속박에서 벗어난 인간의 시대다. 스스로 살아가는 자유 시대인 것이다. 자연의 간섭을 받지 않고 생활하는 시기다. 이렇게 노년 즉 은퇴는 우리 스스로 우리 자신만의 정답을 찾을 수 있는 꿈과 여유와 자유를 얻게 되는 시기다. 비로소 '자연에서 독립한 자립적 인간'이 되는 것이다.

따라서 노년은 적자생존과 번식과 관계없는 사람으로서 의미와 가치 있는 생활을 하는 시기다. 곧 '의미와 가치의 정신적 생존 시대' 생활을 영위하는 시기라고 할 수 있다. "노동을 유일한 삶의 대안으로 삶지 않는 시기"다. 이 의미와 가치는 그냥 얻어지지 않는다. 본인 노력과 소화 능력을 길러야 한다.

양봉할 때 설탕을 벌에게 먹이로 준다. 벌이 먹은 설탕물이 배 속에 들어갔다 나오면 꿀이 된다. 이 꿀이 그 사람의 '의미와 가치'다. 그러나 벌의 배 속을 통과하지 않는 상태는 그냥 설탕물이다. 그냥 설탕과 꿀은 차이가 많다. 설탕이 꿀이 되느냐 안 되느냐는 결국 노력이 수반되는 자신의 소화 능력이다. 이러한 벌과 같이 생활하는 사람들의 Lifestyle이 2, 3, 4, 5, 6, 7, 8, 9, 10항에 제시된다.

당신의 현 상황과 비교해 보라. 당신은 지금 어떻게 살아가고 있는가?

2

실버 X세대
비경쟁 생활 속 가치 Lifestyle

1970년대 생을 'X세대'라 한다. X세대의 또 다른 이름은 '서태지 세대'다. 이들은 1992년 서태지가 데뷔했을 때 10~20대 초반이었다. '팬덤'을 처음 만들어 낸 세대라는 뜻이다. 이들을 뭉치게 한 강력한 엔진은 인터넷이다. 지금 온갖 인터넷 동호회와 맘 카페의 핵심 멤버도 이들이다. 이들을 '우리나라 최초의 개인주의 세대'라고 한다. 남들과 다르게 살고 싶어하고, 타인을 의식하기보다 자기 자신에게 충실한 첫 세대라는 것이다.

나는 1959년 새싹 움트는 3월에 태어난 베이비부머 세대다. 그리고 2019년 6월에 직장에서 퇴직했다. 트로트 가수 진성의 〈보릿고개〉[1] 노래처럼 보릿고개를 헉헉 거리며 넘나들며 초등학교를 다녔다. 부모에게 최선을 다해 봉사하고 자식에게 모든 것을 쏟아부었다. 그러나 고맙다는 말

---

1 햇보리가 나올 때까지의 넘기 힘든 고개라는 뜻으로, 묵은 곡식은 거의 떨어지고 보리는 아직 여물지 아니하여 식량 사정이 가장 어려운 때를 비유적으로 이르는 말.

대신 꼰대 소리만 듣고 있는 세대다. 필자는 베이비부머 세대를 우리나라 최초 '실버 개인주의 세대', '실버 X세대'라고 규정한다. 여기에는 일하지 않는 삶의 즐거움을 느끼며 살고 싶다는 바람이 담겨 있다.

우리도 이제 남들과 다르게 살고 타인을 의식하기보다 자기 자신에게 충실하게 사는 실버 세대가 되고 싶은 마음이 담겨 있다. 고생할 만큼 했으니 부모로부터, 자식으로부터 벗어나서 맘 편히 자유롭게 살고 싶은 마음이 담겨 있다. 역할 없는 나를 사랑하고 위로하며 살고 싶은 마음이 담겨 있다. 굳이 또 아버지가 되어야 하나!라는 마음이 담겨 있다.

33년 직장생활 했다. 일하지 않고 삶의 즐거움을 느끼며 가치 있게 살고 싶다. 그런데 그 방법을 모르겠다. 평생 일만 했다. 하기 싫은 일을 억지로 하다 보니 그 일이 습관화 되고 몸에 뱄다. 이런 상태에서 퇴직하니 모를 수밖에 없는 것은 당연하다. 또 일해야 된다는 생각만 난다. 그러나 방법은 있다. 2장 2항에서 일부 언급한 바 있지만, 직장생활을 하지 않음으로써 누릴 수 있는 행복감이 있다는 것을 깨닫고 이것을 느끼는 일이다. 그것은 경쟁에 참여하지 않는 비경쟁 일상생활 속에서 찾을 수 있다. 또한 우리가 몰랐거나 잊고 있었던 행복감을 누구나 가지고 있는데 이것을 찾으면 되는 것이다.

경쟁에 참여하지 않는 일상생활 속이라는 것은 '여가'[2]를 말한다. 여가는 "살아가는 데 필요한 일을 다 하고 남는 시간"을 말한다. 그렇다면 살아

---

2 leisure, 생활시간 이외의 자유로운 시간. 의무나 제약으로부터 벗어난 자유로운 시간. 여가 시간에 하는 활동. 어떤 의무가 따르지 않고 스스로 만족을 얻기 위한 자유로운 활동

가는 데 필요한 일이란 무엇일까? '돈' 버는 일이다. 먹거리를 사기 위해서다. 먹어야 생존하기 때문이다. 이런 경우를 한번 생각해 보자. 오직 배고픔을 없애기 위해 1만 원짜리 먹고 지나치는 것도 좋지만 생존시간을 벗어나 우아한 레스토랑에서 이보다 비싸지만 가끔 느긋하게 2만 5천 원짜리 식사를 즐기는 것도 빡빡한 생활을 살아가는 데 필요하다. 비록 비싸지만 이때 참 기분 좋고 즐겁다.[3] 이 기분 좋은 시간 가치를 굳이 따지자면 1만 5천 원(2만 5천 원-1만 원)짜리 시간이다. 단순 먹거리를 벗어나 우리는 1만 5천 원을 보유할 줄 알아야 한다. 이 식사 상태를 '생활 속 여가 가치'라고 한다. 정리하면 여가는 "비경쟁 시간 속의 삶터에서 노력이 필요한 즐거운 생활"이라고 정의할 수 있다. 이러한 여가 가치는 본인이 "비싸지만 이때 참 기분 좋고 즐겁다"라고 생각하고 느낄 줄 안다는 것을 전제로 한다. 이러한 생각과 느낌을 느끼려면 훈련과 노력이 필요하다.

그런데 문제는 비경쟁 삶터에 진입하는 것이 문제다. 해결책은 또다시 돈벌이 생활에 들어가지 말고 앞서 말한 140만 원 행복Lifestyle과 같이, "가지고 있는 돈의 양에 맞춰 사는 생활"로 삶의 형태를 바꾸는 일이다. 그리고 가지고 있는 돈의 양에 맞춘 생활 여가를 선택하면 된다. 여가 활동을 선택하는데 우선 고려해야 할 조건이 있다. 거동이 불편할 때도 연결할 수 있는 것이어야 한다. 거동이 불편할 때쯤 되면 마음 자세도 약해져 무언가 새로 시작하기 어렵나. 마음은 봄을 따라간다. 이때 무언가 새로 시작하지 않고 하던 것을 습관적으로 연결해 할 수 있도록 하자는 것이다.

---

3   어니 젤린스키/김성순 역,《일하지 않아도 좋다》, 크레센도, 2017.4 p. 19

이것을 "연결성 여가"라 한다. 나이가 더 들어서 거동이 불편해지면 '정적인 활동 여가' 또는 '정신 활동 여가'로 시간을 보낼 수밖에 없다. 이러한 여가는 미리 준비해 두는 것이 필요하다. 여가 활동이 습관화되면 거동이 불편해도 자동으로 이어져 수행할 수 있기 때문이다.

두 번째는 건강기능이 떨어지는 것을 감소시키기 위한 것으로[4] 거동 불편 전에 단백질과 산소 부족 예방을 위한 '활동 여가'[5] 실행이다. 노후 삶의 가장 큰 적은 치매와 우울증인데 이때 단백질과 산소 부족이 치명적이다.[6] 따라서 은퇴 이후에는 단백질과 산소 관리 차원에서 활동 여가로서의 신체 활동과 영양 관리가 중요하다.

세 번째는 가치 있는 여가 활동을 통해 "보상, 힐링, 치유"를 할 수 있는 여가를 개발하거나 선택해야 한다. 여가를 그냥 즐기고 끝내는 것도 좋지만 무언가 남는 것이 있어야 한다. 그렇지 않으면 시간만 때우기 위한 도구에 불과하다. "여가=시간 채우기+즐거움+보상+힐링+치유"라는 공식이 성립될 때 의미가 있을 것이다. 여가 활동에는 이미 보상 · 힐링 · 치유라는 내용이 포함되어 있다. 그러나 대부분 사람들은 이렇게 생각한다. "여가는 돈벌이가 안 되는 것이기 때문에 잠시 기분 좋은 것뿐, 그냥 놀고 시간 보내는 것, 남는 시간에 활동하는 것" 등으로만 생각한다. 그렇게 되면 앞서 언급한 대로 시간 때우기 위한 단순 도구에 불과하다. 그렇다면 여가

---

4 한국요양보호사교육원협회, 2020년 1월 2일 개정 요양보호사양성과정 표준교재, p. 414
5 거동 불편할 때는 운동개념이 아니라 신체 활동 개념으로 대체해 봐야 한다. 따라서 이때의 여가를 '활동 여가'라 명명함.
6 조선일보, 2021.4.13., C3, C4

활동을 하면서도 보상·힐링·치유를 느끼는 방법이 있을까? 그것은 스스로 인식하고 알아차리는 것이다.

여가 활동을 할 때 의도적으로 "아! 여기에는 보상·힐링·치유'가 들어가 있는 거지!"라는 것을 마음속에 염두에 두고 하면 된다. 이런 상황을 계속적으로 학습해야 한다. 그리고 여가 활동이 끝나면 여가 활동이 나에게 준 보상·힐링·치유가 무엇이었는지 곰곰이 생각해 보는 시간을 가져야 한다. 이때 보상·힐링·치유가 있었다고 생각되면 또다시 일해야 한다는 생각이 나지 않을 것이다. 여가 활동도 목표가 있어야 한다. 결과물 도출 같은 것을 말한다. 여가 활동을 통해 희열과 만족감과 행복감을 느끼는 것을 말한다. 그러자면 활동 흔적을 만들어야 한다. 여가 활동 후에는 기록이 필요하다. 그래야 여가 활동 결과물을 가지고 반복적으로 희열과 만족감을 느낄 수가 있다. 그렇지 않으면 그 순간만 느끼고 잊어먹는다. 기록을 꺼내 보면서 이 경험을 반복하여 느끼자는 것이다. 때문에 기록을 해야 한다. 만족감과 행복도 노력이 필요한 것이다.

예를 들어 사진, 그림, 서예, 음악 등등의 여가 활동을 한다면 작품집 만들기 등 결과물을 만들어 볼 필요가 있다. 자 그러면 다음 표에 나와 있는 여가 프로그램을 보고 거동 불편 전에 할 수 있는 것과 거동 불편해도 할 수 있는 것을 생각하고 선택해 보자. 보상·힐링·치유·만족·행복 느끼기를 생각해 보자.

유형	거동 불편 전에 할 수 있는 것	거동 불편해도 계속할 수 있는 일	보상, 힐링, 치유 느끼기
자기 계발 활동	책 읽기, 독서 교실 다니기, 그림 그리기, 서예 교실, 악기 배우기, 민요 교실, 창작 교실 등	책 읽기, 그림 그리기, 서예 교실, 창작 교실, 기타 정적인 활동 개발	- 활동 후 결과물 도출하고 여기서 희열과 만족감 느끼기
부부 중심 활동	공통 관심사 만들기, 운동, 여행, 대화, 외식	대화, 공통 관심사 소통	느끼기 - 활동 흔적 기록하여 수시로 읽으며
종교 참여 활동	교회, 사찰, 성당 가기 등	자택에서 종교 활동 할 수 있도록 조건 개발	반복적으로 만족감 느끼기 - 일기 형식의 하루
사교 오락 활동	영화 연극, 댄스, 음악회, 전시회	영화 보기, 음악 듣기 등	일상 기록하여 수시로 읽기
운동 활동	등산, 걷기, 자전거 타기 등	실내 운동 방법 개발	
소일 활동	텃밭 가꾸기, 식물 가꾸고 관찰하여 기록하기, 신문보기, 텔레비전 보기	소일 활동 전체	
영양관리 활동[7]	단백질과 산소 부족 방지(단백질 부족: 우울증, 기억력 저하)(산소 부족: 행복감 저하, 기억력과 집중력 저하)	단백질 섭취 보충제 먹기	-

여가 활동은 죽음을 피하는 도구다. 노인의 자주적 존재를 나타내는 활동 도구다. 만약 살아있는 것들이 육체·정신적이든 간에 죽음을 피해 활발하게 움직이지 않는다면 그들은 자주적 존재로 사는 것이 중단되는 것이다. 당신은 지금 자주적 존재로 사는 사람입니까? 아닙니까?

---

7 출처 : 조선일보, 2021.4.13., C3, C4

3

'달적인 삶과 6펜스적 삶' 중
당신은 어떤 삶을 살아가는 사람인가?

《달과 6펜스》, 영국 작가 서머싯 몸(1874~1965)이 1919년에 발표한 소설이다. 후기 인상파 화가였던 '폴 고갱'의 예술적 삶을 소재로 한 작품이다. 주인공 스트릭랜드가 세속적인 가치나 이익을 과감히 내던지고 예술로 상징되는 이상과 꿈을 위해 삶을 개척해 나가는 내용이다. 복잡하고 불가사의한 인간의 본성을 깊이 있게 파헤치고 있는 작품이다. 스트릭랜드는 오로지 자신이 추구하는 예술 즉 이상과 꿈만 추구한 인물이다. '이런 인물이 있을까? 이런 식으로 살아가도 되는 것인가?'라고 질문이 던져지는 인물이다.

그는 청춘이 지난 나이에 그림을 그리고 싶어 17년 동안이나 함께 살아온 부인과 두 아이를 버리고 집을 나온다. 주식 중개인으로 사회적으로도 안정된 지위를 확보한 사람이었다. 그런 그가 새삼스레 그림을 그리겠다고 모든 것을 버리고 혼자 파리로 떠난 것이다. 그 이유는, "그림을 그리지 않고는 견딜 수가 없다. 나 자신도 어떻게 할 수가 없다. 물에 빠진 사람은 수영을 잘하느니 못하느니, 그런 말을 할 처지가 못 된다. 어떻게든 헤엄을 치지 않으면 빠져 죽고 말 테니까."라는 그의 독백에서 알 수 있다.

이후 열병으로 고생하던 중 네덜란드인 화가 더크 스트로브와 알게 된다. 스트릭랜드를 천재라고 생각하고 있던 그는 자기 집으로 데려가 극진히 간호한다. 하지만 스트릭랜드는 그 은덕을 모르고 더크 스트로브 아내인 블랑슈를 유혹하여 불륜을 저지른다. 잠시 동거하다 건강을 회복한 그는 블랑슈를 버린다. 블랑슈는 배신에 절망하여 자살한다. 스트릭랜드는 그 뒤 영혼의 고향으로 상징되는 타히티섬으로 이주하여 원주민 아타Ata와 결혼하여 그림을 그리며 살아간다. 그러다 나병에 걸리게 되지만 굴복하지 않고 끝까지 힘을 다해 그가 사는 오두막집 벽 전체에 그림을 그린다. 신비스럽고 정교하고 아름답고 성스럽기까지 한 작품이었다. 그러나 이 걸작은 아타와 의사인 꾸트라Dr. Coutras만 알고 있을 뿐이다. 그 이유는 죽기 전 아내 아타에게 그림을 집과 함께 불태워 버리라는 유언대로 집이 불타 없어졌기 때문이다. 스스로 걸작을 남겼으면 그뿐, 누구에게 보여줄 이유가 없었던 것이다. 그는 아내와 자녀를 버리면서까지 자신만의 세계를 찾으려 했다. 그리고 찾았다. 그러나 불태워 없애버리라고 했다.

제목 '달과 6펜스'에서 달은 세속적인 가치나 이익이 아닌, 인간이 꿈꾸는 고귀한 목표와 가치를 상징한다. 6펜스[1]는 영국 동전이다. 아주 보잘것없는 돈이지만 현실의 삶을 유지해주기 위해 꼭 필요하다. 스트릭랜드를

---

1 당시 영국에서 사용되는 화폐로서 10원짜리 동전 정도라고 생각하면 됨.

둘러싼 세속적이고 현실적인 것들을 상징한다.

스트릭랜드는 6펜스적인 삶을 과감하게 버리고 '달'이 표상하고 있는 열정과 영혼의 삶을 추구했다. 인생 목적지로 상징되는 타히티섬으로 건너가 작품 활동을 했다. 절망 속에서 '죽기 전에 걸작을 남겨야 한다는 일념一念하에 걸작을 탄생시켰다. 그러나 누구에게 보여줄 이유가 없었음을 깨닫고 자기 이상과 꿈의 결과였던 걸작 그림을 불태워 없앴다.

과연 이상(꿈)의 실체가 무엇일까? 가족을 희생시켜가며 일궈낸 예술작품이 어떤 의미이기에 자기 죽음과 함께 불태워 버리라고 했을까? 인간이 꿈꾸는 고귀한 목표와 가치에 충실한 삶인 '달적인 삶'이, 세속적이고 현실적인 '6펜스적 삶'보다 더 가치 없다고 생각했기 때문인가? 아니면 그 반대인가? 그것도 이것도 아니면 그럼 무슨 뜻인가? 그는 꿈은 허망한 것이라고 말하고 있는 것인가? 이 꿈 가치보다 끝까지 곁에 있었던 주변인 가치가 더 소중한 것이라고 말하고 있는 것인가?

나도 "인생 꿈"이 있었다. 하고 싶었던 것이 있었다. 그 꿈은 가슴 저편에 싹 틔우기를 잊은 작은 쌀 톨 하나가 되어 묻힌 채 평생 가족부양 위해 살다 퇴직했다. 때로는 살아가면서 스트릭랜드같이 다 버리고 내 꿈을 꺼내 펼치고 싶었다. 그러나 용기가 없었다. 아니다. 내 꿈보다 가족이 소중했기 때문이지. 이제 가장으로서 책임을 완수했으니 "의미 있고 가치 있는 내 꿈을 위해 살아야지" 하고 많은 사람들이 말한다. 그런데 이것이 정말 잘 사는 걸까? 고민된다. 또다시 돈 버는 생활을 할까? 생각한다. 그러면 또 말하기 싫은 사람과 말하고 만나기 싫은 사람과 만나야 된다. 또 세상과 아웅다웅 해야 한다.

그럼 어떻게 살아야 하지? 어떤 것을 선택해야 하지? 어떤 것이 더 가치 있는 거지? 질문 하나 하겠다. 돈 못 버는 은퇴한 아버지와 남편임에도, 자식과 부인으로부터 사랑받고 있는 사람입니까? 아닙니까? 돈 못 벌어 힘들 때일수록 사랑이 더 필요함에도 불구하고 사랑을 받지 못한다는 것은 사람과 사람 관계 위에 '돈'이 존재하기 때문이다. 당신과 부인 사이, 당신과 자식 사이 위에 돈이 존재하기 때문이다. 아마도 이 상태가 없어지지는 않을 것이다. 숙명이다. 이런 슬픔을 위로하고 벗어나는 길이 역설적으로 달적 삶을 사는 것이다. 달적인 삶은 의무적 생존 생활을 하지 않아도 된다는 것을 의미한다.

평생 우당탕 세상 살다 만신창이가 되어있지만 설레는 마음으로 집에 돌아온다. 그러나 어느 시점부터 가슴이 뛰지 않았다. 집 밖에서 끊임없이 긴장하고 있다가 집에 돌아와 부인과 자식을 보는 순간 그 긴장감과 설레는 마음은 싸늘하게 식었다. 결혼 후 10년 20년이 지나면 어느 순간 집안 가구처럼 장식장처럼 대화 없이 무덤덤하게 살아가게 된다. 자본주의 사회 그리고 자본주의 가족관계이기 때문이다. 돈이 윤활유인 가족관계이기 때문이다.

강신주 철학자 말을 빌려 오겠다. "100만 원 가진 사람과 1억 원 가진 사람이 계획하는 여행은 다를 수밖에 없다. 자본주의 사회에서는 돈 액수만큼 꿈을 꿀 수 있으니 꿈이 다를 수밖에 없다. 어릴 적 어머니가 집을 장만하기 위해 적금을 부으셨다. 새 옷 사달라고 떼를 쓰다가 혼나기만 했다.

혼내다가도 저녁 이불 속에서 통장을 들여다보며 환하게 웃으시던 모습이 눈에 선하다."[2]

이것이 자본주의다. 돈이 매개가 되지 않으면 아무것도 못 하는 세상이다. 부부관계와 자식과 관계도 마찬가지다. 이런 관계에서 은퇴 아버지인 당신은 달적인 Lifestyle과 6펜스적 Lifestyle 중 어떤 삶으로 살아가는 것이 현명한 것인가? 어떤 삶이 더 가치 있는 것인가?

노르웨이 극작가 헨리크 입센이 1879년 발표한 희곡《인형의 집》이라는 책에 이런 내용이 있다. "나는 나 스스로 나의 발로 서야겠어요. 지금 바로 당신 집을 떠나겠어요. 그럼 안녕!" 순종적인 주부였던 주인공 노라가 남편에게 이 말을 남긴 채 집을 떠나는 장면이다. 결혼 전에는 아버지 인형으로, 결혼 후에는 남편 인형으로 살았다는 것을 깨닫고 남자 로라가 되어 가출을 감행해보자.

은퇴 아버지여! 이제 '남자 로라'가 돼도 괜찮다. 남자 로라가 되어보자. 아니 남자 로라가 되자. '남자 로라'가 은퇴 아버지 가치다. 남자 로라가 되는 것이 진정한 아버지 은퇴일 수 있다. 용기가 필요하다. 자기 자신이 남자 로라일 경우와 아닐 경우를 생각하고 고민해 보자.

---

2 강신주 외, 인문학 최고의 공부 나는 누구인가, 21세기북스, p22, 2014.8

쉴 때의 불안함
그리고 일하지 않고 사는 재미

일이 당신 삶의 주인입니까? 경제적으로 부족하지 않아 굳이 일할 필요 없는데도 즐겁지 않는 일을 계속하고 있거나 찾고 있지요? 기본적 의·식·주는 해결되는데도 즐겁지 않는 일을 계속하고 있거나 찾고 있는 이유가 뭐라고 생각하세요? 그것은 평생 노동일 하다 은퇴 후 가장 먼저 닥쳐오는 "쉴 때의 불안함" 때문이다.

'노동 윤리'라는 것이 있다. 노동을 '미덕'이라고 여기는 것이다. 다른 무엇보다도 일을 중요하게 생각해 휴가를 반납하고 일하는 것을 말한다. 일중독자라 할 수 있다. 이러한 노동 윤리는 '노예 윤리'다. 노예근성이 자기도 모르게 고착된 사람을 말한다. 그 이유는 태생적으로 그런 사람일 수도 있고 돈 버는 노동 이외 다른 거 할지 모르기 때문이다. 이런 사람은 노력해도 벌어지지 않는 돈임에도 목매어 일한다. 현재 있는 돈에 맞춰 살지 못한다. 쉴 때의 불안함을 극복하지 못하는 사람이다.

일하지 않고 경쟁하지 않고 가치 있고 느긋하고 즐겁게 살 수는 없을까? 은퇴하면 일하지 않고 경쟁하지 않는 시간을 맞이하게 된다. 자칫하면 매일 단조로운 생활이 반복되는 시간의 무료함으로 다가온다. 무료함이 은퇴 후 가장 큰 적이 된다. 그렇다면 매일 반복되는 아침 기상이 즐겁고, 오전 일과가 괜찮고 점심 먹고 오후 일과 시간이 즐거운 삶이 되게 할 수는 없을까? 아쉽게도 이러한 즐거운 삶은 먹고살기 위해 감내하는 노동을 통해서 얻기 힘들다. 노동은 먹고살기 위해서는 필요한 것이지만 개인 행복에는 그다지 기여하지 못하기 때문이다. 그러나 여가를 통해 얻을 수 있다. 따라서 은퇴 후 삶의 질은 여가 시간을 어떻게 보내느냐에 따라 달라진다. 그러나 그것이 말처럼 쉬운 것이 아니다.

2021년, 69세로 이름은 하00이다. 시골 농협 조합장 출신이다. 농협 조합장은 선출직이다. 임기 4년인데 3번 당선되어 12년 동안 조합장을 했다. 이 분야에선 대단하다는 평가다. 2018년 66세에 조합장 선거에서 떨어져 퇴직했다. 친구 형이다. 2년 전에 눈 시신경에 이상이 있어 한쪽 눈이 실명되었으나 일상생활에 큰 지장은 없다. 이 부부가 퇴직 후 현재까지 생활하는 모습을 보면 일상 반복 생활이다. 어제 했던 일을 오늘 또 한다. 다람쥐 쳇바퀴 Lifestyle이다.

다람쥐 쳇바퀴 Lifestyle 형

아침 기상 → 세면 → TV 켜기 → 운동 또는 집주변 산책하기 → 집 안 청소와 주변 정돈 → 세탁 → 점심 → 할 게 없거나 갈 데 없어 우왕좌왕하며 무슨 건수 있나 기다리며 강제적 멍 때리기 → 외출(건수 있을 시) → 개인 활동 → 저녁 식사 → TV 시청하기 → 취침 → 아침 기상.

여가 시간을 잘 활용할 줄 몰라 이처럼 무미건조한 생활 패턴을 반복하며 살고 있다. 사람들이 여가 시간을 잘 활용할 때와 그렇지 않은 경우 흔히 느끼는 감정이 있다.

여가 시간을 효과적으로 활용하지 못할 때 느끼는 감정

· 지루하다
· 기본적 운동하고 집안일 끝나면 갈 곳이 없다
· 멋지게 차려입고 갈 곳은 있는데 같이 갈 사람이 없다
· 같이 있는 시간이 늘어나면서 자주 부부싸움을 한다
· 마땅히 할 일이 없다
· 할 일은 많은데 시간이 없다
· 무슨 일을 해야 할지 막막하다
· 취향은 고급스럽지만 지갑은 비어 있다
· 지갑은 두둑하지만 취향이 저렴하다
· 느긋하게 즐기는 것에 대해 죄책감을 느끼거나 불안하다
· 불법적이고 비도덕적이고 불건전한 것에서만 즐거움을 느낀다.

여가 시간을 제대로 활용할 때 느끼는 감정

· 개인적 성장
· 건강증진
· 자존감과 자긍심 상승
· 스트레스를 덜 받는 여유 있는 Lifestyle
· 새로운 도전에서 얻을 수 있는 만족감
· 설렘과 모험

· 균형 잡힌 Lifestyle

· 더 나아진 가족관계(부부관계)

· 전반적 삶의 질 향상[1]

하00은 여가 시간을 효과적으로 활용하지 못할 때 느끼는 감정 중에서 7가지 감정인, "지루하다 · 갈 곳이 없다 · 자주 부부싸움을 한다 · 마땅히 할 일이 없다 · 할 일은 많은데 시간이 없다 · 무슨 일을 해야 할지 막막하다 · 지갑은 두둑하지만 취향이 저렴하다"를 고스란히 느끼며 살고 있다. 얼마나 지루한 인생인가!

이렇게 살다 어느덧 90세가 될 것이다. 여가 시간이 있어도 제대로 시간을 보내는 방법을 모른다. 효과적으로 사용하지 못한다. 막상 여가 시간이 길게 주어지면 그것을 제대로 활용하는 사람들이 많지 않다. 오히려 부담스러워 한다. 충분히 먹고살 수 있을 만큼 돈이 있는 사람도 부담스러워 한다. 2장 2항에서 말한 바와 같이 이것은 진정한 여가 의미를 모르기 때문이다. 여가의 진정한 의미를 알면 이러한 생각이 바뀔 것이다. 일보다 우선순위로 두게 될 것이다. 경제적으로 부족하지 않고 굳이 일할 필요도 없는데 즐겁지 않은 일을 계속한다. 은퇴자 대부분이 이런 상태로 살고 있다. 우리는 하00같이 그냥 그럭저럭 살기만 할 수는 없다. 무엇인가 해야 한다.

많은 사람들이 은퇴 후 여가 시간이 늘어나면 멋진 인생을 살겠다고 상상한다. 은퇴가 곧 행복이라고 생각한다. 돈 버는 일에서 오는 스트레스

---

1 어니 젤린스키/김성순 역,《일하지 않아도 좋아》, 크레센도, 2017, p. 24, 25

받지 않고 마음껏 하고 싶은 일을 하며 자아실현 하는 것을 상상한다. 그러나 대부분 은퇴자들이 그렇게 살지 못한다. 생각대로 안 된다. 그것은 나에게 지시하는 사람이 사라졌고 타의에 의해 강요되어 지켜야 했던 일상의 규칙과 목적이 사라지면서 어찌할 바를 모르고 혼란에 빠지기 때문이다. 또한 강요된 것이 몸에 배어 관성이 되어 세상에 나왔는데 환경이 이것을 수용하지 않기 때문이다. 더 큰 이유는 일에 미쳐 '쉬는 것'이 무엇인지 모르기 때문이다.[2] 또한 노동을 삶의 최우선에 두는 잘못된 생각 때문이다. 일만 하고 산다면 일 대신 경험할 수 있는 수많은 인생 가치를 놓칠 수밖에 없다.[3] 놓친 가치는 은퇴 후 찾기 힘들고 어렵다.

일주일에 50~60시간 일에 빠져 사는 사람들은 은퇴 후 원하는 미래 노년을 위해, 지금 행복을 희생한다고 말한다. 그러나 이러한 Lifestyle의 가장 큰 위험은 건강 문제다. 과도한 노동으로 인해 은퇴하기 전 이미 각종 질환이 몸에 스며들어 잠복해 있거나 치료 단계로 나타난다는 것이다. 또한 가족 위해 일했지만 그로 인해서 가족과 보내는 시간이 부족하여 막상 은퇴하면 가족으로부터 소외당하는 '가족 소외층'이 된다고 앞서 말한 바 있다. 그렇기에 대부분 사람들은 은퇴 후 6개월이 지났을 때 다시 회사에 복귀하여 일하고 싶어 한다. 일하지 않고 경쟁하지 않고 유쾌하고 느긋한 삶이 자기에게는 즐겁지 않고 어색하기 때문이다. 언급했듯이 쉬는 것이 무엇인지 모르기 때문이다. 이것은 여가 시간을 어떻게 보내야 하는지와

---

2   어니 젤린스키/김성순 역,《일하지 않아도 좋아》, 크레센도, 2017, p. 62

3   위의 책, p. 55

연결된다.

그럼 여가란 무엇인가? 2장 2항에서 설명한 것을 보충해서 재차 언급한다. 플라톤은 여가를 "수동적인 것이 아닌 활동, 정적인 명상과 달리 몸과 마음이 적극적으로 움직이는 상태"라고 말했다. 따라서 여가는 "수동적 노동과 생존 시장에서 경험할 수 없는 새롭고·신나고·만족스럽고·보람 있고·재미있고·설레는 마음 중 하나 이상을 느낄 수 있는 방식으로 몸과 마음을 활용하는 기회"라고 말한 바 있다.[4] 진정한 인간으로 가는 길이 '여가'인 것이다.

《일하지 않아도 좋아》저자인 어니 젤린스키가 한 이야기를 정리해 보고자 한다. "여가를 활용하기 위해서 우선 은퇴 전 해야 할 것이 있다. 은퇴 후도 마찬가지다. 그것은 '노동관 거부'다. 퇴직 후 적응에 어려움을 겪지 않기 위해 사회가 규정하고 강요하는 노동관을 거부해야 한다. 그래야 몸에 배지 않고 관성이 되지 않는다. 풍요롭고 행복한 삶을 준비할 수 있다."

"당신은 무엇 때문에 일했는가? 무엇 때문에 일을 하는가? 가족부양 말고 다른 거 생각나는 것이 있는가? 일만 하고 산다면 앞에서 말한 바와 같이 일 대신 경험할 수 있는 수많은 인생 가치를 놓칠 수밖에 없다.[5] 인생 가치를 놓치지 않기 위한 행동 시작은 노동관 거부부터 시작된다."

"사람들은 너무 일에 매달린다. 자신 삶보다 직장생활에 너무 많은 시간을 投資한다. 먼저 돈을 벌고 난 다음, 여유가 생기면 여가를 즐기고자

---

4 위위 책, 7, p. 20, 56, 24, 25
5 위의 책, p. 54

하기 때문이다. 때문에 열심히 일하는 것이 우선이라고 생각한다. 이것을 '학습된 일 중독자'[6]라고 한다." 학습된 일 중독자가 여유가 생겼을 때는 이미 육체가 망가져 있음을 알아야 한다. 무릎이 아파 여행이 힘들다.

이것이 지금까지 이어져 오고 있는 노동관이다. 학습된 일중독은 왜곡된 형태의 희열을 제공 받는다. 잘못된 노동 윤리 부작용이다. 이것을 떨쳐 버리기가 매우 힘들다.

중세 유럽 농노들도 가난하고 억압은 받았지만 지금처럼 오랜 시간 노동하지는 않았다. 중세에는 축제가 많았는데 일상에서 사람들의 생일 등 사소한 기념일까지도 일하지 않는 축일로 지정해 일하지 않았다. 어느 시점에는 1년 평균 축제일이 115일에 달했다. 3일 일하고 하루 쉰 꼴이다. 원시 공동체도 산업사회보다 훨씬 적게 일했다. 하와이 샌드위치 섬에 사는 사람들은 하루 4시간 일한다. 필요한 만큼만 일한다.[7] 노동 시간이 지금처럼 늘어난 것은 산업혁명과 더불어 생겨난 잘못된 습관이다. 유럽의 경우 산업 혁명기에 급격히 늘어난 노동 시간은 점점 줄어 1850년에는 일주일에 60시간이 되었다. 이후 현재 그렇게 많아 줄지 않았다. 2021년 한국은 겨우 주 52시간이 되었다. 노동과 여가 역할이 바뀐 것이다. 현재 우리는 이렇게 잘못된 노동관을 가지고 살고 있다. 여가 시간을 노동이 채우고 있다. 노동이 최고 가치로 둔갑한 것이다. 여가가 열등한 위치로 전락했다.

앞서 진정한 인간으로 가는 길이 여가라 했는데 이것을 밀어내고 노동

---

6 위의 책, p. 61
7 위의 책, pp. 56~57

이 삶을 살아가는 유일한 원칙이 된 것이다. 그래서 가치 있고 즐거운 삶과 여가를 위해서는 노동관 거부가 필요한 것이다. 사람들은 일하지 않아 생기는 여가 시간을, 게으름이나 시간 낭비와 동일시한다. 거기에다 자존감이 추락하고 자기를 비하하기도 한다.[8]

대다수 사람들이 이러한 '노동 윤리'에 세뇌되어 있다. 일 중독자가 된 것이다. 일 중독자가 되면 은퇴 후 삶의 질에 치명적 결과를 낳을 수 있음을 알아야 한다. 노동 윤리에 세뇌되어 있으니 휴가를 줘도 쉴 줄 모른다. 따라서 노동관 거부 다음으로 할 일이 쉬는 시간이 무엇인지 아는 것이다.

그럼 쉬는 시간이 무엇인가? 지금까지 일에 매달려 살았다. 일에 미쳐 살았다. 노동을 미덕이라 하고 노는 것은 악덕이라고 했다. 그런데 이것이 불안 원천이 되었다. 이런 경직된 생각이 일하지 않아도 되는 시간조차 일을 하게끔 만들었다. 이러한 가치관은 일과 삶의 균형을 깨뜨린다. 이 생각을 바꿔야 한다. 행복한 사람은 이 생각을 바꾸는 사람과 바꾸지 않는 사람으로 나뉜다. 일과 삶의 균형을 맞추는 것이 중요하다. 먹고사는데 부족하지 않을 만큼 돈을 벌었으면 더 이상 일에 매달리지 말자. 인간의 진정한 본질은 배부르고 등 따뜻한 것이 아니다. 무엇을 배우고 얼마나 웃고 즐기며 우리를 둘러싼 세상에 얼마나 애정을 갖느냐 하는 것이다. 이러한 태도가 형성되면 일하지 않아도 재미있게 시간을 보낼 수 있다. 이것이 쉬는 시간이다. 이런 시간이련 쉴 때의 불안함이 없을 것이다. 이 태도를 만드는 시간 그리고 이러한 태도의 시간이 "일하지 않고 재미있게 살아가는 시간"이다.

---

8 어니 젤린스키/김성순 역, 《일하지 않아도 좋아》, 크레센도, 2017, p. 57, 62

자 일하지 않고 재미있게 살기 위한 자기만의 Lifestyle을 만들어 보자.

그 방법은 기 언급했듯이 "수동적 노동과 생존 시장" 밖 즉 일상에서 벗어난 상태에서 새롭고 · 신나고 · 만족스럽고 · 보람 있고 · 재미있고 · 설레는 Lifestyle을 만드는 것이다. 만든다는 것에는 자기 노력과 책임이 전제됨을 알아야 한다.

은퇴 그리고
非sex 동반자 가치 시대 시작

남녀 간 열정적 사랑의 유효기간은 900일이다. 그럼 900일인 이유는 무엇인가? 그렇다면 사랑이 무엇인가? 인간의 가장 원초적인 욕구이고 인류 역사를 이끄는 본질이다. 열정과 사랑, 연애와 우정의 차이는 무엇인가? 우리가 스킨십을 갈망하는 이유는 무엇인가? 이것에 대한 답을 얼마 전에 EBS에서 방영한 적이 있다.[1] 다음은 방영 내용과 이것을 정리한《900일간의 폭풍 사랑》이라는 책을 정리한 것이다.

가톨릭대학교 정신과 채정호 교수팀이 연애를 시작한 지 100일째 되는 커플 5쌍을 선정해 9개월에 걸쳐 최첨단 fMRI를 이용하여 뇌 사진을 촬영했다. 여기서 '사랑은 호르몬의 위대한 작용'임을 발견했다. 시간의 흐름 속에서 변해가는 사랑의 양태에 대해서도 세계 최초로 명쾌한 답을 찾

---

1 출처:EBS 동영상(사랑은 900일간의 폭풍, 2014. 1. 1.). 송용달 작가가 이것을 정리하여《900일간의 폭풍 사랑》이라는 책으로 엮음, 김영사, 2007.

아냈다. 검사 결과 애인 사진을 봤을 때만 활성화되는 뇌 부위가 드러났다. 바로 '미상핵'이다. 미상핵은 쾌감과 흥분을 일으키는 신경전달물질 도파민 분비가 많은 곳이다. 열정적 사랑을 불러일으키는 비밀은 바로, 4장 8항에서 잠깐 설명했던 '도파민'이라는 호르몬이다.

도파민 수치가 증가하면 눈은 반짝이고 입술에는 미소가 그득하며 뺨은 홍조로 붉어진다. 그래서 사랑에 빠진 사람은 예뻐 보이는 것이다. 불같은 열정 또한 도파민의 작용이다. 6개월 경과 후 다시 한번 동일한 커플의 뇌 사진을 찍었다. 결과는 대단히 흥미로웠다. 100일과 300일, 뇌스캔 결과는 확연한 차이를 보였다. 본능의 중추 미상핵에서 이성적 판단을 담당하는 대뇌피질 부위로 뇌의 활성이 옮겨간 것이다.

시간 속에서 변한 것은 뇌만이 아니었다. 심장의 반응도 달라졌다. 100일과 300일 두 차례, 연인들이 키스할 때 심장박동수를 측정, 비교해 본 결과 6개월 전에 비해 심장박동의 변화는 현저히 떨어졌다. 한때 황홀했던 연인과의 키스가 이제 큰 생리적 변화를 일으키지 못했다. 그렇다. 열정적 사랑에도 유효기간이 있는 것이다.

미국 페리스대학교 프라이어 교수는 "낭만적 사랑이란 상대방에 의해 나의 뇌가 반응하고 뇌 속 신경전달물질이 반응하는 것이다. 나의 뇌 회로가 활성화되어 다른 사람에게 끌리고 이때 상대방도 내게 끌리면 서로 사랑하게 된다. 사랑을 주고받는 것은 두 사람의 뇌가 만들어가는 아주 복잡한 과정이다."라고 했다. 결국 현대 과학자들에 따르면 영혼도, 사랑도 뇌가 하는 복잡한 정보처리 활동이다. 알 수 없는 끌림, 헌신하게 되는 마음

역시 신경전달물질 때문인 것이다.

EBS는 열정적 사랑의 유효기간 즉 도파민의 작용 기간에 대해 미국 코넬대학교 인간행동연구소 신시아 하잔 교수에게 물어봤다. 그는 미국인 5,000여 명을 대상으로 2년에 걸쳐 조사했는데, 그 결과 열정이 완전히 사라지는 시점은 평균 18개월에서 길어야 30개월 정도임을 발견했다고 한다. 격정이 넘치는 사랑은 길어야 '900일간' 지속한다는 것이었다. 중요한 것은, 그렇다고 사랑이 없어지는 것은 아니라 '애착'이라는 또 다른 모습으로 빛깔을 바꿔 그 기능이 노후까지 계속된다고 한다. 사랑이 흥분과 황홀이라면 애착[2]은 편안함과 익숙함이다.

우리는 산소호흡기·온갖 약물·엉덩이 골절과 기저귀·치매·수술·엄청난 의료비 등 이런 저런 질병과 관련 비용에 시달리다 삶을 마감한다. 이렇게 인생 마지막 십수 년이 결코 아름답지 않다. 그래서 우리 대다수는, 100세까지 산다고 생각할 때 "그런 일이 없기를" 바란다고 말한다. 우리는 이렇게 노화가 진행되는 것을 인생의 정상적인 과정이라고 생각한다. 그리고 노화는 "불가피한 것", "자연스러운 것", "인생은 본래 그런 거야"라고 생각한다. 그러나 이러한 생각이 틀렸다면 마음이 어떨까?

틀렸다면 이렇게 생각이 될 것이다. "더 젊게 오래 살 수 있겠지, 생애 말년이 앞서 산 나날들과 크게 다르지 않겠지, 어른이 되는 것을 크게 걱정하지 않은 재 자기 삶에 더 충실하게 임하겠지 등."[3]

---

2 사랑하거나 끌리어서 떨어지지 아니함. 또는 그런 마음
3 데이비드A 싱클레어 외/이한음 역, 《노화의 종말》, 부키, 2020, 표지내용 일부.

노화와 유전 분야 세계 최고 권위자인 데이비드 싱클레어 박사가 쓴《노화의 종말》이라는 책이 있다. "노화는 죽어가는 과정이 아니라 치료할 수 있는 질병"으로 간주하고 이를 늦추고, 멈추고, 되돌리는 연구 결과를 소개한 책이다. 싱클레어는, "사람들은 노화를 삶의 불가피한 일부, 자연스러운 과정으로 받아들인다. 그래서 늙어 감을 부정하는 것은 자연을 거스르는 일, 인간 본성과 도리에 어긋나는 것이라고 여긴다. 하지만 이 모든 것들은 틀린 것이다." "노화는 정상적 과정이 아니라 질병이며, 이 병은 치료 가능하다"라고 말한다. "지연하고 중단하고 역전시킬 수 있다"라고 말한다. 즉 노화는 질병이고 치료 개념으로 접근해야 한다는 것이다.

퇴직했다. 60세밖에 되지 않았다. 회사 퇴직이지 은퇴는 아니다. 어떤 일이건 하려고 여기저기 찾아본다. 찾아진 것은 대부분 소일거리다. 마음에 들지 않는 소일거리로 시간 보내다 어느덧 60대 중반이 된다. 그러면 진짜 은퇴다. 이때쯤 되면 종족 보존을 위한 생식이 필요 없어진다. 여성은 폐경으로 섹스가 어렵거나 하기 싫어한다. 덩달아 섹스 마음도 심리적으로 감퇴한다. 남녀 만남 기능이 없어진 것이다. 사랑의 도파민 작용은 중지되고 이성적 판단을 담당하는 대뇌 피질이 활성화된 것이다. 말 그대로 이성적 부부 관계가 된 것이다. 이때부터 "非sex 부부관계"가 시작되는 것이다. 은퇴 후 부부관계에서의 애착 단계는 이래서 이성적 非sex 부부관계라고 말할 수 있다.

앞에서 노화는 질병이라 했고 치료가 가능하다고 했다. 따라서 싱클레어의 치료 개념을 가지고 노화라는 질병치료에 적극 임하는 노후생활이 되어야 한다. 소홀히 하거나 포기해서는 안 된다. 그래서 서로 치료에 도움을 줄 만한 동반자적 짝이 필요하다. 또한 나이 들어가며 거동도 불편해진다. 서로 도움이 필요하다. 거동이 불편한 사람은 거동이 안 불편한 사람에게 도움을 받아야 된다. 거동이 불편해지면서 덩달아 마음이 허해지고 약해진다. 이때 서로 말벗이 필요하다. 그래서 이성적 非sex 부부는 서로 도움을 주고받는 치료개념 관계다. 이러한 상황이, 애착 단계를 '동반자 관계 가치'로 만든다. 서로의 필요성 때문이다. 이렇게 은퇴 후 부부관계는 서로의 필요성에 의해 동반자 Lifestyle 생활을 하게 된다. 필요성이라는 단어 속에는 어쩔 수 없는 '마음 상황'도 포함되어 있다. 그래서 어쩔 수 없는 "동반자 관계 Lifestyle"을 만들며 생활한다.

여기에는 서로 짝이 되어 동감해 주며 함께하고 싶은 마음, 서로 돌봐주고 도움 주며 살아가고 싶은 마음도 포함되어 있다. 매우 이성적 판단인 것이다. 이것이 "非sex 동반자 Lifestyle"로 살아가는 이유다. 어쩔 수 없는 非sex 동반자 Lifestyle이지만 부부가 서로 합심하여 잘 절충하여 현명한 은퇴 생활을 해 보자.

6

몸은 한 집에 같이 있지만
마음은 서로 분리되어 있음에도
같이 사는 이유

2년 전 일이다. 공교롭게도 그 날이 5월 21일 부부의 날이었다. "이제 나와는 상관없는 날이야, 사는 맛이 없어, 앞으로 어떻게 해야 할지 모르겠어." 하면서 연신 술잔만 기울이던 친구 모습이 지금도 짠하다. 황혼이혼한 것이었다.

이 친구는 카 오디오 부속품을 납품하는 중소기업에서 자동차용 스피커 기술자로 근무하다 은퇴했다. 사기업이지만 60세에 정년퇴직할 수 있었다. 젊은 시절 스피커 품질 향상 공로로 넉넉한 보너스를 받을 때도 있었고 중산층 정도 월급을 받으며 생활했다. 아쉬웠던 점은 결혼 후 퇴직 때까지 주말부부 생활을 한 점이다. 회사가 시골 농공단지 안에 있어 아이들 교육문제가 염려되어 출·퇴근 시간이 편도 약 1시간 20분 걸리는 도시에 집을 마련했다.

이 친구에게 들은 부부생활에 대한 이야기를 소개해보겠다. 친구 부부는 신혼 초기부터 주말부부 생활을 했다. 매주 금요일 저녁에 만나니 서로 참 애틋했다. 그러나 3년 정도 지나니 애틋한 감정은 점점 옅어졌다. 자식을 낳고부터는 옅어짐을 넘어 서로 어색했다. 아내 역할과 관심이 남편에서 자식으로 옮겨간 것이다.

어느 날 금요일 저녁 자다가 손을 뻗쳤는데 어떤 사람 젖가슴이란다. 그래서 깜짝 놀라 깨보니 자기 부인이었다. 일주일에 한 번 만나니 낯선 여자로 느꼈던 것이다. 부부간 몸과 마음 거리가 멀어진 것이 원인이 되어 낯설게 되었다고 한다. 이 상태가 퇴직 때까지 계속됐다. 퇴직 후 이 상황을 극복하려 했으나 혼인 초부터 습관화된 것이 너무 견고하게 굳어버려 고치기가 어려웠다. 이러한 부부관계 상황에서 재산도 넉넉해야 하는데 그렇지도 못했다. 재산이라고는 남매 교육비와 결혼 비용으로 저축한 돈이 거의 지출되어 집 한 채밖에 없었다. 이 상태에서 퇴직했다.

퇴직 후 월 130만 원 정도 연금을 받고 있다. 새로운 일거리를 알아보고 있으나 2년째 구하지 못했다. 일거리가 없으니 낮이나 밤이나 부부가 서로 얼굴을 마주 보며 있자니 짜증만 났다. 서로 간 육체적 · 정신적으로 공유되는 것이 없는 상태에서 '거주 거리'가 짧아졌기 때문이다. 이러한 상황이 계속되니 갈등이 발생하고 부부싸움이 잦아지기 시작했다. 부부싸움이 잦아지면서 몸은 가까이 있지만 마음이 멀어지기 시작했다. 친구 부부 관계를 보면 신혼 때는 거리가 멀어 문제였고, 은퇴 후는 거리가 짧아 문제가 발생했다. 참 오묘한 부부관계다.

생활이 힘든 부인은 남편과 떨어져 있는 것이 해법이라 생각했다. 어떻게 하면 떨어져 있을까 고민하다 직장생활을 하면 되겠다 싶었다. 그래서 요양보호사 자격증을 취득한 후 노인장기요양보험 재가센터에 취업했다. 월 100만 원 정도 벌어 생활비에 보태고 있었다. 돈을 보탰지만 실비보험, 아파트 관리료, 암보험, 경·조사비 등 매월 고정비용이 70만 원 정도 지출되다 보니 생활이 너무 빠듯했다. 부인은 돈을 벌어오고, 친구는 돈을 벌지 못하는 자책감과 속상한 마음이 겹쳐 술을 자주 입에 대기 시작했다. 술만 먹으면 어김없이 부부싸움을 했다. 이러한 생활이 계속되자 당시 아들딸 남매도 독립한 상태로서 부담이 없었던 부인이 미련 없이 갈라서자고 통보했다 한다. "애들 다 컸으니 각자 인생 살자"라는 것이다.

은퇴 후 부부관계는 어쩌면 몸은 같이 있지만 '마음은 황혼이혼' 상태라고 볼 수 있다. 법적으로 헤어지지는 않았지만 이혼상태라고 할 수 있다. 결혼 기능은 종족 보존이라고 앞에서 말한 적이 있다. 번식이다. 자식을 생산하고 보살피고 그 자식이 장성하여 독립하게끔, 아버지 역할과 엄마 역할을 하는 것이다. 은퇴 연령이 되면 이런 부모 역할도 끝난다. 이때쯤 되면 부부간 섹스 횟수가 감소하거나 하지 않는다. 대부분 침대를 따로 쓴다. 진화론적 입장에서 번식 기능이 끝났으니 생물학적인 부부관계는 끝난 것이나 마찬가지다. 정서적으로도 서로 대화가 줄어들거나 단절된다. 부부관계 기능이 희박해진 것이다. 결혼 기능이 끝난 것이다.

이 관계를 잘 나타내는 현상이 '애들 크면 각자 인생 살자'라는 말로 표현되는 "황혼이혼"이다. 황혼이혼은 부양 의무도 의무지만, 생물학적 관계가 희박해졌기 때문일 수 있다. 황혼이혼이 많아지는 이유 중 한 가지다.

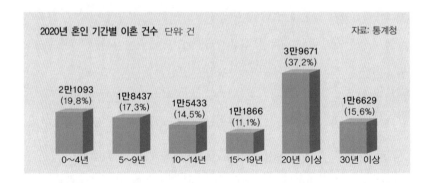

2020년 혼인 기간별 이혼 건수 단위: 건   자료: 통계청

0~4년 2만1093 (19.8%)
5~9년 1만8437 (17.3%)
10~14년 1만5433 (14.5%)
15~19년 1만1866 (11.1%)
20년 이상 3만9671 (37.2%)
30년 이상 1만6629 (15.6%)

어쩌면 황혼이혼은 생물학적으로 불가피한 선택일 수 있다.

2장 4항에서 언급한 바와 같이 2020년 이혼 건수가 10만 6500건인데 이중 37.2%인 3만 9671건이 결혼한 지 20년 이상 된 부부의 황혼 이혼이다. 그런데 황혼 이혼 중 30년 넘게 살다 헤어진 부부가 41.9%인 1만 6629건이다. 결혼 30년이면 거의 60세 이상인데, 인생 막바지 60 넘어 '황혼 돌싱'이 된 것이다.

인생의 황혼기에 이혼한다고 해서 황혼이혼이라고도 한다. 생물학적으로 결혼 기능이 끝난 상태에서, 오랫동안 묵혀왔던 감정과 사건이 주변을 둘러싸고 있는 환경과 맞물리고 이것이 구실이 되어 부부 간 갈등이 생겨 황혼이혼을 하는 것이다. "결혼하면 끝까지 가야지, 자식 위해 참아야지" 하는, 결혼에 대한 고정관념이 변했다. "그래도 가족이 최고지" 했던 게 요즘은 "뭣 하러 이렇게까지 하며 살아?"로 바뀌었다. 성격 차이에 대한 인내심 한계, 경제적 갈등, 배우자의 부정한 행위, 배우자의 부당한 대우, 자신의 생활방식 강요, 가부장적, 독단적 행동 등이 구실을 준다. 또한 이혼할 때

자산 및 연금도 분할돼 경제적인 불안감이 해소된 것도 구실 중 하나다.

그런데도 대부분 미우나 고우나 노후 부부관계는 5장 5항에서와 같이 '동반자' 관계라고 하면서 결혼 생활을 유지한다. 그것은 어쩌면 불가피하게 발생한 서로의 필요성 때문일 것이다.

불가피하게 발생한 필요성이라는 것은 육체적 기능이 약해진 상태가 되면 누군가 도움을 받아야 하는데 부부가 그 일을 제일 잘할 수 있다는 것을 말한다. 부부는 혼자 사는 적적함과 외로움을 견디게 해주는 도구이기도 하다. 도구적 가치가 있는 것이다. 그래서 종족 보존 즉 번식과 전혀 관계없지만 서로 불가피하게 필요한 관계가 되어 유지되는 것이다. 몸은 한 집에 같이 있지만 마음은 서로 분리되어 있음에도 같이 사는 이유이기도 하다.

2016년도 서울시 통계팀이 분석한 자료에 따르면, 고령층 부부일수록 가장 필요한 배우자에 대한 친밀도가 떨어지는 것으로 나타났다. 나이가 많을수록 부부간 관계가 소원해져 있다는 것을 나타난다. 몸은 한 집에 같이 있지만 마음은 서로 분리되어 있는 은퇴 부부관계 특성이 반영된 것이다.

은퇴 생활 질에 가장 큰 영향을 미치는 것이 부부관계다. 살아가는데 서로 격려하며 어려움을 헤쳐 나가야 하기 때문이다. 따라서 불가피한 은퇴 동반자 관계지만 이 관계 유지가 필요한 것이다. 이 유지에 필요한 것이 "부부 친밀감"이다. 그러므로 이를 위해 "친밀감 회복" 노력을 해야 한다. 이 친밀감 회복을 위해 필요한 것이 부부 서로의 "몸과 마음의 거리" 조절과 절충이다. 부부갈등을 줄이는 방법이 "부부간 몸과 마음(관심)의 거리

조절"과 관련되기 때문이다.

앞서 언급했듯이 결혼 초기에는 거리가 멀어서 문제가 발생하고, 은퇴 후에는 거리가 가까워서 문제가 발생한다고 했다. 그러면 부부간 몸과 마음(관심)의 거리에 따른 부부생활의 유형을 나눠 보겠다.

그 유형은 그림과 같이 (1.1)형, (1.9)형, (9.1)형, (9.9)형, (5.5)형으로 나눠 볼 수 있다. 그림에서 제시된 부부 거리에서 '마음(관심)'이라는 것은 마음 초점이 부부간 질적 관계를 향상하는 데 맞춰진 것을 말한다.

(1.1)형은, 부부간 몸도 가깝고 마음도 가까운 경우다. 이상적 부부관계다. 서로 관심이 높아 배려와 이해 폭이 넓어 몸이 항상 가까이 있어도 갈등이 적은 상태다. '관심과 친밀감 풍부 부부형'이라고 한다. 서로 부부 공동 가치를 가지고 공유하고 있다.

(1.9)형은, 비록 몸은 떨어져 있으나 서로에 대한 관심이 많은 상태다. 몸이 떨어져 있는 문제점을 친밀감 있는 마음의 관심으로 극복하고 있는 경우다. '컨트리 클럽 부부형'이라고 한다. 정서 공유가 잘되는 경우다.

(9.1)형은, 몸은 가까이 있지만 관심이 적은 경우다. '준 황혼이혼형'이다. 의무적 부부관계다. 같이 살되 따로 사는 것 즉 '따로 또 같이' 부부라고 한다. 개인 위주 부부다.

(9.9)형은, 몸도 멀고 관심도 적은 경우다. '완전 황혼이혼형'이라 한다. 개인적 가치와 자기 생활방식을 상내에게 강요하는 부부관계다. 권위적 부부관계다.

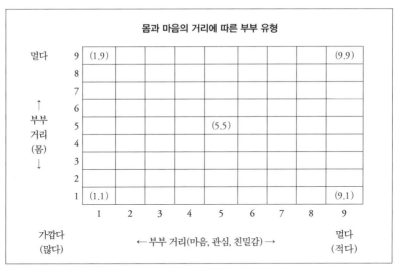

출처 : 블레이크와 모튼(Blake & Mouton, 1964)의 리더십(관리격자) 이론을 참고함[1]

(5.5)형은, 몸과 마음 즉 관심이 서로 중간 정도 경우다. '중도 부부형'이라 한다. 그냥 어쩔 수 없이 적당히 사는 관계다.

당신은 지금 (9.1)형 또는 (9.9)형 부부관계는 아닌지 자문해 보라. 어떤 상태 부부형인가? 어떤 상태 부부관계를 원하는가? 그렇다면 당신에게 질문하겠다. 당신은 은퇴 후 동반자 관계유지를 위해 "친밀감 회복" 노력이 필요한 사람입니까? 아닙니까? 당신이 원하는 부부관계를 만들기 위해 몸과 마음의 거리를 조절하고 절충하는 노력을 할 것입니까? 이 노력이 은퇴 생활 질을 결정하는 거 알고 계시지요?

---

1 김성옥 외,《사회복지행정론》, 양서원, 2013, p. 169

돈 되는 일이 아닌 것에서 재미를 느끼는
알파파 Lifestyle

필자 친구 이야기다. 직장 퇴직 5년 전이었다. 퇴직하면 유유자적하며 살려고 집에서 자동차로 1시간 거리인 한적한 시골에 설레는 마음으로 30평 조립식 집과 텃밭 200평을 마련했다. 시골이라 땅값이 비싸지 않아 총 1억 5천만 원이 소요되었다. 시골 생활을 탐탁지 않게 생각하는 아내 없이 혼자 주말마다 시골에 내려가 나무 심고 꽃 심고 연못 만들고 취미 삼아 농사짓고 하며 집을 가꿨다. 5년 정도 가꾸니 제법 근사하게 변했다. 드디어 퇴직했다. 이제는 이곳에서 신선 같은 유유자적한 은퇴 생활 할 생각하니 가슴이 벅찼다. 말 그대로 유유자적 Lifestyle이다.

지금 사는 아파트는 전세를 주고 시골로 이사 가자고 아내를 설득했으나 거부했다. 모든 벌레가 달려드는 체질인 것도 있지만 시골 생활이 맞지 않는다는 것이다. 시골에서 하루 종일 남편 얼굴만 바라볼 자신이 없다는 것이다. 남편이 직장에서 일하는 사이 구축해 놓은 자기 "놀이 관계망"에서 오는 여러 가지 이득을 남편에게서 얻을 수 없다는 것이다. 자기는 이 관계망만 있으면 남편 없어도 80살까지 재미있게 살 수 있다는 것이다. 아내 없이 주중은 혼자 시골서 지내고 토·일요일은 도시 집으로 오는 생활을 했다. 그렇게 6개월 지나니 심심해지고 혼자 생활하는 시간이 외롭고 적적해지기 시작했다. 심심함을 잊으려고 억지로 이것저것 일거리를 만들어 몸을 움직이며 시간을 보냈다. 그런데 그것은 말 그대로 심심함을 잊기 위한 '강제노동'이었다.

행복감도 점점 옅어지기 시작했다. 심심함과 옅어진 행복감이 외로움과 적적함 그리고 무료함으로 변하기 시작했다. 매월 300만 원 정도 돈을 쓸 수 있는 여유가 있는데도 그것을 상쇄하지 못했다. 그래서 다시 일을 하려고 지인에게 일자리를 부탁해 놓았다. 또 노동일을 하려고 한 것이다.

외롭고 시간이 지루한 이유를 친구에게 물어보니 이렇게 대답한다. "옆에 같이 지내는 사람이 없어 TV 보는 것으로 시간을 채우는데 참 아쉽고 심심하다. 집 가꾸기 농사일도 익숙해지니 기뻤던 감정이 적어지고 점점 힘만 든다. 퇴직 후 나무 심고 꽃 심고 연못 만들고 취미 삼아 하는 일은 돈이 생기지 않아도 즐거울 줄 알았다. 그러나 '돈'이라는 어떤 결과물이 없으니 재미가 나지 않는다"라고 한다.

"친구야, 은퇴하고도 또 노동이 수반되는 돈 되는 결과물만을 원하니? 돈 되는 결과물이 아니면 가슴 설레는 결과물이 아닌 거니? 돈 안 되는 결과물에서 기쁨과 설렘을 얻을 수는 없니? 활동 결과물을 꼭 돈으로만 계산해야 하니?"

친구는 돈으로만 만족을 느끼는 사람, 노동이 최고 가치라는 고정관념으로 꽉 찬 사람, 노동 이상 삶의 가치가 없거나 찾지 못하는 사람이다. 꼭 사람이 같이 있어야 심심하지 않은 사람이다. 살아감을 '사람 관계망'에만 의존하려고 하는 사람이다. 은퇴는 혼자 존재하는 시기인데 '혼자 놀기'를 하지 못하거나 연습을 하지 않은 사람이다.

친구는 후회하며 계속 말을 이어갔다. "시간이 무료하지 않고, 자기 마음을 의탁하고 같이 놀 수 있는 대상이 집 가꾸기와 농사인 줄 알았는데 그렇지 않았다. 은퇴 후는 부부가 같이 시간을 공유하면 시간이 지루하지 않을 텐데 합의를 이루지 못했다. 참 아내가 섭섭하다."

은퇴 후 육체적·정신적 부부공동체가 되리라는 보장이 없다. 대부분 옆에 '사람 관계망'이 있어야 무료한 시간을 견딜 수 있다고 한다. 그런데 그게 어렵다. 나이가 들수록 그런 사람을 만나는 것도 만드는 것도 쉽지 않다. 만나더라도 유지하기도 힘들다. 아내 협조도 쉬운 것이 아니다. 그렇다고 그냥 있을 수는 없다. 방안을 찾아야 한다.

일본 작가 '모토무라'가 쓴 소설 《사랑 없는 세계》라는 책이 있다. 내용은 이렇다. 주인공인 식물학 연구원 '모토무라'는 자신이 연구하는 식물들과 사랑에 빠진다. 그런데 모토무라를 사랑하는 남자가 있다. 모토무라와 식물과 삼각관계의 기묘한 '식물학 로맨스'가 펼쳐진다. 모토무라는 사랑 깊은 게 없어도 빛과 물만 있으면 얼마든지 성장하고 살아가는 식물세계에 푹 빠져 있다. 그들 세계를 동경한다. 그들 세계에 사랑을 느낀다. 행복을 느낀다. "인간이 사랑하는 대상이 꼭 인간일 필요는 없다"라는 메시지다.[1] 만약 사랑할 사람이 없다면 사람 아닌 식물 등 다른 어떤 대상을 사랑할 수도 있다는 것을 말해 준다. 사람이 옆에 없어도 혼자 시간을 보낼 수 있다는 메시지다.

그렇다면 사람이 아닌 다른 대상을 찾는 것도 한 방법이다. 돈이라는 결과물이 아닌, 거기에서 만족과 기쁨이라는 결과물을 낳는 어떤 대상 말이다. 모토무라 소설 내용처럼 그 대상은 사람이 아닌 동물과 식물 그리고 어떤 물건도 될 수 있다. 취미 등 유·무형 어떤 형태의 Lifestyle도 될 수 있다. 즉 마음을 집중하고 쏟는 대상이면 된다. 그러나 전제가 있다. 앞서 말한 "인간이 사랑하는 대상이 꼭 인간일 필요는 없다"라는 본인 사고방식 전환이다. 전환이 안 되면 끝까지 노동만 하고 살다가는 인생이 펼쳐질 뿐이다.

그러면 사람 아닌 다른 것에서 재미를 느끼고 사랑한다는 것은 무엇인가? 그 대상에 집중하고 그 과정에서 서로 "교감"하는 것을 말한다. 교감한다는 것은 뇌파인 '알파파'가 활성화되는 단계를 말한다. 다시 말하면 식물과 꽃을 심고, 기르고 관찰하고 향기를 맡으면 편안할 때 발생하는 뇌파인 '알파파'가 활성화된다. 식물뿐만 아니라 자기가 집중할 수 있는 어떤 것도 마찬가지다. 이 뇌파가 활성화되는 단계를 사람과 식물이 '교감한 상태'라고 말한다. 이러한 교감을 만드는 행위를 "알파파 Lifestyle"이라고 한다. 이런 교감상태가 되면 심신 기능이 좋아지고 혈압이나 맥박을 안정시키고 스트레스 호르몬인 '코르티솔' 수치를 떨어뜨린다. 그러면 불안감

---

1   조선일보, 2020.3.11. a23, 백수진

이나 우울감 같은 부정적인 감정이 사라지게 된다.[2] 치료와 치유 역할까지 한다. 이것이 교감 결과물이다. 교감을 만드는 이 '알파파 Lifestyle'을 무시할 것인가?

문제는 대다수 사람들이 이러한 뇌파가 발생하는 행위를 했음에도 이때의 '교감상태'를 느끼거나 인식하지 못하고 그냥 지나치거나, 아니면 "그냥 기분 좋은 거네"라고만 느끼고 지나간다는 것이다. 이미 교감상태라는 '가치결과물'을 획득했음에도 알아차리지 못하고 그냥 지나쳐 버리는 것이다. 그래서 노동을 상쇄시킬 수 있는 만족감과 기쁨이 있음에도 그것을 모르고 또다시 노동만 생각을 하는 것이다.

따라서 "아! 그 감정이 그거였어? 알파파가 활성화되는 거였어?"라고 느끼고 인식할 줄 알아야 한다. "그렇게 되는 상태가 교감했다고 하는 것이구나? 이런 상태가 알파파 Lifestyle을 통해서 만들어지는 거구나?" 하고 느낄 수 있어야 한다. 그렇게 되면 돈이 안 돼도 그 결과물이 가치 있게 다가올 것이다. 또 일을 하지 않아도 시간이 잘 갈 것이다. 뇌파가 활성화되는 단계가 교감상태고 이것을 느끼고 깨닫고 어떤 유·무형의 이득을 얻었을 때 결과물을 취득한 것이라고 할 수 있다. 교감단계 결과물은 돈이 아닌 가치이고 만족감이다. 돈 안 되는 생활에서 시간을 지루하지 않게 보내려면 이러한 교감 가치를 깨닫고 여기서 만족감을 얻을 수 있어야 한다. 돈 이외 교감상태 이상의 가치와 만족감을 느낄 수 있는 것을 찾기란 힘들다.

---

2 최새미 식물 칼럼니스트, 조선일보, 2020.07.09, A31

생물학적으로도 그렇다.[3] 그러니 그 결과물은 돈과 연결시키지 않음은 물론 노동보다 더 가치 있다는 인식 전환이 필요하다. 그렇게 되면 노동을 하지 않더라도 시간이 지루하지 않을 것이다. 그러나 그런 단계까지 이끄는 인지 능력이 필요하다. 그리고 알파파 Lifestyle을 만드는 노력이 필요하다.

그럼 재미를 느껴 교감하는 연습을 해보자. 서울 신사동에 가면 나이키 매장인 5층짜리 플래그십 스토어(브랜드 정체성이 담긴 대형 매장)가 있다. 1층은 나이키 조던 운동화와 티셔츠·모자

나이키

를 마음대로 색칠하거나 장식할 수 있는 '커스텀' 매장이다. 그림 신발은 이렇게 만든 것이다.[4] 커스텀은 손님이 원하는 제품을 만들어 주는 맞춤 제작 서비스인 '커스터마이징customizing'을 줄여 부르는 말이다. 자기 자신이 가장 소중하다고 말하는 '미미미Me Me Me 세대'라고도 불리는 MZ 세대가 많이 애용하는 제품이다.

자기애愛의 표현이자, 자기만의 제품을 통한 자아실현 도구인 것이다. 실버 X세대라 해서 커스텀 매장 이용 못하라는 법 없다. 용기를 가지고 MZ 세대같이 이용해 보자. 아니면 평소 구입하던 신발 옷 같은 것을 다른

---

3 심신 기능이 좋아지고 혈압이나 맥박을 안정시키고 스트레스 호르몬 수치를 떨어뜨리고, 불안감이나 우울감 같은 부정적인 감정을 사라지게 하는 것이 생물학적인 뇌파(알파파) 활성화 작용 때문인데 현재 이외의 다른 어떤 호르몬 작용이 발견되지 않고 있다.

4 그림 출처: 조선일보, 2020.9.4. B3.

제품으로 사보자. 이런 이용이 많아지면 연습이 된다. 그러면 굳은 마음이 부드러워진다. 사고思考 전환이 되고 변화가 일어난다. 전환된 이 사고思考가 재미있는 느낌이고 교감할 수 있는 상태인 것이다. 이 상태가 일파파가 활성화되는 단계고 교감상태라는 결과물을 취득할 수 있는 단계다. 이 단계에서 돈이 아닌 가치와 만족감을 느낄 수 있다.

자꾸 연습해 보자. 일상을 지루하지 않게 보낼 수 있는 방법이다. 그렇지 않으면 아파트 등나무 밑에서 지나가는 사람 멍하니 쳐다보며 시간 보내는 사람이 될 수도 있다. 이 교감단계를 돈이 안 생기기 때문에 가치 없는 결과물이라고 생각할 것인가? 그렇게 생각한다면 생각하는 능력이 차단되어 있는 사람이다. 등나무 밑 에 있는 사람이 될 것인가? 아니면 알파파 Lifestyle을 만드는 사람이 될 것인가?

좌절에 대응하는 힘 높이고,
사망률 낮추는 '삶의 목적의식 가치' 은퇴 생활
: '삶의 목적의식 강도 측정'으로 사망률 낮추기 노력 수준
알아보기 설문조사

얼마 전 전 직장 동료 백00와 점심 식사를 하며 나눈 대화를 소개해보 겠다. 백00는 은퇴한 지 3년 됐다. 그는 노후 준비 차원에서 2006년 10월 29일 제17회 부동산중개인 시험에 응시하여 합격 후 자격증을 취득했다. 그 당시 자격증 받는 순간 "이것만 있으면 노후 걱정 없겠지" 중얼거리며 기뻐했었다. 그러나 자격증 취득 15년 후인 2020년 퇴직하고 보니 자격증 이 포화 상태가 되어 아무 쓸모가 없어졌다. 경쟁력이 없어졌다.

노후대비 자격증은 10년 이상 되면 그 효용성이 사라지는 경우가 대부 분이다. 노후 준비할 때는 그걸 몰랐다. 미처 거기까지 생각하지 못했다. 그래서 노후 준비를 어떻게 해야 할지 무엇을 선택하기가 참 어렵다. 때문 에 막상 퇴직하고 보면 쓸모 없어진 자격증 때문에 당황한다. 자격증을 활 용하여 돈도 벌고 시간도 보내려 했으나 이것이 사라진 것이다.

부인이 공무원 재직 중으로 퇴직 2년 남았다. 아침에 부인 출근기사 노릇 이외 하는 일 없다 보니 그냥 놀고 있다. 출근기사 노릇 이외는 시간이 심심하고 무료하다. 이 무료함과 심심함이 축적되고 익숙해지니 이상하게도 다른 어떤 것도 하기 싫어졌다 한다. 마음이 느슨해지고 나태해지고 게을러진 것이다. 뭔가 꿈틀거리는 마음속의 역동적 상태가 없어지고 있는 것이다. 역동적 상태가 없어지고 있다는 것은, 어려움을 극복하는 힘을 말하는 "회복 탄력성"이 약해지고 있다는 것이다. 그러면서 마음 한구석은 공허함과 막연한 두려움으로 꽉 들어차 있다 한다. 이 공허함과 막연한 두려움이 신체적 · 정신적 질병 원인이 된다. 은퇴 생활자는 이것이 인생의 최대 적이다.

백00은 공허하고 심심하고 시간이 무료해지니 시간만 채워진다면 어떤 행위건 상관없이 하게 된다고 한다. 친구가 차 한 잔 마시자고 부르면 군대와 지나간 일, 친구 욕하는 거밖에 없지만 총알같이 나간다. 어떤 사소한 일이 생기면 거기에 집중한다. 안 하던 집안 청소하고 친구가 뭐 도와 달라 하면 마냥 좋아서 해준다. 부인이 뭐 시키면 군말 없이 한다. 번쩍번쩍 광을 내며 평소 안 하던 자동차 세차를 일주일에 한 번 이상 한다. 무료한 시간 물리치기 위한 생활이다. 시간이 무료하지 않고 심심하지만 않으면 된다는 마음에서, "단순 시간 보내기"가 삶의 목적이 된 것이다. 삶의 의미와 가치가 수반되고 살아가는 이유와 관련되는 목적의식이 없는 삶의 상태가 된 것이다.

마약 복용은 일종의 삶에 대한 동기를 상실한 상태로 볼 수 있는데 삶에 대한 백00 생활 상태가 이런 모습일 것이다. 누구나 삶이 중요하고 가치 있고 의미 있기를 바란다. 사람은 삶의 의미를 추구하도록 애초부터 설계

되어 있다 한다. 의미는 사람이 무엇을 해야 한다는 동기를 부여한다. 따라서 의미 부재는 우울증, 심지어 자살과 연결되는 심각한 심리적 박탈을 불러온다는 것이다. 삶의 목적의식이 있는 사람이라는 것은 "살아갈 이유가 있는 사람"이라고 할 수 있다. 실제로 뚜렷한 삶의 목적의식을 가지고 있는 사람이 장수한다고 한다.[1] 그런데도 백00는 "의미 부재 생활 함정"에 빠져들어 가는 삶을 살아가고 있다.

단순 시간 보내기 인생이 계속되면 큰일이다. 그러면 결국 인생 끝자락에 공원에서 시간 보내는 '공원형 인간'이 될 확률이 높다. 그렇지만 심심하지 않게 시간 보내기도 참 힘들다. 심심하지 않는 놀이도 유효기간이 있다. 놀이도 계속하면 익숙해지고 심심해진다. 그래서 주기적으로 개발해야 한다. 그게 쉬운 일이 아니다.

"인생이 심심하지만 않으면 되지 뭐, 별거 있어?"라고 한다면 참 허망한 생각이다. 회사 생활 30년 이상을 참 정신없이 했다. 남들보다, 더 열심히 · 더 바쁘게 · 더 똑똑하게 · 더 효율적으로 · 더 잘 보이려고 · 더 먼저 승진하려고 · 더 많은 기간 회사에서 살아남으려고 일했다. 이러한 노동은 어떤 목적을 위해서였던가? 가족을 위해서? 생존을 위해서? 대답해 보라! 퇴직하면 이렇게 고생해 놓고 "그냥 뭐든지 하면서 바쁘게 살면 시간이 심심하지 않겠지, 그렇게 살면 되지 뭐?" 이것이 당신 대답인가? 이렇게 대답하는 당신이라면 지금 "바쁨 함정"에 스스로 빠져 있는 것이다.[2] 바쁨은 공허함과 허망함을 막는 대비책으로 기능한다. 사람은 어떤 행위든 그 일

---

1 프랑코 마르텔라/성원 옮김, 《무의미한 날들을 위한 철학》, 어크로스, p. 9 재인용

2 위의 책, p. 11

과 어떤 일정으로 하루가 꽉 차 있으면 바쁘다고 한다. 시간의 지루함과 무료함에서 벗어나기 위한 수단으로서, 바쁘고 시간 없다는 기분을 유지하려고 뭐든지 한다. 이때 당신은 바쁨 때문에 내 인생이 시시하거나 무의미할 리가 없다고 생각하게 된다. 이것이 "바쁨 함정"에 빠졌다고 하는 것이다.

이 함정에 빠지니 사람들은 진짜로 하고 싶은 일이 뭔지, 무엇이 자신 삶을 더 의미 있게 만들어 줄지를 고민하려 하지 않는다. 이러한 고민보다 "어느 식당에 가지? 어느 산을 가지? 누구를 만나지? 오늘은 무슨 건수를 만들지? 어디를 가지? 어떤 영화를 보지?"를 더 고민한다. 명언이나 유명한 사람들, 자기 계발서, 똑똑한 척하는 사람들이 쓴 책에서 처방하는 것을 좇으려 하고 의존한다. 의미 있게 살아갈 이유가 있는 사람이 되어야 한다. 바쁨 함정에서 빠져 나와야 한다.

그 방법은 첫째가 삶의 목적의식을 지니고 살아가는 것이다. 인간은 누구나 자신 인생에 있어서 삶의 의미를 찾으려고 하는 욕구와 의지가 있다. 이 의지를 "의미에의 의지"라고 하는데,[3] 자기 삶의 가능성을 확인하려는 욕구라고 할 수 있다. 이러한 의미에의 의지는 모든 사람이 살아가는 일차적 이유가 된다. 왜냐하면 앞서 말한 대로 동기부여primary motivation 원천이기 때문이다. 또한 사람들은 이러한 삶의 의미를 찾으려는 의지에서 자기 삶의 가능성을 확인하기 때문이다. 따라서 각자 삶의 의미를 찾으려는 노력은 인생의 과제이기도 하고 의무다. 이 삶의 의미는 목적 의식에서 나온다.

그런데 이러한 욕구가 만족되지 못하였을 때 즉 삶의 의미를 찾지 못하

---

3 이러한 의지는 인간 본성에 해당하며, "Freud 학파의 쾌락원칙(pleasure principle), Adler 학파의 권력에의 의지(will to power), 삶의 목적의식 추구 의지"가 있다.

거나 지니고 있지 못한 상황을, "삶의 목적의식 상실 상태"라고 한다. 삶의 목적의식 상실 상태가 되면 "좌절frustration"을 경험하게 된다. 이렇게 되면 자기 삶이 아무 의미가 없다고 하면서 "공허감"으로 빠져든다. 삶의 질이 급격히 떨어진다.

더 큰 문제는 이 좌절과 공허감이 원인이 되어, 신경증적인 상태 내지는 정신병적인 상태를 나타내게 되고 이것이 우울증으로 연결된다. 전체 신경증의 55%가 삶의 의미를 찾지 못할 때 나타난다고 한다.

Shean과 Fechtmann은 이렇게 말했다. "마리화나 중독자들을 정상인과 비교해 보면 삶의 목적 수준 점수가 낮은데, 마약 복용은 일종의 삶에 대한 동기를 상실한 상태로 볼 수 있다. 따라서 일반인이 삶의 목적의식 수준이 낮다는 것은 '마약 복용상태 사람'과 같은 것이다." 그러므로 자기가 이러한 삶의 목적의식을 지니고 있는지? 아닌지? 지니고 있으면 그 수준이 어느 정도인지 알아야 할 것이다. 알게 되면, 자신이 지금 마약 복용상태 사람인지 아닌지? 우울증에 걸릴 확률이 있는 사람인지? 살아가면서 겪는 좌절에 대응하는 힘의 정도가 얼마인지? 또한 질병이나 스트레스에 대한 극복 의지 정도가 어느 정도 되는지를 알 수 있다.[4]

그렇다면 뒷부분에 제시한 "삶의 목적 수준 검사 설문지"를 이용하여 자신이 지니고 있는 삶의 목적의식 수준이 어느 정도 되는지 측정해 보자. 그러면 내 삶의 질 수준이 어느 정도인지 알 것이다. 수준이 낮으면 그것에 대해 각성하고 지금까지 설명한 삶의 목적의식에 대해 깊이 고민해야

---

4   출처: 김형섭, 정성권, 고영, 송진우, 용인정신병원, 한국어판 '삶의 목적(PIL) 검사' 척도의 신뢰도 및 타당도, 사회정신의학 2001 ; 6(2):155-165

할 것이다.

두 번째는 자기 인생에서 중요한 것 중 하나가 사망 문제다. 그런데 사망 원인으로 사고와 질병이 대표적인데 이 질병 원인이 또한 '삶의 목적의식'과 관계있다는 것이다. 다시 말하면 삶의 목적의식이 얼마나 확고하고 강한지에 따라 사망률이 높거나 낮다는 것이다.

미국 의사협회지 정신과 편에 "삶의 목적 설정과 사망률 관련성"을 조사한 연구가 발표된 적이 있다. 50세 이상 71세 미국 성인 7000명을 대상으로 연구했다. 표준화된 설문지를 이용하여 인생의 목적이 얼마나 강하고 확고한지를 분석하고 이를 4년간 추적 관찰하면서 사망률을 조사했다. 연구 결과, 인생의 목적이 확고하거나 강한 사람은 그렇지 못한 사람들보다 사망률이 2.7배 낮았다. 반대로 인생의 목적이 확고하거나 강하지 못한 사람들은 사망률이 2.7배 높았다. 특히 심장병, 순환기계, 혈액 질환에 의한 사망률이 높았다.[5]

이런 현상은 이렇게 설명된다. 인생 목적이 확고한 사람들은 건강한 생활을 영위하려고 애쓰고 행복감도 높다. 행복감이 높을수록 염증성 사이토카인이 적다. 체내 스트레스 호르몬인 코르티솔도 적다. 이 때문에 C-반응성 단백과 같은 염증 물질이 적어서 사망률이 낮은 것으로 분석된다. 그들은 수면 장애, 중풍, 우울증, 당뇨병 등 만성 질환 발병률도 낮은 것으로 보고된다.

이 연구에서 주는 메시지가 있다. 그것은 "삶의 목적 가치"다. 이 연구 대상 대부분이 50~71세임을 고려하면, 은퇴했다고 노인이라고 해서 그

---

5 출처: 재인용, 이은봉의 의학 연구 다이제스트, 조선일보, 2021.04.15. a29

냥 아무런 생각 없이 삶을 영위하기보다는, 분명한 인생의 목적을 설정하고 살아가야 한다는 것을 말해 준다. 은퇴를 해도 나이가 들어서도 내가 왜 사는 것인지 무슨 목적으로 살고 있는 것인지 시간을 갖고 곰곰이 생각해야 한다. 그래야 희망을 품고 활동적 삶을 살아갈 동기를 부여받고 사망률을 낮출 수 있다. 그러기 위해서는 설정된 삶의 목적 가치에 기반을 둔 Lifestyle을 충실하게 만드는 것이다.

자 그러면 삶의 목적의식이 얼마나 확고하고 강한지, 뒷부분에 있는 "삶의 목적의식 강도 측정설문지"를 이용해 조사해 보자. 조사 결과를 보면서 지금까지 설명한 내용을 되짚어보자. 그러면 자신이 지금 사망률 높은 삶을 살고 있는지? 사망률 낮은 삶을 살고 있는지를 알게 될 것이다. 이것을 알면 어떻게 행동해야 하는지 본인이 알게 될 것이다.

자! 다음에 나오는 설문지를 이용해 "삶의 목적 수준 검사"와 "삶의 목적의식 강도"를 측정해 보자.

질문 하나 하겠다.

지금 당신은 "삶의 목적을 설정하고 살아가는 사람입니까? 아닙니까?

지금 당신은 "삶의 목적이 확고한 사람보다 2배 이상 일찍 사망할 가능성이 있는 사람입니까? 아닙니까?"

그렇다면 삶의 목적이 설정된 Lifestyle을 만들고 있습니까?

'이 나이에 복잡하게 무슨 목적의식을 설정하라 하나?'라고 말하는 사람은 3장 8항의 '95세 노인의 독백' 글을 읽어 보기 바란다. 이 글을 읽고도 마음에 와 닿는 것이 없다면 사망률 높은 삶을 살게 되는 사람이다.

삶의 목적 수준 검사[6]
- 각 문항들은 **삶의 목적 수준**을 알아보기 위한 것입니다. - 평소 일상생활에서 당신이 느끼고, 생각하고 있는 상태와 가장 비슷하다고 생각하는 숫자에 동그라미를 하십시오. - 각 문항들은 서로 반대되는 양극단만을 적어 놓았고, "4"번 항목은 중간으로 '보통이다' '특별한 문제가 없다'로 생각될 때 동그라미 하시면 됩니다. - 검사 시간제한은 없으나 보통 15분 이내에 마치면 됩니다. - 이 문항들에 대한 정답은 없습니다. 오래 생각하지 말고 즉각적으로 답해 주시기 바랍니다.

점수 채점 결과 해석	
점 수	해석
남자 118점 이상 여자 121점 이상	인생에 대한 명백한 의미와 목적을 가지고 있어 정신적으로 건강한 사람 → 좌절, 공허감, 병이나 스트레스에 대한 극복 의지가 강한 사람(점수가 높을수록 건강 정도가 큰 사람)
남자 97점 이하 여자 102점 이하	인생에 대한 명백한 의미와 목적 보유 수준이 약해 정신적으로 건강하지 못한 사람 → 좌절, 공허감, 병이나 스트레스에 대한 극복 의지가 약한 사람으로, 좌절과 공허감으로 빠지게 되어 신경증적 상태 내지 정신병적 상태를 나타내고 우울증으로 연결될 가능성이 큰 사람 (점수가 낮을수록 건강 정도가 낮은 사람)

1. 나의 평소 생활은

1 ------- 2 -------- 3 -------- 4 -------- 5 -------- 6 -------- 7

따분하고 지루하다　　　　　　　　　중간　　　　　　　　열정적이고 활기차다

2. 내가 보기에 인생이란

7 ------- 6 -------- 5 -------- 4 -------- 3 -------- 2 -------- 1

항상 새롭고 흥분되는 것이다　　　　중간　　　　　　　완전히 정해진 틀에서
　　　　　　　　　　　　　　　　　　　　　　　　　　　벗어나지 못하는 것이다

6　(출처) 재인용, 김형섭, 정성권, 고영, 송진우, 용인정신병원, 한국어판 '삶의 목적(PIL) 검사'척도의
　신뢰도 및 타당도, 사회정신의학 2001;6(2):155-165

3. 나는 삶에 대한

1 ------- 2 ------- 3 ------- 4 ------- 5 ------- 6 ------- 7
목표나 목적이 전혀 없다   중간   매우 명확한 목표와
                                                         목적을 가지고 있다

4. 나의 존재는

1 ------- 2 ------- 3 ------- 4 ------- 5 ------- 6 ------- 7
가치 없고 의미도 없다   중간   매우 중요하고 의미 있다

5. 매일 매일 나의 일상은

7 ------- 6 ------- 5 ------- 4 ------- 3 ------- 2 ------- 1
항상 새롭다   중간   항상 똑같다

6. 내가 선택할 수 있다면 나는

1 ------- 2 ------- 3 ------- 4 ------- 5 ------- 6 ------- 7
애초에 태어나지도   중간   열 번을 다시 태어나도
않았을 것이다   지금처럼 살고 싶다

7. 은퇴하고 나면 나는

7 ------- 6 ------- 5 ------- 4 ------- 3 ------- 2 ------- 1
항상 원해 왔던 새롭고   중간   나머지 인생을 빈둥
신나는 일을 할 것이다   거리며 놀겠다

8. 인생의 목표를 달성하기 위해서 나는

1 ------- 2 ------- 3 ------- 4 ------- 5 ------- 6 ------- 7
무엇이든 꾸준히   중간   희망을 잃지 않고
해 본 적이 없다   꾸준히 노력해 왔다

9. 나의 삶은

1 -------- 2 -------- 3 -------- 4 -------- 5 -------- 6 -------- 7

공허하고 절망뿐이다   중간   최상의 것들로 가득 차 있다

10. 내가 만약 오늘 죽는다면 나의 삶에 대해 나는

7 -------- 6 -------- 5 -------- 4 -------- 3 -------- 2 -------- 1

매우 가치 있었다고   중간   전혀 가치가 없었다고
평가할 것이다   평가할 것이다

11. 살아가면서 나는

1 -------- 2 -------- 3 -------- 4 -------- 5 -------- 6 -------- 7

자주 내가 존재하는 이유에   중간   항상 내 존재 이유에 대해
대해 잘 알고 있다   고민한다

12. 내 인생에 비추어 볼 때 세상은

1 -------- 2 -------- 3 -------- 4 -------- 5 -------- 6 -------- 7

완전히 모순 덩어리다   중간   아름답고 충분한 의미가 있다

13. 나는

1 -------- 2 -------- 3 -------- 4 -------- 5 -------- 6 -------- 7

매우 책임감이 없는 사람이다   중간   매우 책임감이 강한 사람이다

14. 자신의 인생에 대하여 자신이 선택할 수 있는 자유가 있는가 하는 문제에 대하여 나는

7 -------- 6 -------- 5 -------- 4 -------- 3 -------- 2 -------- 1

절대적으로 자신이 선택할 수   중간   유전적, 환경적 요인에 의해
있다고 믿는다   완전히 지배를 받는다고 믿는다

15. 죽음에 대하여 나는

7-------- 6 -------- 5 -------- 4 -------- 3 -------- 2 -------- 1

준비가 되어 있고   중간   전혀 준비가 없고
걱정하지 않는다   두렵기만 하다

16. 자살에 대하여 나는

1-------- 2 -------- 3 -------- 4 -------- 5 -------- 6 -------- 7

그것도 한 가지 해결방법이라고   중간   단 일초도 생각해
진지하게 생각하고 있다   본 적이 없다

17. 나는 내 인생에 대한 의미, 목적, 사명을 찾는 능력이

7-------- 6 -------- 5 -------- 4 -------- 3 -------- 2 -------- 1

매우 뛰어나다고 생각한다   중간   전혀 없다고 생각한다

18. 나의 인생은

7-------- 6 -------- 5 -------- 4 -------- 3 -------- 2 -------- 1

내 손에 달려 있고   중간   나와는 상관없이 다른 요소
나는 잘 조절하고 있다   들에 의해 좌우되고 있다

19. 매일 매일 직면하는 일들이

7-------- 6 -------- 5 -------- 4 -------- 3 -------- 2 -------- 1

나를 즐겁고 만족스럽게 해준다   중간   고통스럽고 괴롭기만 하다

20. 나는 내 인생의 목적이나 사명감을

1-------- 2 -------- 3 -------- 4 -------- 5 -------- 6 -------- 7

전혀 찾지 못하고 있다   중간   명확한 목표를 찾았고
                                                             그것에 대해 만족한다

점수 총계	( ) 점

삶의 목적의식 강도 측정[7]

- 점수 체크: 점수가 높을수록 삶의 목적의식 강도가 강한 것임을 고려하여 체크
- 1점은 '매우 동의하지 않음' 뜻으로 삶의 목표 강도가 매우 약하다는 것임.
- 6점은 '매우 동의 한다' 뜻으로 삶의 목표 강도가 매우 강하다는 것임.
- 3점과 4점은 삶의 목표 강도가 보통 정도라는 뜻임

질문 내용		점수					
		1점	2점	3점	4점	5점	6점
삶의 목적의식	1. 나는 나 스스로 세운 계획을 수행하는데 적극적인 사람이다.						
	2. 나는 미래의 계획을 세우고 그것을 실현하기 위해 일하는 것을 즐긴다.						
	3. 나는 현재에 집중하는 경향이 있다. 왜냐하면 미래는 거의 항상 나에게 문제를 가져오기 때문이다.						
	4. 나의 일상 활동은 종종 나에게 하찮고 중요하지 않은 것처럼 보인다.						
	5. 나는 인생에서 무엇을 이루려고 하는지 잘 모른다.						
	6. 나는 스스로 목표를 세우곤 했다. 하지만 지금 와서는 시간 낭비인 것 같다.						
	7. 나는 때때로 내가 인생에서 할 수 있는 모든 것을 했다고 느낀다.						
점수 총계							
해석	- 삶의 목적의식이 강하면 신체적, 정신적 건강이 모두 개선되고 전반적인 삶의 질이 향상 됩니다. - 삶의 목적의식 강도가 낮은 사람이 높은 사람보다 '사망할 확률'이 2.7배 더 높음. 　→ 예를 들어 1점 받은 사람이 6점 받은 사람보다 2.7배 일찍 사망할 확률이 크다는 것임 - 삶의 목적의식이 강한 사람들이 건강한 행동을 더 한다. - 삶의 목적의식이 강한 사람들이 낮은 사람들보다, 심장병, 순환기 및 혈액상태, 수면 장애, 뇌졸중 발병, 우울증, 당뇨병 걸릴 확률이 작다.						

7 출처 : Accepted: 6 July 2009 / Published online: 1 September 2009 © The Author(s) 2009. This
　　article is published with open access at Springerlink.com
　　:JAMA Network Open. 2019; 2(5):e194270. doi:10.1001/jama network open. 2019.4270
　　(Reprinted) May 24, 2019

9

우물 안 개구리 가치로 살기

원래 생긴 대로 사는 것이다. 사람은 생각이건 능력이건 육체든지 간에 정해진 자기 범위가 있다. 사람마다 '자기 우물'이 있는 것이다. 이 자기 우물이 자기가 가지고 있는 고유의 '살 터'다. 그 '살 터' 안에서 살라고 신이 그만큼만 만들어 주신 거다. 우리는 원래 그러한 조건으로 살고 있다. 그래서 우리는 '우물 안 개구리' 같은 사람이다.

지난 2021년 6월에 김은주 작가가 《생각이 너무 많은 서른 살에게》라는 책을 출간했다. 삼성전자, 구글, 모토로라, 퀄컴 등 모두 11곳에 이르는 국내외 기업에서 일하며 얻은 인생 경험을 담은 책이다. 내용은 이렇다. 한국에서 우물 안 개구리가 되기 싫어 "넓은 세상을 알기 위해, 넓은 세상의 바다로 가보자"라는 마음을 먹고 간 곳이 미국이라 한다. 그러나 넓은 세상은 자기에게 맞지 않았다. 타지 생활이 힘들고 쉽지 않으니 오히려 더 작은 사회생활을 하게 되었다. 한인들 모여 있는 곳에 가고 한인교회에 가고 한인 식당에 가고 하다 어느 날 문득 뒤돌아보니 한국보다 더 작은 우물에서 살고 있었다고 한다. 미국에 와서도 한국에서처럼 살고 있었던 것이다. 이렇게 살 거면 미국에 왜 왔지? 후회됐다고 한다. 그러다 어느 순간 "내가 왜 어디에 있는가에 집중하고 있지? 우물 안이 문제가 아니라 우물 안에서 불행하게 사는 게 문제 아닌가?"라는 생각이 들었다 한다.

바다에 가고자 하는 마음 때문에, 편안한 우물 안에 있는 나를 버리고 힘에 부치는 '바다 개구리'가 되려고 무척 애를 썼던 것이다. 바다 개구리라는 것은 없는 것인데 말이다. 미국이라는 넓은 세상보다 오히려 한인들 모여 있는 곳에 가고 한인교회에 가고 한인 식당에 갔던 것이 더 행복했던 것인데 그걸 깨닫지 못했던 것이다.

여기서 이렇게 깨달음이 와 외쳤다고 한다. "나는 개구리다. 개구리가 문제가 아니었다. 개구리가 어때서, 내 우물에서 개구리로 행복하게 살면 되지, 뭐가 어때서, 난 행복한 개구리야."

퇴직했다. 할 게 없다. 심심하다. 시간을 보내야 한다. 또 일하고 돈 벌어야 한다. 할 게 없음이 길어진다. 마음이 다급해지고 느슨해진다. 앞서 말했듯이 이때부터 사고思考 작동이 잘 안 되기 시작한다. 생각에 오류가 나타난다. 그렇게 되면 자신의 실력과 능력을 객관적으로 파악하지 못하거나 과신하기 시작한다. 그 이상을 하려고 한다. 이것저것 가리지 않고 뭐든지 하려 한다. 이것저것 하다 탈이 난다. 계속 탈이 나면 포기한다. 그리고 그냥 시간을 보낸다. 그렇게 늙어 간다.

친구 홍00는 퇴직한 후 2년째 증권 투자를 하고 있다. 집에다 컴퓨터 모니터 3개를 설치해 놓고 하루 종일 화면만 바라보며 지낸다. 2년 투자 결과 2억 원 손해 보고 2억 원 묶여있는 상태다. 집에 들어 앉아 있으니 부부 갈등도 생겨 심각한 상태다.

얼마 전 색소폰 연주하는 친구 김00를 만났다. 색소폰 연주하는 친구가 멋있어서 덩달아 자기도 색소폰 연주를 배우려고 동호회에 가입했다 한다. 그러나 도저히 자기 체질에 맞지 않아 3개월 만에 포기했다. 단순하게 멋있어서 시도했는데 그게 잘못인 것이다. 자기 취향과 체질을 정확하게 몰랐던 것이다. 생긴 대로 살지 않은 것이다. 가지고 태어난 활동과 능력 범위가 있는데 이것을 무시했던 것이다. 사람은 태어날 때 정해진 능력 크기와 부피를 가지고 태어난다고 말한 적이 있다. 각자 정해진 삶의 조건들을 가지고 태어난다. '신'의 뜻이다.

사람마다 각자 다른 능력 크기와 부피가 서로 퍼즐처럼 맞춰지며 사회 생태계가 만들어진다. 각자 인생 크기와 무게는 다르다. 이것이 자신에게 주어진 자기만의 우물이다. 은퇴 후는 이렇게 서로 맞춰지는 사회 원리를 냉정하게 바라봐야 한다. 자기 우물을 명확하게 바라봐야 한다.

은퇴하면 우물 밖에까지 넘봐서는 안 된다. 이미 정해진 삶의 조건 범위 안에서 살아가는 것이 은퇴자가 꼭 가져야 할 원칙이다. 이것을 무시하고 능력 밖의 일을 하려고 할 때가 있다. '인생 오버' 하는 것이다. '인생 오버' 하면 힘만 들고 되는 게 하나도 없다. 가치 없는 인생이 될 확률이 높다. 스트레스만 쌓인다. 탈만 난다. 가치는 사물이 지니고 있는 쓸모를 말한다. 일상 생활에서 필요와 욕구를 충족시키는데 필요한 어떤 쓸모 있는 것을 말한다.

은퇴 후 쓸모 있게 살아간다는 것이 무엇인가? 태어날 때 정해진 삶의 조건과 능력 범위를 눈치채고 이것만큼 살아가는 것을 말한다. 이 조건들을 활용하고 이용하고 사용하고 그 범위만큼 살아가는 것을 말한다. 이것이 쓸모 있는 '나의 인생 가치'다. 이것이 "우물 안 개구리 가치 Lifestyle" 이다. 따라서 은퇴하면 이러한 내 인생 조건들의 크기와 무게를 냉정하게 정리하고 알아야 한다.

우물 안 개구리 가치 Lifestyle로 살아가는 방법의 하나를 김정운 문화심리학자[1] 말을 빌려 소개하겠다. 그에 의하면, 혼자 지내면서 생산적이려면 절대 TV를 봐선 안 된다. 특히 연속극이나 시사프로그램은 쥐약이다. '좋은 삶'을 사는 간단한 방법이 있다. '좋은 것'과 '비싼 것'을 혼동하지 않으면 된다. '좋은 것'이 명확하지 않으면 '비싼 것'만 찾는다. 좋은 것은 우물 안에 있고, 비싼 것은 우물 밖에 있다. 이것을 깨닫지 못하면 얻는 것은 뜬구름뿐이다. 힘만 빠지는 비효율적 삶을 살게 될 것이다.

은퇴했다는 것은 나이가 들었다는 것이다. 나이가 들어갈수록, 신체적·심리적으로 많은 부분에서 변화가 일어난다. 신체적으로는, 면역능력과 적응력 저하로 일상생활에서 어려운 상황이 발생한다. 심리적으로는 내향성·조심성·의존성·변화를 싫어하는 마음 등이 증가한다. 그러나 이러한 서운한 나이 듦이, 오히려 자신의 한계를 아는 계기가 되고 이것으로 인해 역설적으로 긍정적 삶의 지혜를 가져온다. 한계를 안다는 것은

---

1 1962년생, 베를린자유대학교 문화심리학 박사, 명지대학교 교수 역임, 저서로는 《휴테크 성공학》, 《노는 만큼 성공한다》, 《일본 열광》, 《나는 아내와의 결혼을 후회한다》, 《남자의 물건》, 《내 인생 후회되는 한 가지》, 《에디톨로지》, 《가끔은 격하게 외로워야 한다》, 《바닷가 작업실에서는 전혀 다른 시간이 흐른다》 등이 있다.

백영옥 작가 말처럼 "이제 못하는 걸 잘하려고 노력하기보다, 기존에 해왔던 것과 잘하는 걸 더 잘하려고 노력하겠다."라는 결심을 말한다. 나이듦의 현명한 지혜다. 이 한계가 은퇴 후 자기가 생활해야 할 "자기 우물"이다.

은퇴하면 내려놓으라고 한다. 마음 비우라고 한다. 이 뜻은 "정해져서 보유하고 있는 삶의 조건들 이외는 관심 갖지 말라"라는 것이다. 자기 한계를 인식하라는 것이다.

서울에 있는 어느 대학 홍보 광고에 "자신을 가둔 울타리를 넘어서야 내가 가고자 하는 곳으로 갈 수 있다[2]"라는 글을 봤다. 물론 젊은이들에게 하는 말일 것이다. 그러나 은퇴자는 이 말에 현혹되어서는 안 된다. 은퇴자들이 자신의 울타리를 벗어나는 것은 매우 위험하다. 울타리는 잘 됐건 못됐건 평생 자기가 구축해 놓은 자기 삶의 조건들이다. 자기에게 가장 익숙하고 편한 울타리다. 그러니 그 안에서 은퇴 생활을 정착시키는 것이 현명하다. 울타리 벗어나려고 하다가 오류가 날 수 있다. 자칫하면 그 오류를 가지고 80세까지 살 수 있다.

자기 한계를 안다는 것은, 우물 밖에 있는 비싼 것에 욕심내지 말라는 것이다. 또 다른 조건들을 취득하려고 용쓰지 말라는 뜻이다. 현재 자기가 가지고 있는 삶의 조건들을 잘 활용하라는 것이다. 이것이 생긴 대로 사는 것이다. 이것이 우물 안 개구리 가치 Lifestyle로 사는 것이다. 가지고 태어난 활동과 능력 범위 안에서 은퇴 생활을 해야 힘이 들지 않는다. 이것이 힘들지 않는 은퇴 후 삶의 방식이다.

---

2 조선일보, 2021.10.8. a11. 전면광고

겸손하지 않는 가치,
희생하지 않는 가치,
착하게만 살지 않는 가치

노숙자가 있다. 말쑥하게 차려입은 신사가 있다. 이 둘이 각각 식당에서 밥을 먹은 후 계산하지 않고 그냥 나가면 무슨 일이 일어날까? 신사가 계산하지 않을 경우, 대개 식당 주인이 놀라서 뛰어나와 신사를 부를 것이다. "저, 손님! 계산하셔야지요!" 식당 주인은 이 손님이 계산하는 걸 깜빡 잊은 거라고 생각할 것이다. 그런데 이번에는 서울역에서 몇 년째 노숙했을 것 같은 차림새의 손님이 밥을 먹고 그냥 나가면 어떻게 될까? 아마도 식당 주인은 바로 뛰어나와서 다짜고짜 욕을 퍼부을 것이다. 어쩌면 경찰에 신고할지도 모른다. 식당 주인은 이 노숙자 차림새의 손님이 틀림없이 의도적으로 무전취식을 한 거라고 생각할 것이디. 식당에서 밥을 먹고 계산을 하지 않은 행위는 같지만, 식당 주인은 제각기 다른 의미를 부여하고 있다.

첫 번째 손님은 실수로 착각했고, 두 번째 손님은 의도적으로 구걸을 했다고 생각한 것이다. 객관적으로 둘의 행위는 똑같았다. 하지만 식당 주인은 서로 다른 의미를 부여했다. 식당에서 밥을 먹고 계산을 하지 않은 행위는 실수일까? 구걸일까? 도대체 식당 주인은 왜 똑같은 행위를 서로 다르게 의미 부여를 했을까? 당연히 옷차림새와 인상 때문이다.

음식을 주문받는 과정에서 서로 사람 모습을 보면서 언어로 대화를 나눴을 것이다. 언어·문자·몸짓·복장 등. 이런 것을 '상징'이라고 한다. 식당 주인과 손님은 바로 이 상징을 통해 상호 의사소통 즉 상호작용을 한 것이다. 이 과정에서 서로에 대해 나름대로 의미를 부여하고 그 상황에 대해 각자 자기 나름대로 정의를 내린 것이다. 그렇게 식당 주인은 자기 나름대로 그 상황을 만들어 놓고 반응한 것이다.

할머니 전성시대다. MZ 세대[1]가 애용하는 온라인 플랫폼과 브랜드에 할머니들이 광고 모델로 등장하고 있다. 영화 〈미나리〉에서 윤여정이 연기한 'K 할머니'가 세계적으로 유명해졌다. MZ 세대는 쑥, 인절미, 흑임자 등을 좋아하는 할머니 입맛을 갖고서 할머니 옷장 속에서 나올 법한 카디건과 꽃무늬 치마를 입는다.

할머니를 좋아하고 따라 하는 이 세대를 '할매니얼'('할머니'와 '밀레니얼'을 합친 말)이라고 한다. 할머니에 열광하는 할매니얼이 등장한 건 할머니가 가진 '상징' 즉 미덕이 MZ 세대와 잘 맞아떨어지기 때문이다. 완고하고 보수적이라고 여겨지는 할아버지 상징 즉 이미지와 달리 할머니는 할 말은 당당히 하면서 자신의 주장을 강요하지 않는 이미지를 갖고 있다.

인스타그램에서 '할매 입맛'으로 검색하면 쑥이나 흑임자로 만든 디저

1　1980년대 이후에 출생한 밀레니얼 세대와 1990년대 중반 이후 출생한 Z세대를 합친 세대

트 게시물만 3만여 개 나온다. 패션계에서도 카디건, 롱스커트, 꽃무늬 등 '할미룩'이 인기다.[2]

"너무 겸손하고 희생하며 착하게만 살려고 하지 마세요. 병病납니다." 가톨릭영성심리상담소 소장 홍성남(65) 신부가 쓴《착한 사람 그만두기》 책에 나오는 이야기다. 홍 신부는 자유로우려면 솔직해야 한다고 한다. 아프면 아프다 하고, 화나면 화내고, 힘들 땐 쉬어야 한다고 한다. 그래야 마음이 자유로워진다고 한다. 남 배려하고, 퍼주고, 인심 쓰는 것을 자제하라고 한다. 자꾸 배려하고 퍼주고 인심 쓰면 자기 마음이 고갈되고 힘들어지고 피해 의식과 억울한 마음과 분노가 쌓이다가 마지막엔 '가짜 평화'만 남는다고 한다.

"나의 삶을 개선할 사람은 나뿐인 것이다."

얼마 전에 삼겹살집을 운영하는 초등학교 동창을 만났다. 이 친구 신세 타령이 참 가슴 아프다. 은퇴 전 직장생활에 대한 말을 들어 봤다. 직장에서 겸손하고 희생하며 착하게만 살았다. 아프면 아프다고 하지 못하고, 화나도 제대로 화내지 못했다. 불만 있어도 없는 척했다. 이렇게 나 자신에게 솔직하지 못하게 살았다 한다. 인심 많이 썼다. 자제도 많이 했다. 배려도 많이 했다. 직장 상사에게 퍼주기만 했다. 사회생활 원활히 하여 생존하기 위해서, 마음을 스스로 억압하며 가식으로 한 행동이었다. 마음의 자유가 박탈된 것이다. 이런 상태에서 퇴직할 때쯤 되니 자기 마음이 고갈되

---

2   조선일보, '21.04.20. 1면. a14(변희원, NOW 요즘 청춘 '할매 스타일'에 빠지다, '남 눈치 보지 말고 살아'.

고 피해 의식과 억울한 마음 그리고 분노가 쌓였다고 한다. 여기에다, 평생 부모에게 효도한답시고 퍼주고, 자식에게 퍼주고, 아내에게 퍼주었다. 할 일 한 것이지만, 퇴직해 보니 가족에게 서운한 것이 많아진다. 속 좁은 생각인가!?

홍 신부 말처럼 마지막엔 '가짜 평화'만 남은 거 같다.

이 친구는 5년 전 다니던 은행에서 권고사직을 당했다. 일거리가 없어 이리저리 헤매다 삼겹살 식당을 차렸다. 3년 정도 됐다. 평생 충성했는데 권고사직을 통해 삼겹살 식당으로 쫓겨난 것이다. 퇴직하고 나니 마땅히 할 게 없었다. 치킨집, 삼겹살집, 백반집, 카페, 고향 가서 농사, 칼국숫집, 메밀국숫집, 편의점 등등 고민하다 삼겹살집을 개업했다. 삼겹살집을 하게 된 이유가 있었다. 삼겹살집 운영하면서 없어서는 안 되는 파, 상추, 고추 등의 채소를 고향에 있는 땅에서 직접 농사 지어 공급할 수 있기 때문이다. 그러면 원가 절감을 할 수 있기 때문이다. 이 친구는 식당 개업한 것에 대해 후회를 많이 한다. 힘만 들지 돈이 안 벌린다는 것이다. 적자 상태임에도 이러지도 저러지도 못하고 있다.

은퇴 아버지 인생 종착지가 식당이 되었다. 결국 망하고 있는 식당이 종착지가 되었다. 가짜 평화만 있는 식당이 종착지가 되었다.

할머니 전성시대는 있어도 아버지 전성시대는 없는 것인가? 할머니는 말쑥하게 차려입은 신사 같은 인생이고, 은퇴 아버지는 식당에서 밥을 먹고 계산을 하지 않은 노숙자 같은 인생을 살아가고 있는 것인가? 구걸 인생인가? 정말로 은퇴 아버지 인생 종착지가 망하고 있는 식당이어야만 하나? 가짜 평화만 있는 식당이어야만 하나?

얼마 전 〈캠핑 클럽〉이라는 TV 프로그램에서 가수 이효리가 한 이야기가 인상 깊어 소개해보고자 한다. 한번은 남편 이상순 씨가 보이지도 않는 의자 밑바닥에 사포질을 열심히 하는 모습을 보고, "여기 안 보이잖아. 누가 알겠어"라고 말했다. 이에 이상순 씨가 이렇게 대답했다. "누가 알기는, 내가 알잖아." 그때 이효리 씨는 남들 시선과 상관없이, 자신 스스로 기특해지는 순간이 많을수록 자존감이 높아진다는 것을 깨달았다고 한다. 참 멋진 일화다. "누가 알기는, 내가 알잖아"라는 말 속에는 '자기 자신에게 솔직한 자유로운 마음'이 담겨 있다.

프로이트와 함께 최고의 심리학자로 꼽히는 카를 구스타프 융[3]은, 사람은 독자적인 방법으로 환경으로부터 독립하고 분화하고자 하는 충동으로 인하여 인생 후반기에 자아가 새로이 출현하고 발달한다고 했다.[4] 이상순이 말한 "누가 알기는, 내가 알잖아"가 독자적인 방법으로 환경으로부터 독립하고 분화한 상태라고 할 수 있다. 은퇴 아버지여! 깊게 고민해 보자. 대부분 아버지들이 은퇴했음에도 직장생활 동안 배웠던 언어, 문자, 몸짓, 복장, 생각 등을 가지고 살고 있다. 고착된 것이다.

이 고착된 상징을 가지고 세상과 만나 맞춰가며 살아가려고 하고 있다. 세상은 이것을 받아주지 않고 싫다고 밀어내는데 말이다. 세상은 이러한

---

3 카를 구스타프 융(스위스, 1875~1961), 정신의학자로 분석심리학 개척자, '콤플렉스' 최초 사용, 프로이트와 함께 정신분석학 연구, 심리치료법을 개발하여 이론화하였음, 국제정신분석학회 회장 역임.
4 김애순, 《성인발달과 생애 설계》, 시그마프레스, p. 21

아버지의 고착된 상징을 싫어한다. 잘 받아주지 않는다. 은퇴 전 상황에 갇히고 이것에 종속되어 생활하고 있는 것이다. 그러니 할 수 있는 일을 찾지 못하고 절망만 커지는 것이다. 여기에서 벗어나야 한다. 모든 걸 깨야 한다. 깨야 삼겹살 식당에서 벗어날 수 있다. 여기서 벗어나고 깬 상태를 "자유 상태"라고 부를 수 있다. 이 깨는 행위가 은퇴자가 자유를 찾는 과정이다. 성격에는 2가지 측면이 있다. 그중 한 면은 기질이고 또 다른 한 면은 특징이다. 특징이란 습관들로 구성된 반면에 기질이란 성향의 패턴이다.

은퇴 전 고착된 습관을 깨고 당신 기질을 따라 생활하는 것이 자유 생활이다.

은퇴 아버지들이여! 은퇴 아버지 때문에 새로운 음식이 · 메뉴가 · 패션이 생기고 있는가? 없다. 있어도 일부다. 완고하고 보수적인 아버지 행동 때문이다. 자유로운 생활을 할 줄 모르기 때문이다.

당신들은 대부분 베이비부머 세대들이고 웬만하면 부동산도 꽤 갖고 있지 않은가? 팔아 씁시다. 그 돈으로 MZ 세대가 좋아하는 Lifestyle을 만들어 살아보자.

어떻게?

"이제 겸손하지 않으면 되고, 더 이상 희생하지 않으면 되고, 착하게만 살려고 하지 않으면 된다." 자유롭게 하고 싶은 거 하라? 그렇게 하려면, 은퇴 아버지 Lifestyle은 "겸손을 겸손하지 않는 가치로, 희생을 희생하지 않는 가치로, 착하게 살던 것을 착하게만 살지 않는 가치"로 전환하여 살아가면 된다.